走向理解与共生
交往教育的理论意蕴与实践境脉

任 力 主编

南京大学出版社

编委会

主　编

任　力

副主编

张月玲　眭艺馨　殷　玥　都曦薇

顾　问

成尚荣　吕林海　蒋保华　黄海旻

编　委

何雅玲　邱　婷　潘继承　王庆能
杨　帆　梁　毅　张立羽　杨　迪
杜家琳　李莹莹　胡晓茜　刘　威
周云云　谭梦婷　魏兰兰　沈　越
潘雅雯　费春燕　段艳蕊　冷美静
陈国馨　尹　韩　马志芳　张　佳
曹玉莹　王　沁　刘茂兰　张　洁

序 走向"交往性成长"

奥地利的阿德勒专门研究儿童的人格形成及其培养,对儿童成长有自己独特的见解。他说,孩子从出生的时候起就不断地挣扎成长,这种挣扎反映了人类独特的思维和想象能力。他又说,孩子成长中的"挣扎",其实是对"成长目标伟大、完美和优越"的追求。

孩子们究竟挣扎什么呢?我们又该如何缓解孩子们的挣扎,让他们生命舒展、健康成长?大家都在探索创造适合孩子成长的范式。南京江北新区浦口实验小学(以下简称"浦口实验小学")三十多年来一直研究儿童的交往教育,帮助儿童摆脱成长中的紧张感和焦虑感。他们认为,儿童的存在,包括学习,不应该是孤立的,更不该是孤独的,其实该是社会性的存在,要在正确处理社会关系中,学会生存,学会生活,伙伴式地成长。

浦口实验小学这样的认识是深刻的,抵及儿童成长中的本质问题,也具有针对性,针对当下儿童发展的时代特点,追寻儿童发展的规律;交往教育具有前瞻性,引导儿童走向未来、创造未来。这些特点归纳起来,我认为就是培育和发展学生的交往素养。交往素养是学生核心素养发展中的重要组成部分,包括协调、沟通能力等。世界经合组织(OECD)提出"在异质群体中学会互动",正是要着力培育交往素养。日本将学生核心素养划分为三种能力:基础能力、思维能力、实质能力。其中基础能力主要指学生的非智力方面的素养,交往能力在基础能力中占重要的地位。交往素质的培育与发展在我国也越来越得到重视,20世纪90年代,就有不少学校在研究与实践。可贵的是浦口实验小学以理论的敏感和实践的需求,抓住这一命题,深入研究、系统思考、整体架构、注重落实,取得了丰硕的成果。这本专著正是他们研究与实践的结晶,凝结着他们的心血与智慧。

这本专著的名字叫《走向理解与共生:交往教育的理论意蕴与实践境脉》,书名呈现了他们研究的目标、内容与特点。首先是"理解与共生"。他们将交往教育的内涵定位于四个关键词:尊重、理解、对话、共生。尊重是前提,他们将尊重定义为"承认客体的存在意义";理解是核心,他们将理解定义为"洞察对象的丰富内涵";对话是方式,他们将对话定义为"构建讯息的互涉机制";共生是目的,他们将共生定义为"实现主客的协同拓展",这些定义都是比较深刻的见解,都是在实践中生成的,是对

第五章　课堂:学习,看见无处不在的联结 ······ 127
 第一节　一起努力学 ······ 128
 第二节　发挥学科的力量 ······ 136

第六章　教师:发展,抒写乐耕从游的生活 ······ 184
 第一节　朴实四点半:老师一起学 ······ 185
 第二节　成长共同体:成长每一个,成就每一个 ······ 195
 第三节　班主任工作室:璞石能成玉 ······ 204
 第四节　朴实党建:那一群红色教育人 ······ 217

第七章　空间:文化,涌现交往品格的氛围 ······ 224
 第一节　儿童组织的交往学院 ······ 225
 第二节　儿童管理的研习基地 ······ 238
 第三节　儿童发展的信息港 ······ 250

第八章　管理:关怀,抵及心灵深处的情感 ······ 259
 第一节　可盐可甜的校长们 ······ 260
 第二节　老师的魔法棒 ······ 266
 第三节　保洁阿姨的小幸福 ······ 275
 第四节　管爷爷的红马甲 ······ 282

第九章　展望:讲述交往的美好陪伴 ······ 288
 第一节　陪伴儿童勇敢前行 ······ 289
 第二节　感谢你们,让我振翅高飞 ······ 295
 第三节　致我的孩子 ······ 301

参考文献 ······ 306

后记　感谢这个"大家" ······ 308

第一章 溯源：走进交往的奇妙世界

苏辙提及："大而天地山河，细而秋毫微尘，此心无所不在，无所不见。"而林肯说："人生最美好的东西，就是他同别人的友谊。"由此可见，人与人之间小小的交流，就能让我们得到友谊与快乐。

"所有真实的人生皆是相遇"[1]，30多年前，两个小伙伴不期而遇，在三位老师的倾力策划下，开始了互写一封信的活动，共赴一场快乐的集体约会。孩子们手拉手在金色的田野上奔跑，有说不完的故事，有玩不尽的游戏……

"纸短情长"，这场集体约会是一场美丽的相遇，在老师与儿童、儿童与儿童之间的相互交流中，勾勒出儿童发展的特点，映射出教育的本质与核心，并孕育出了一颗富有生命力的种子。渐渐地，"快乐交往，共享成长"的理念在浦口实验小学破土、萌芽……

这场美好的相遇，从"我和你"走向"我们和你们"，从城市飞入乡村，从教室里的"小学伴"到跨越虚拟世界的"e陪伴"，我们看到了校园里最美的成长风景。

那些美好的回忆，像一盏明灯，照亮我们前行的路；像一首歌曲，随时都能唤醒我们内心的温暖……

---

[1] （德）马丁·布伯：《我与你》，徐胤译，天津人民出版社，2018年，第9页。

第一节　1990,乡村伙伴来信啦

一条成熟的路径往往是从一件平凡的小事开始的。回顾我们30多年来的交往历程,最先映入眼帘的就是那一封封泛黄的书信。

一、我和你,两个小伙伴的约定

这一天,对浦口实验小学五(1)班的齐康来说,是最难忘的一天。不仅因为这一天是他的生日,更因为他收到了一份喜爱的礼物,以及自己乡村小伙伴的回信……

1990年的暑假,齐康到住在板桥的外婆家做客。外婆家的房子建在一个小坡上,青砖黛瓦的屋舍上面长满仙人掌和马菜花,一半是土一半是石头的灰色高墙,暗色调的屋内陈设,长长的穿堂,用黏土垒成的高高灶台……

范荣的奶奶刚好带他来齐康的外婆家串门,两个小男孩个子一般高、年纪一般大,都是开朗的性格,他们一起打弹珠、钓龙虾……很快就熟络起来,成了好朋友。农村树多,房前屋后,树延伸到哪里,蝉声就唱响到哪里。清脆的蝉鸣,是一种召唤,勾住了他们好奇的眼睛。两人弯腰弓身,猫一样蹑手蹑脚地走过去,慢慢靠近,五指并拢快速出击,捂住树干,那夏蝉就在掌心"吱吱吱"地惊叫。他们用一根细线束住蝉腰,另一端捏在手上,扑腾挣扎的夏蝉便绷紧线绳转圈画圆。他们还将夏蝉拴在窗台上,让它在屋子里唱歌,十分有趣!在外婆家做客的时光总是短暂的,分别的时刻来临,两个五年级的孩子相互留下了联系方式,并约定好给对方写信。

刚开学没多久,齐康就收到了范荣的来信,信里告诉他自己特别喜欢画画,升入五年级之后,他参加了中队委的评选,并顺利当选宣传委员,向自己的好朋友分享这个喜讯,同时也表达了对好朋友的想念。巧合的是,齐康这学期也被选为中队宣传委员。这下他们可聊的话题更多了,两个人不仅分享生活中的喜怒哀乐,也会交流担任中队宣传委的酸甜苦辣。

范荣最近遇到了些烦恼,作为中队宣传委员,他负责墙报工作,刚开学需要完成黑板报。他带领几个同学定主题、设计内容、绘制板报……一直忙到下午六点

/第一章 溯源：走进交往的奇妙世界/

多，放学没有接到他的妈妈可着急了。他在信中告诉齐康："虽然知道干这工作很辛苦，但大家选我是对我的信任和鼓励，所以我一定不能辜负老师、同学对我的期望，努力当一名称职的宣传委。你能分享一些你出黑板报的经验吗？"

齐康在生日的这一天收到期待已久的乡村好朋友的回信，别提有多高兴了，他也迫不及待地想和好朋友分享生日的幸福与感动，同时也想给范荣提供一点帮助。第二天，他就用笔在信纸上流露真情，给范荣回了一封信。一对好朋友的书信交往就这样开始了。

范荣同学：

你好！

昨天是我最难忘的一天。我过了一个十分愉快的十一岁生日。我把爷爷、奶奶都请来了。家里人个个喜气洋洋，但我郑重地要求爸爸、妈妈——不要买什么生日蛋糕，必须一切从简！爸爸、妈妈很理解我，笑着答应了。家里人随便炒了几个菜，就坐下喝生日酒。到了"酒宴"最热闹的时候，大家开始向我赠送生日礼物，把"生日宴席"推向高潮。大家合买了一个礼物——一套各具情态的"塑料小兵"。我太喜爱了！因为大家都知道（我）一向十分敬慕军人。在我凝神欣赏"小兵"之时，妈妈笑盈盈地端着一碗热腾腾、香喷喷的生日面……

范荣，看着这情景，能不叫人感动吗？

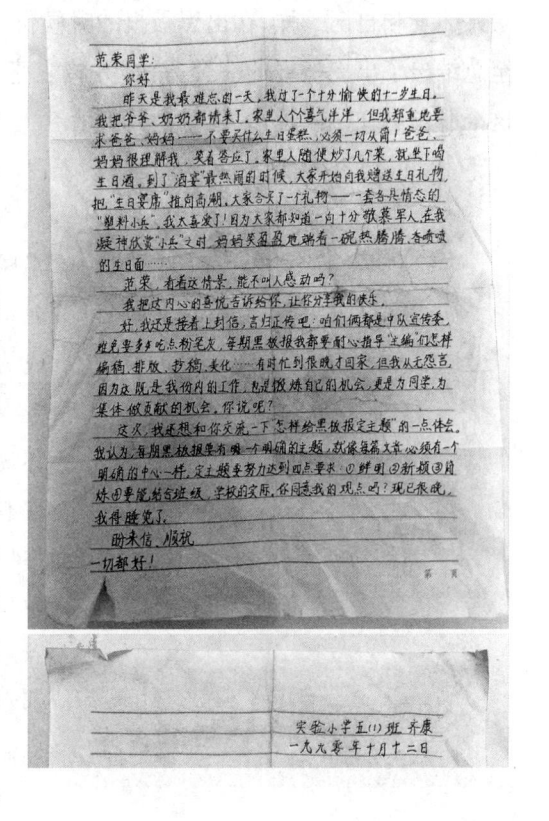

我把这内心的喜悦告诉给你，让你分享我的快乐。

好，我还是接着上封信，言归正传吧：咱们俩都是中队宣传委，难免要多吃点粉笔灰，每期黑板报我都要耐心指导"主编"们怎样编稿、排版、抄稿、美化……有时忙到很晚才回家，但我从无怨言，因为这既是我份内的工作，也是锻炼自己的机会，更是为同学，为集体做贡献的机会。你说呢？

这次，我还想和你交流一下"怎样给黑板报定主题"的一点体会。我认为，每期黑板报要有一个明确的主题，就像每篇文章必须有一个明确的中心一样。定主题要

003

努力达到四点要求：① 鲜明 ② 新颖 ③ 简炼 ④ 要能结合班级、学校的实际。你同意我的观点吗？现已很晚，我得睡觉了。

　　盼来信。顺祝
一切都好！

实验小学五（1）班　齐康
一九九零年十月十二日

　　范荣收到回信，看到好朋友过了一个幸福而温馨的生日，也为他感到高兴。原来好朋友和自己一样，在出黑板报的时候付出了很多时间和精力，但也毫无怨言，甚至总结出了出黑板报的一套方法，并将它毫无保留地分享给自己，范荣打心底里对这个朋友更加敬佩了。

齐康友：

　　今天中午接到你的信，我特别高兴，我当时突然觉得中午的阳光似乎格外明亮温暖了。但真对不起你，作为一个好朋友，我没能顾得上及早询问到你的生日，这真是我的大错。我只能由衷地向你表示迟到的"生日祝贺"！请你原谅。我们都是宣传委，你说的经验确实很好，我觉得非常有道理！你有那么多的工作经验供我学习，我真敬佩你！我一定以你为榜样，去努力工作、努力学习！

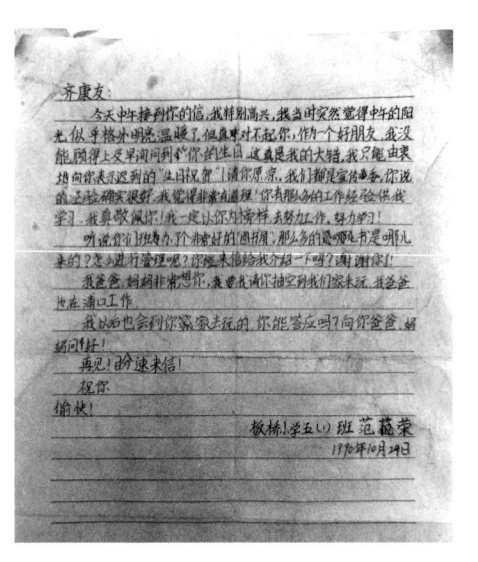

　　听说你们班办了个非常好的"图书角"。那么多的书是哪儿来的？怎么进行管理呢？你能来信给我介绍一下吗？谢谢你了！

　　我爸爸、妈妈非常想你，要我请你抽空到我们家来玩，我爸爸也在浦口工作。

　　我以后也会到你家去玩的，你能答应吗？向你爸爸、妈妈问好！

　　再见！盼速来信！

　　祝你
愉快！

板桥小学五（1）班　范荣
1990年10月24日

　　两个多月没见，齐康很想念他的好朋友、好兄弟，他决定接受邀请，那个周末去范荣家里做客。

　　农村的秋天是四季中风景最美的季节。秋高气爽,天高云淡,气温舒适,没有酷暑的难熬,也没有冬天寒冷的瑟缩。这时风轻轻拂过,凉凉的,让人心旷神怡。秋天昼夜温差有点大,就使得晚上有秋露凝结,那真是"露沾蔬草白"。所以,早晨在树叶、草尖、花蕊上,都有晶莹剔透的露珠,真是大珠小珠落草尖,花蕊含情露含羞,美不胜收。田间草地,有随处可见却美得惊心动魄的牵牛花。牵牛花只在早上开放,花开的时候热烈灿烂,颜色有红的、白的、蓝的,多姿多彩。有的牵牛花攀附在树上,远看还以为是大树开了花。清风吹来,微微摇曳,像瀑布一样美丽,真是秋天里一道亮丽的风景。

　　两人见面后有说不完的话,时间仿佛又回到了暑假在外婆家的那个午后,他们走在田埂上聊天,认识各种农作物。在聊天中他们发现浦口实验小学和板桥小学有一些相似的地方,也有很多不同的乐趣。

　　范荣聊天时提到,他们学校西墙根有一棵栗子树、一棵柿子树,它们均有两个成年人合抱粗。栗子树呈75度倾斜,这里是他们的游乐场。他们将倾斜的树干当成滑梯,小心翼翼地爬上树干,"呼啦"滑下,火辣辣的热浪从身下闪过,循环往复,乐此不疲……齐康听了特别想去看一看。齐康也和范荣分享了最近学校举行的"红领巾募捐"活动——准备修建"红领巾路"。齐康中队的队员全部参加了捐款,学校规定最多捐三元,最近齐康的作文登在了《小学生语文杂志》上,得了十元钱的稿费,他看着范荣说:"我准备用其中的七元交杂费,三元捐款。"范荣投来了羡慕的目光:"你真厉害,真羡慕你能靠自己,为集体建设贡献一份力量!"

二、我们和你们,一场快乐的集体约会

　　齐康每次去传达室拿信,总有一群小伙伴围观,他们一起阅读范荣的来信,分享快乐。齐康的同学非常羡慕他有个好兄弟:"我们要是也有个农村小伙伴该多好啊!"

　　班主任徐志涛老师了解到孩子们的这个美好愿望,想到她的老师恰好在板桥小学任教,于是,他们决定策划一场集体约会。不久,板桥小学五(1)班全体学生的邀请信出现在浦口实验小学的传达室,带着满满的诚意……

实验小学五(1)班全体同学:

　　你们好!

　　正值秋风送爽、瓜果遍地的季节,我们全班同学经过热烈的讨论,想邀请你们本月二十日来我班聚会,并分别到各自朋友家做客。

我们地处农村,大自然的春天固然美丽,秋天比春天更富有绚丽的色彩。你瞧,小菜园美极啦!鲜嫩的蔬菜把菜畦遮蔽得严严实实;甜萝卜整齐笔直地挺立在那里;一垅一垅山芋经过春天和夏天的沉睡,现在已经醒来急着要出土,把地皮都胀破了。只要你轻轻地扒开泥,往底下望望,哈!一嘟噜一嘟噜的,红的皮像火炭,黄的皮像金桔。不要说吃,就是闻一闻那带着泥土的清香,准叫你们垂诞(涎)欲滴。

至于农村那些活泼可爱的小动物,就更有意思了。如:灰褐色的鸭、洁白如雪的鹅,在闪烁着金光的水面上,一会儿张开翅膀扑打着水面,溅起美丽的浪花,一会儿呱呱地叫着,一片喧闹,常常周围一两里地都听地到。贪吃好睡的肥猪,挺着圆滚滚的大肚皮;温顺的老水牛,它有美丽的角,躺在牛棚里吃饱了反刍着,嘴边冒着白沫。你们想钓鱼吗?池塘里的鱼可多啦,什么鲫鱼、鲤鱼、扁鱼,走运的话,在小沟里就可以给你捞几条……

总之,农村是我们的活动天地,什么稀奇的玩意都有!朋友们,快来吧,我们希望二十日就在明天。

此致敬礼!

板桥小学五(1)班全体同学
1990 年 11 月 5 日

收信的那一刻,全班沸腾了。徐老师向学校申请带领孩子们赴约,可以借此机会观察农村秋季的特点,欣赏春华秋实的自然风光,认识一些农作物,还可以了解农村学生的生活情趣,看看改革开放后的农村新貌,相信孩子们也非常乐意认识和接待新朋友。这也会是一次非常有趣的学习交往经历。

朱秀云校长欣然应允,亲自参与方案策划,她走进课堂,手把手教孩子们写回信:
板桥小学五(1)班全体朋友:

你们好!

今天早晨,我们收到了你们热情洋溢的邀请信,整个教室霎时沸腾了!老师抑扬顿挫地诵读着你们的来信,所有同学都沉浸在无比幸福、快乐之中。

我们被你们的介绍深深吸引着,都盼望着早日见到各自朋友那热情好客的笑脸,盼着早日目赌(睹)那同到处洋溢着菜花香气的金色原野;盼着早日品尝你们那香喷喷的土特产;盼着能和你们一块儿放鹅、放鸭、放牛、钓鱼;盼望着和你们共叙友情,表演节目……我们向往着,盼望着……

非常感谢你们的盛情邀请,到时,我们一定戴着鲜艳的红领巾,穿着节日的服装,如期赴约!祝你们的老师及所有朋友健康,快乐!

实验小学五(1)班全体朋友
1990 年 11 月 10 日

那个金色的秋天,两所不同学校的孩子们会面了,浦口实验小学的孩子们感受到板桥小学的小伙伴的热情,他们一起欣赏秋季的农村美景,挖山芋,摘柿子……他们一一结成笔友,开始书信交往,相互写信邀请做客。

浦口实验小学五(1)班周丽接到邀请信之后,在她的日记本上写下了这样的内容:

1990 年 12 月 8 日　星期六　晴

今天,我收到了朋友吕琳写来的邀请信。"啊!她邀请我去她家做客!"我看到这里,简直是心花怒放!我兴奋得跳了起来,欢呼着:"太好喽!太好喽!"

同学们收到各自朋友写来的邀请信,心情和我一样,也跳着,欢呼起来,顿时,整个教室变得喧哗、热闹了,所有的同学都在手舞足蹈!

回家的路上,我觉得周围路边的草木,都在那里对我微笑,为我高兴;看看天空,觉得悠远无边的大自然也似乎在为我欢笑。同学们走在路上,就像一群出笼的小鸟,叽叽喳喳:有的在议论该送给朋友什么礼物;有的在想象自己的朋友会是什么样儿;有的在说:"今天晚上我一定睡不着了!"我蹦蹦跳跳地回到家里,怀着不可抑制的激动心情把这个好消息告诉了爸爸妈妈,说话时,我把水瓶塞子当成了茶杯盖子,妈妈点了点我的鼻子:"瞧把你乐的!"晚上,我躲在被子里偷偷地笑;梦中,我也在和朋友一个劲儿地笑……

实验小学五(1)班　周丽

鸿雁传书,双向交流;"信"心相印,真情互寄。这场快乐的约会还在继续深入、继续扩大……

第二节 2000，教室里的小学伴

2000年版的《义务教育课程标准》强调，课程改革的目的是"整体推进素质教育，以创新精神和实践能力的培养为重点，促进学生的全面发展，以适应21世纪对人才的要求"，要求学生能够积极主动地参与到学习中去，从而不断提高自己的学习能力。

何谓主动学习？即变"要我学"为"我要学"。

繁体字"學"字的上部，中间的两个"㸚"表示"交往"的意思，上面的一个"㸚"表示祖先的灵，也就是和文化遗产的交往，下面的一个"㸚"表示学生之间交往的样子。那包着"㸚"的两侧，形为大人的手，意味着大人千方百计地向儿童的交往伸出双手，或者说，表示大人想尽办法支持学生在交往中成长。[①]

曾有学者提到"儿童也是个交往心理学家"，为了促进他们的交往，我们让儿童在学校里结成"学伴"（学习的同伴；学友），以学伴的形式开展学习活动，提高儿童在学习过程中的主动性和参与性。

一、学伴课堂互助

小学伴之间相互学习，教学中"学伴互助"基本模式为：教师布置学习任务——学伴协作完成任务——大组交流反馈——师生评价。学伴互学过程中合理分工，明确任务，责任到人，每一个协作互动小组应推荐一名小组长，负责共同体内分工、督促、协调等工作。同时教师还要时时引导并鼓励学生，在协作中，每个成员都必须明确自己的任务，实现目标中的角色定位，承担起自己的责任。从一定意义上来说，开展合作学习的教学，既有利于学生自主学习能力的培养，也能进一步激发学生的学习动机，让学生积极参与课堂教学，提高学习效率。

---

① ［日］佐藤学：《静悄悄的革命——课堂改变，学校就会改变》，李季湄译，教育科学出版社，2014年，第32页。

案例

从"糟糕透了"到"精彩极了"

【案例背景】

小学英语课堂中,英语教学要达到交际化的目的,教师必须带领学生进行反复的操练与练习。传统的教学有时仍局限在师问生答、生问师答等单调的模式中。小学生年龄较小,自控能力差,他们的注意力无法长时间地集中在此类操练上。久而久之,课堂气氛也会随之"降温",学习积极性骤减,根本无法完成预期的教学目标。所以,有些学生英语学得糟,根本原因除了缺乏强烈的英语学习动机,一定程度上也是由于教师的教不得法。所以对于教师来说,重要的是找出办法来激发学生的学习动机。

【案例描述】

1. 初试"学伴互助",糟糕透了!

这是一节英语课,在学习译林版小学英语4A第6单元At the snack bar "What would you like? I'd like..."这一句型时,教师在课堂上布置了这样一个小组合作学习活动:将全班分为6个学伴小组,小组内每位学生想象自己在小吃店,要求学生进行小组活动,设计点餐的对话。

学生们立刻组合成小组,教室里顿时喧闹起来,场面看似热闹活跃,学生表现也很积极,但仔细观察学生的活动就会发现:有的学生在观望,有的学生在忙着玩学具,多数学生则在说笑。

各小组汇报时,学生只是用"What would you like? I'd like..."进行一问一答,没有其他更丰富的语句了,显得比较死板,固守模式,没有进行合理发挥和创新想象。当同学们练习完对话之后,教师先和英语口语好的学生做对话示范,然后布置两人或三人小组练习单元课文对话,甚至把已设计好的对话呈现在黑板上,每个小组成员只能完全照搬教师提供的对话内容,导致学生表演如出一辙,毫无新意。

"'学伴互助'糟糕透了!"听课老师连连摇头。

2. "大学伴"支招

"当局者迷,旁观者清",听课老师指出,在学伴互助前,教师并没有面向全体,未能尊重个体差异。比如,给学生多一点和同伴交流的机会:同桌、伙伴、四人小组、组际都是学生乐于交流的团体,课堂上积极创造这样的交流机会,搭好合适的平台,给予充分的时间,教师将会看到合作的力量。

再比如，合理分配互助小组，教师在示范句型或对话教学后，往往会说："Now, boys and girls, I'll give you five minutes to practice with your best friends." 这时表现欲强的学生会很快组合在一起，进行积极的语言交流，而那些性格比较内向的学生处于非常尴尬的境地，他们有些勉强凑合成一组，个别学生甚至找不到合作伙伴，导致这些学生长时间在小组互动环节中受到冷落，越来越不爱合作。

3. 再试"学伴互助"，精彩极了！

教师经过自己的思考，吸收了其他老师的点评意见，重新设计了小组合作环节。这一单元的主要内容是能用日常用语购买不同的物品并学会征求他人的意见。课前，教师简单布置了教室，划分室内空余场地，以 toy shop、fruit shop、snack bar 等命名，并贴上表示相应地点的纸条，这就为学生的小组合作学习创设了一个相对真实的语言环境。在教室的几个角落贴上这些商店的图片，同时给出商店出售的物品，这些布置使学生一上课就进入一种兴奋、新奇的状态。接下来以四人小组为单位，让学生之间合作交流。同学们先是以此方式来学习贴在教室四周的地点名词，然后加入情境会话：What would you like? I'd like... 班级中的积极分子带动内向的同学参加编对话的活动。课堂上，学生异常灵活，角色自由分配，他们连说带比，演绎着精彩的一幕幕。一时间，教室里响亮自信的英语交流声音此起彼伏。

""学伴互助'精彩极了！"大家异口同声。

【案例反思】

1. 让理念直接"变现"

"学伴互助"的成与败取决于教师的课程理念，教师要真正体会新课标的新理念，转变自己的教学方式，处理好独立学习与合作学习的关系。在开展小组英语对话前，必须给予每个学生充分的机会认真、独立地学习，思考和落实新的语言知识，在这个基础上再进行互助合作。这样，才能表达各自独特的见解。否则，"学伴互助"将成为一种徒有虚名的形式。

2. 合作要有点仪式感

仪式感是人们表达内心情感最直接的方式。《小王子》里说，仪式感就是使某一天与其他日子不同，使某一时刻与其他时刻不同。现代教育心理学研究表明，学生在学习中的情绪与教学效果有直接关系，而影响学生情绪的一个重要因素是教学仪式感。教学仪式感创设得当，会起到事半功倍的效果，课堂上创设这样一个合作场景，让学生在相对自然、真实的环境中，拓宽了思路，人人都有机会开口，通过合作学习的交流活动，轻轻松松就掌握了本单元的重点内容，提高了课堂教学的效率。

3. 合适的是最好的

为了充分发挥"学伴互助"的优势,互助组成员不宜过多,一般4~6人最适宜。在组建互助小组时,尽可能考虑到成员在才能倾向、个性特征、学习成绩等方面保持合作的差异,突出其异质性。合适的组合方式能提高效率,激发组员潜能,促进知识共享与思维碰撞,达到最佳的学习效果。

4. 人人都有亮点

"学伴互助"最大的优点是能促进学生间互帮互助,共同进步。很多时候,学优生是互助学习的骨干和组织者,也是参与课堂教学的积极分子,是课堂的"亮点",而内向学生参与学习比较被动,是课堂的"陪衬",是较少受关注的。所以教师的眼光应更多地放在内向学生身上,多给他们一些鼓励,多给他们一些发言的机会,让他们表现自我,增强自信心,多让同学帮助他们克服学习上的困难,让他们体验集体的温暖和学习的成功感。同时,适当创造机会,让内向学生当小组长,给他们一定的压力来激发和提高他们的学习能力,转化他们的学习弱势,锻炼他们独立解决问题的能力。

当然,"学伴互助"只是合作学习的方式之一,可以使我们的课堂更加精彩,促进、加快学生对新知的理解、掌握,帮助一部分学生尽快融入课堂,从而培养他们的学习兴趣。"学伴互助"绝不是一把"万能钥匙",我们不能不顾教材的特点和学生的实际,一味让学生去合作、交流,那就是滥用。我们还应该努力培养学生独立思考问题的能力,让他们成为会学习、会合作、会交流,有个性、有主见的新世纪的创新人才。因此,在进行互助活动时,适时地为学生间的操练活动提供词汇、句式等方面的帮助,也让学生真正学会在交往合作中成长,从而实现教与学的最佳组合,达到教与学互动的最佳境界。

二、会玩会学的社团小学伴

小学生社团是具有共同爱好和特长的同学自发组成的兴趣小组,具有群体优势。小学生在社团中通过交往、沟通,切磋学问,交流情感,寻求理解,建立友谊。小学生的交往方式和交往能力直接影响他们的人际关系,影响他们的心理健康,影响他们的成长与发展,也影响学校教育目标的实现。在社团组织中,参与的自由性,吸引了有共同志向和爱好的学生,它打破年级的界限,提供更加多元化和包容性的交流环境。对小学生来说,社团提供了多角度、多侧面的信息来源,使成员之间能够相互取长补短、共同提高,并在交往中学会倾听、理解和尊重他人的观点,培养团队合作和分享的品质。

社团活动是校本课程开发与实施的有效方式,让儿童参与校本课程的开发与实施,使社团里的小学伴真正成为课程的参与者、实施者,我们的社团活动开展起来才会更有趣、更有效,才能真正有益于儿童的成长。

案例

我的社团,我做主[①]

哈贝马斯的"生活世界理论"和"交往行动理论"提醒我们课程开发过程中要有儿童参与,没有儿童参与的课程开发与实施意义不大。基于对以上理论的认识,我们认为,校本课程的开发,应该依据交往原则,营造民主、平等、和谐的学习氛围,最大限度地让儿童参与到课程开发和实施的各个环节。

1. 从"被动接受"到"主动参与":让儿童成为社团活动的主人

美国教育心理学家布鲁纳说:"知识的获得是一个主动的过程,学习者不应该是信息的被动接受者,而应该是获取过程的主动参与者。"新课程改革强调儿童是有主体性的人,是富有潜力的、具有创造性和探索精神的人,是教学活动的参与者和体验者,是课程开发的主人。

我们让儿童参与社团活动的策划和实施。每次社团活动的主题是什么,上课的"小老师"是谁,"小老师"给班级的同学教授什么内容……这些都由儿童讨论策划,由儿童和老师商讨决定,这样的社团活动才是儿童感兴趣的活动,才是儿童自己的活动。

这样从"被动接受"变为"主动参与",让儿童真正成为社团的主人,才是社团活动有效开展的根本保障。

【学生分享1】

我的四十分钟

五(4)班 张一诺

"好,那就由张一诺在星期五的时候为我们上'儿童课程'吧。"狄老师刚宣布完决定,我的心情就陡然从兴奋转为紧张了。走上讲台这件事,我是有点儿经验的。

[①] 费春燕:《"我的社团我做主"——关于儿童参与校本课程开发与实施的研究》,《当代家庭教育》2019年第9期。

但那毕竟只是七八分钟的演讲,现在要上一节四十分钟的课……我倒吸一口气。"差不多吗?差很多吗?差多少呢?"我思索着。

这次的"儿童课程"讲什么呢?小伙伴们纷纷献计献策——"美食!""军事!""环保!""旅行!"……嘻嘻,大家投票决定吧。

经过大家的投票,旅行类占大半,少数服从多数。"讲旅行!"我兴奋地宣布,大脑也同时开始了"太空之旅"。

在伙伴的帮助下,我们完成了资料的搜索和备课工作。周四晚上,妈妈带我熟悉了一遍教案,又让我亲自讲了一遍。

周五早上,我带着教案,大踏步地走向了学校。说来也奇怪,我的心情变了,从接到任务时的紧张又突然被期待代替了。转眼到了下午第二节课,我的上课时间终于到了!

上课了,我竟一点儿也不怕了,还带着些许的骄傲。我酝酿着情绪,从容地在四十几双眼睛的注视下走上了讲台。我尽量控制着自己的情绪,保持冷静,微笑着环视着同学们,然后以平稳的口吻开始了这一堂课:"同学们,这一节课让我们来学习Our trips……"我回忆着昨晚演习过的教案,竟完全沉浸在知识之中,讲得十分投入。台下的同学们个个也都瞪大了眼睛,完全被我展示的山水世界吸引。我适时地抛出一个问题,同学们回答得又快又准,我倍感自豪。

我每展示一张海底世界的图片,同学们就集体回应一声震惊的"哇",他们大概是真的感受到了海底世界的美妙。

"所以,让我们尊重和爱护身边每一个善良的、无害的生命体,哪怕它小如蚂蚁。"我适时地以这段话结束了我的课程,下课铃声随之响起……

回到座位上,我才发现自己的腿在微微发抖。这次的"儿童课程"让我感受到了快乐,也体会到了做老师的不易,收获真多!

2. 从"自给自足"到"开放共享":让儿童在社团中提高交往能力

学会交往是素质教育的一种实施形态。日常的课堂教学活动中,教师说学生听,大家交流,有些儿童的参与度很高。但是,另有一些儿童在课堂中,只负责听老师说、听同学说,很少参与到课堂的交往中,他们的交往能力是有所欠缺的。

我们让儿童参与社团活动的开发和实施,从活动主题的确定,到教学内容的准备,再到进行教学,这一系列的活动都需要儿童与教师、儿童与儿童之间的沟通和交流,这个过程就是儿童的交往能力提高的过程。特别是对于"小老师"来说,他需要把自己的特长展示给同学,就必须与同学们交流沟通。这就让儿童从"自给自足"地听,慢慢地成长到"开放共享",实现互联互通、互学互鉴、互助互促。

【学生分享2】

当我成了你

四(10)班 孟新宁

"同学们……这次……"我坐在书桌前念念有词。这一次,我得到"儿童课程"主持人的机会,我可不能让你失望啊……

周五如期而至,你把讲台让给我:"这次,看你的啦!"我在黑板上勾勒出"创意脸谱"四个大字,同学们围上来:"创意脸谱?""难不难做?"我笑而不语,心里却如同装了二十五只兔子——百爪挠心。

"丁零零……"上课了,同学们纷纷回到座位,你也坐在我的位置上,笑盈盈地看着我,眼神中充满了期待。此时此刻,我浑身直冒冷汗,大脑一片空白。"咳——咳——"我清了清嗓子,尽量使自己镇定。"同学们,今天的主题是《创意脸谱》。"说完,我颤抖着从讲台走向同学们。"谁来为大家介绍一下脸谱?"我学着你上课的样子,把主动权交给同学们。顿时,台下小手如林:"我来,我来!"看着同学们这么踊跃,我心里放松了许多。我邀请了小高同学,她侃侃而谈:"脸谱是中国传统戏曲演员……"她让我更加自信,我的声音也比开始时洪亮了许多。

下一步画脸谱,我把空白脸谱和绘画材料按组发给大家,简单交代了注意事项,同学们便迫不及待地创作了。这时的我,也暗暗松了口气。

"小孟,我的脸谱涂花了。咋办?""小孟,我的线画歪了……"同学们的呼唤声此起彼伏,我慌了,只能挨个儿给他们建议。然而,我分身乏术,教室里喊声更大了。你走过来轻声地交代学会的伙伴:"你们去教不会的!"慢慢地,呼喊声少了,他们都进入了脸谱的世界,个个聚精会神。你的办法真好!我又学到了一招!

最后,我拿出准备好的奖品——圣诞老人面具,奖励本节课的最佳作者。你满意地向我竖起大拇指,带领同学们为我鼓掌,我激动得涨红了脸。

大家戴上花花绿绿的脸谱排队放学,成了校园里最靓的娃,你也笑得格外灿烂……

这真是个美好的下午,当我成了你,我体会到了你的不易。老师,你放心,下一次,我一定会做得更好!

3. 从"默默无闻"到"一鸣惊人":让儿童在社团中展示自我、增强自信

社团活动课程,是由教师和儿童共同策划实施,以儿童的实践形式为主的课程,也是儿童认识自己、发展自己的个性空间,是儿童展示自我、增强自信的有效途径。

在平时的生活和学习中,我们发现,有这样一部分儿童:他们在班级中默默无闻,但

是他们之中,有的人通晓天文知识,有的人酷爱各种车辆,有的人动手能力特别强……对于这一部分儿童,如果我们只用学习成绩衡量他们,他们往往属于需要加油的群体,因为这样的孩子在生活中缺乏自信心,认为自己事事不如别人。但是,如果我们能够发现他们的特长,让他们在社团活动中做一次主人,让他们把自己的过人之处展示给全班的同学看,让全班同学都学习他们的特长,这样的经历,对于他们自信心的提升是有极大的正面影响的,他们还能够将这样的自信迁移到生活和学习的其他方面。

【教师分享】

从"嘟嘟"到"黄老师"

谭梦婷

四年级的嘟嘟同学,一周总有几天要迟到。有一天,他甚至直接在校门口不愿意进学校上学了。护导老师试探性地走近他,问他有没有需要老师帮忙的地方。他不敢正眼看人,半天沉默后才结结巴巴地说:"没……有……"看他这样局促,护导老师也很善解人意,不再继续追问,把他领回教室,让我多关注孩子的心理状态,当天我和他妈妈进行了一次沟通。

原来,嘟嘟在爸妈离婚后一直和妈妈生活。今年,妈妈重新组建了家庭,并且生了个小妹妹。嘟嘟觉得妈妈不爱他了,什么事情都和妈妈对着干,试图引起妈妈的注意和关爱。嘟嘟的妈妈很苦恼,现在孩子什么都不肯对她说。母子之间的矛盾日益加深,亲子关系降到冰点,他对妈妈关闭了心门。

有办法解决吗?机会来了,全校开展"儿童课程"活动,旨在营造润泽的环境,提供孩子参与学校课程开发的平台,让孩子在参与课程建设活动中,更会学习,更会做事,更会交往。学校每周社团活动时间,都要安排"儿童课程"活动,由儿童自主申报课程内容,深受儿童喜爱。

那一周,嘟嘟竟然申请主持一次活动。我利用课间了解他的课程内容——科学实验课,但是需要给每个实验小组准备100枚硬币。我当着嘟嘟的面给他妈妈打电话,请妈妈帮忙解决嘟嘟的困难,妈妈当即应允。

在妈妈的全力支持下,那周五的"儿童课程"——"神奇的纸桥"嘟嘟上得既有科学性,又有哲理性,大家在实验中悟出了人生的道理。同学们为他送去了阵阵掌声,嘟嘟露出了甜甜的笑容。

由于嘟嘟出色的表现,他被推荐走班上课,一圈下来,全年级师生都认识他了。碰见嘟嘟,大家都会称他为"黄老师"。嘟嘟变得越来越自信、越来越爱笑。

江北新区班级建设德育活动在我校召开,要推荐优秀的"儿童课程"。我认为这是一次极好的展示机会,邀请嘟嘟同学和妈妈一起来上"儿童课程",在区级"儿童课程"展示中,他沉稳自如、大方得体,精彩的课堂让在场的老师和同学为他鼓掌,台下嘟嘟的妈妈也欣慰地笑了。

在家长交流环节,妈妈哽咽着讲述孩子蜕变的故事。由于嘟嘟参加"儿童课程"展示,亲子交流日益融洽,嘟嘟变得越来越自信,懂得关心体贴父母,回家后,能帮助妈妈照顾小妹妹。她展示了一张照片,就在前不久,嘟嘟下车时,偷偷在她汽车车窗上写下"I love you",旁边还画了一个爱心。她感觉非常幸福。她带来两面锦旗,一面送给悉心照顾孩子的我,一面送给学校,感谢我给孩子展示的机会,感谢学校提供"儿童课程"这样的平台,给他们的家庭带来久违的幸福感。

弥足珍贵的成长,值得每一个教育人珍惜。

三、为下课后的小学伴点赞

20世纪意大利诗人卢恰诺·德克雷·申佑说:"我们都是只有一个翅膀的天使,我们只有互相拥抱才能飞翔。"是的,每个孩子都渴望展翅飞翔,都在寻找能让自己飞得更高的同伴。

学校就提供了这样相互拥抱的机会,教师采用"1+1"异质互助的方式,帮助学生建立良好的学伴关系,鼓励孩子们在相互拥抱之后自由飞翔。

案例

非常1+1

【案例背景】

俗话说:"骏马能历险,犁田不如牛。坚车能载重,渡河不如舟。"在班级中有少数待优生,他们不仅有"短"处,更有"长"处,如:有的遵守纪律的自觉性不够高,却是绘画高手;有的文化成绩不够理想,却是体育健将;有的外表沉默寡言,却善于乐器演奏;等等。所谓"1+1"异质互助就是将学优生和待优生结成互助伙伴。他们虽然成绩差异大,却各有闪光点。

【案例描述】

1. 签订双向奔赴的合同

只有双向的奔赴才有意义,彼此的努力才能更有价值。为了提高待优生的自信心,教师一改惯用的指派结对合作的方式,而是尊重他们,安排他们挑选自己欣赏的伙伴来帮助自己,经过双向选择,制定"互助合同"。这份"合同"既有学习的要求,又有技能的要求,双方各执一份(见下表)。

快乐"1+1"互助合同			
姓　名	合作内容	预期效果	签　字
甲→乙	补习功课	提高学习成绩	
乙→甲	学吹竖笛	学会吹奏曲子	

2. 亮出我们的绝活

"天生我材必有用",自信是一个人成功的关键,要鼓励每一个孩子确立自信。张海迪高位截瘫,却掌握四门外语、精通针灸,靠的是什么?是自信。只有自信心强的人才能肯定自己、相信自己,才能克服种种困难,迎来新的希望。然而,自信心并不是与生俱来就有的,尤其是互助合作中的待优生,对其自信心进行培养十分重要。

儿童都有表现自我和得到别人赏识的欲望。在教学过程中多给异质合作伙伴合作的机会,并给予展示,教师的鼓励和肯定,让他们不断尝到合作成功的喜悦,调动学习积极性,孩子们以后会学得更自信。积极参与课外活动,鼓励待优生参加各级各类比赛,使他们也亮出自己的"绝活",如书画比赛、棋类比赛、足球比赛等,在参赛过程中给予重点指导,为其加油鼓劲,帮助其取得成功。

3. 送你一朵小红花

"送你一朵小红花"是一种积极乐观的态度,它表达的是对生命的敬畏、珍惜和鼓励。

鼓励与夸奖,是帮助他人的灵丹妙药,也是开启动力的钥匙。有效的鼓励对异质合作学习起着至关重要的导向与促进作用,改变以往那种用一把尺子去量所有孩子的做法,针对每个孩子原有基础,只要有进步就鼓励。让所有孩子在不同层次中体验自己的成功,使他们相信自己也有用武之地,从而信心十足地面对下一次挑战。

在异质合作评估中,教师不以成绩论英雄,采用一切方式肯定、赏识孩子,举办诸如评选"优秀作业明星""我们班的小巧手"等活动展示合作的成果,让孩子品尝到合作胜利的果实。成功的快乐是一种巨大的精神力量,能使孩子增强自信,产生争取更大成功的愿望。

当然,教师要注意发挥合作伙伴的相互影响和感染作用。合作伙伴间也有摩擦,也有因合作不愉快而要求"散伙"的声音,面对这种情况,教师在他们中间架起沟通的桥梁、连起友谊的纽带,针对双方的心理,抓住契机,消除他们之间的误解和隔阂,要劝说学优生伸出热情的手,真诚地帮助和关心待优生,同时,引导待优生主动地向学优生学习,向学优生看齐。教师则利用班队会课对有进步的异质合作对子进行宣传,采用"我们的合作秘诀""夸夸我的合作伙伴"等环节,让各个合作伙伴充分展示成果,阐述观点,其他互助小组在倾听观点的同时,积极吸纳他人之长,及时做必要的补充,进一步完善自己的合作行为,找出解决问题的最佳策略,将合作进行到底。

【案例成效】

1. 我们的差距缩小啦!

通过"1+1"异质互助,学生们在互学互助中相互欣赏,取长补短:你帮我复习数学,我教你画画;你帮我听写,我教你踢球、下棋……

集体中的两极分化逐渐缩小,逐步形成相互尊重、和谐一致、共同进步的健康氛围。

2. 我们的班级强大啦!

要争取互助小组的优胜,两个合作伙伴必须通力合作,每个人都发挥自己的特长,互相帮助,从而在班级里形成一个合作的氛围,同学间互帮互助、团结合作的意识也大大增强。这种合作意识,在教师的正确引导下,能非常自然地迁移到每个学生对待班集体的态度上来,从而使班集体的凝聚力、号召力大大增强。

3. 我们更加自信啦!

多元评价和及时的反馈,使合作伙伴时时处处于一种被激励的状态之中,并能经常受到表彰、鼓励,让学生经常处于成功的体验当中,逐步消除了部分待优生的失败心态,使大多数学生树立了自信心。从心理学角度讲,"成功"才是成功之母,培养孩子的自信心,为他们的未来打下坚实的基础。

4. 我会管理自己啦!

签订了合作合同,人人都要对伙伴负责,责任意识得到了强化;监督同伴的同时,首先自己要做好,于是也就学会了自我教育,增强了自我约束的能力。在合作中,同伴间的相互督促,使得学生学会了自我控制、自我管理,学习、纪律、品行等方面的自觉性明显提高。

总之,在班级管理中,开展"1+1"异质互助行动,引导学生进行合作学习,互帮互助,共同进步,为学生的健康成长和可持续发展营造了良好的集体环境,培养了学生的合作能力、领导能力和创造能力,从而促使集体"不用扬鞭自奋蹄"。

第三节 2010,交往学习"e 线牵"

人的交往或多或少都是借助一定的中介进行的。起初是语言和动作,后来又有了文字和图案,有了笔墨纸砚、车马驿站,有了社会制度、阶级关系……

随着大数据时代的到来,人与人联系的技术中介开始经历快速变革,正逐步向数字技术中介转型。

伴随着互联网连通世界的脚步,通信技术跨越万水千山,数字交往逐步取代书信往来,学生的交往实践通过数字终端、通信技术、虚拟存储等方式得以拓展和延伸,形成了全新的交往形态。

一、数字交往 1.0:打开新"视"界

数字交往是数字化技术主导下人类对传统社会交往方式的一次重大突破,是将过去的交往中介转变为以数字编码和互联网为依托的新型媒介,进而展开信息交流和互换的实践活动。[1]

多媒体技术是一种结合了文本、图像、音频、视频等多种形式的信息呈现和传递技术。它通过电子设备和计算机系统,将不同媒体元素融合在一起,创造出更丰富、更生动的信息交流和传达方式。因此,多媒体技术在教学中的应用提供了新的教学维度,为学生打开了新"视"界,进一步优化了师生之间的交往互动。

首先,多媒体技术可以大大丰富教学内容的表现形式,使学生更容易理解抽象概念,从而增强师生之间的互动。例如,教师可以使用音视频、动画、图文等多种形式对所学知识进行展示,既可以丰富知识内容,也可以充分吸引学生的注意力。其次,通过教学演示和多媒体互动教材,学生可以积极参与,点击、拖拽等交互操作不仅增强了学习趣味性,更激发了学生主动学习的动力。最后,多媒体技术还能打破时间和空间的限制,使学生能够随时随地访问教学资源,实现了教学交互的全天候性。

---

[1] 康雅琼、高腾飞:《数字交往的发展阶段、隐忧及其未来实践》,《青年记者》2023年第4期。

案例

信息化语文：创设情境点染儿童诗心的最佳路径
——以三年级现代诗歌《童年的水墨画》信息化创新教学为例

【案例背景】

目前，小学生诗歌学习呈现"囫囵吞枣"的状态。一方面，现行（人教版）初中教材引入了大量诗词，而小学教材中的诗歌数量相对较少，若小学阶段不重视诗歌教学，会造成脱节。另一方面，现代诗歌作为语文教学中的难点，其教学现状不是很理想。部分教师的教学观念与教学方法保守陈旧，直接影响了诗歌教学效果。有的教师仅靠单纯的讲解和PPT来教学，有的在词句和技法上过分纠结。因此一些脍炙人口的诗歌佳作，经过教师的分析讲解，失去了其原有的光彩和神韵。诗歌教学过于注重个别字词的推敲、逐句地讲解，采用"一解题、二释词、三译句、四总结"等工艺化的切割肢解方式，手段形式单调，必将降低诗歌教学的趣味性，抑制学生学习诗歌的主动性和创造性，难以达到预期目标。将现代化的信息技术与语文课程紧密融合，进行生活化的"情境教学"是可能的解决方案。

【案例描述】

在这节课前，老师做了三件事。一是查阅了互联网、学校信息中心、相关书籍以及历届信息化教学大赛的资料，借鉴了各种信息化的教学手段。二是精心钻研现代诗歌的特点，确定了通过《童年的水墨画》这一文本所展现的诗歌特点。三是进一步探索了情境教学的方法。

在本节课上，老师借助信息化教学手段，如交互式电子白板、互联网、微信、QQ等社会化软件，创设"童年生活"的情境，使学生更好地了解儿童诗、亲近儿童诗，从而培养他们的"诗心"。课后，学生能够运用诗性思维，激发创作欲望，共同步入诗歌的王国。

1. 你想：记忆中的童年

（师利用互联网，搜集冰心的《繁星·春水》手稿，借助交互式电子白板的聚光灯功能聚焦到这句诗）

师：小朋友们，诗人冰心在她的诗集《繁星·春水》中写道："童年啊，是梦中的真，是真中的梦。"这样一首小诗，道出了童年的美好。在你的脑海中，储存了哪些关于童年的诗歌或童谣呢？

生：我小时候听过的一首童谣《小白兔》："小白兔，白又白，两只耳朵竖起来，爱吃萝卜爱吃菜，蹦蹦跳跳真可爱。"

（师利用语音搜索功能，现场快速播放这首童谣，大家一起拍手歌唱）

师：老师童年也听过这首童谣，一下子就唤醒了老师的童年回忆呢！

生：高鼎写过："儿童散学归来早，忙趁东风放纸鸢。"

（师利用语音搜索功能，现场快速展示这首古诗，大家一起朗诵）

师：这首诗正是描写作者童年生活的，多么令人向往！

师：小朋友们，这个单元导语中就告诉我们：在童年的百花园里，我们看到了真善美。今天我们要欣赏的就是关于童年的一篇课文，自己读一遍课题。

这个环节是在课前利用互联网、PPT与交互式电子白板做好充足的准备，在课上呈现出信息化备课成果。多元的信息化导入环节能很快吸引学生的注意力，并拉近学生与现代诗歌的距离。

2. 你看：文字中的童年

这个环节是解读课文中三首小诗的过程，老师在每个环节多次使用交互式电子白板、社交软件、多媒体，目的就是让学生更好地走进"童年的水墨画"这个情境。与此同时，借助信息化教学手段帮助学生理解距学生城市生活较远的"水葫芦""绿玉带"和"斗笠"三个词语。让学生归纳现代诗歌特点时，利用电子白板的"思维导图"功能，通过同学们的合作，现场生成一幅中心词为"儿童诗"的思维导图，自然而然，顺理成章。

3. 你品：心灵中的童年

这个环节是拓展延伸，需要拓展一定的课外内容。此时借助互联网与社交软件,让学生课前搜集资料,再与教师搜集的资料进行整合。整合好的内容通过电子白板展示出来,让学生的信息化学习贯穿整个学习过程,扎实有效。最后的《童年》MV更是将课堂推向高潮,通过白板的展示,让学生在情境中真切地体会到好诗如歌、好歌如诗的意境。

4. 你写:想象中的童年

师:听了《童年》这首歌曲,是否也勾起了你童年的欢乐回忆?请你仿照课文任一小节,也来写一写自己的童年趣事吧!

(电子白板出示一些课前在微信群里征集的同学们的童年生活照片,利用电子相册滚动播放,唤起学生童年回忆,激发学生创作灵感)

师:咱们诗歌分享会开始啦!

生分享诗歌(教师用希沃授课助手APP现场投屏)。

老师利用交互式电子白板的"投票功能"进行现场投票,选出班级的"诗圣",随后通过QQ将"诗圣"的作品发送给所有家长欣赏,以此鼓励学生。

(教师在电子白板上切换模式,回到思维导图一屏)

师:通过这节课的学习,同学们自己总结出了儿童诗的特点,这是非常可贵的。儿童诗的世界气象万千,还有许许多多优秀儿童诗等待着你们去欣赏品味。我再推荐两本优秀的儿童诗集(教师打开网络链接),读完后我们将召开"诗歌分享会"。

【案例反思】

本节课的设计理念是借助现代信息化教学手段,将"儿童诗"的特点融入"情境教学"。三年级的学生对诗歌的认识深浅不一,通过本节课的信息化语文学习,我们利用"情境教学四级跳"来让学生感受现代诗歌的语言美、画面美、韵律美,旨在培养学生的读诗兴趣,提高学生的审美情趣,丰富学生的情感体验,使学生受到美的熏陶。从此学生们将拥有一颗诗心,课后能够运用诗性思维写作,这将激发学生的诗歌创作欲望,引领他们进入诗歌王国的大门。

1. 做好充分准备

教师需要在课前对教学的内容进行充分的设计和准备,并且在课堂上根据实际情况及时调整教学内容,以提升课堂的高效性与互动性。针对不同学生的学习能力,教师应做出适当的调整,挖掘小学生的学习潜力,通过新技术的运用,使学生在课堂中始终保持学习活力,对所学的知识保持浓厚的兴趣。

2. 信息科技助力学生主导的课堂教学

传统的课堂教学通常以教师为中心,教师作为主导者控制着课堂的教学内容、教学方法、课堂节奏以及步骤等。学生作为被动接收者失去了主观能动性,因此往往不能形成很好的教学效果,容易使课堂变得枯燥乏味。而现代信息技术与学科的整合可以解决这一弊端,可以创设出一个以学生为主体、教师为引导者的现代化课堂。在这个课堂中,以学生的自我探究和与教师的交互为主要教学手段,给予学生充分的自主选择权,使学生能根据自己的学习需求进行实践研究。

3. 信息科技助力教学质量提升

信息技术与学科教学的完美融合,将成为成功课堂教学的助推器,有助于提升教学质量,改进学习方式。在多媒体学习环境之下,学生的自主探究能力能够得到充分发挥,通过开展小组合作教学,培养良好的学习品质,对所学的知识进行辨别、深化、迁移,从而不断扩充自己的知识体系,促进自主学习能力的提升。

二、数字交往2.0:看见"我"的需求

多媒体技术在教学中的应用虽然优化了师生之间的交往互动,但是并没有改变师生交往的本质。学生往往只能按照教师固定的思路来思考问题和学习知识,这在一定程度上限制了学生的思维。因此,教师要在教学实践中不断积累经验,积极自觉地提高自己的教学理论素养和技术水平,不断探索和完善以学生为中心的教学模式。

在教育信息化深度变革的背景下,信息技术支持下的协作学习具有以下特征[①]:一是交互主体更加多元。它不仅包括师生交往、生生交往,也包括学习者与学习内容、学习者与学习环境的交互。二是交互内容更加多元、更加完整。相较于传统教学环境下的单向输出性交互,借助信息技术的支持,交互内容得以丰富。这包括学习者在学习过程中进行的观点交换、认知共享、情感互动,以及情绪传递等。此外,学习者不仅可以在课堂中进行面对面互动,也可以在课外借助学习平台展开交流互动,从而促进更广泛的交流和合作。三是交互环境更加便捷。协作环境的多样性使学习过程中的协作交互能够随时随地发生,学习者之间的交互能被实时发现和记录,学习者基于混合式的学习环境可以随时积极主动地进行知识建构活动。

---

① 罗阿辉、王小根:《信息技术支持下交互促进协作学习的教学活动设计》,《汉字文化》2023年第10期。

> 案例

未来之城研创计划

——信息技术支持下的小学跨学科协作学习

【案例背景】

《创作演示文稿》是"WPS演示"单元的总结与升华，旨在让学生了解"WPS演示"作品的制作流程。学生根据主题需要搜集素材，并对素材进行甄别，能独立或通过小组合作运用掌握的信息技术知识对有用的素材进行处理，最终形成一个比较完整的"WPS演示"多媒体作品。

在当今快速发展的数字化时代，小学教育正面临着更广阔的教学可能性。我们逐渐意识到，传统的教学方式已难以适应培养学生未来所需的综合素质的要求。为了引导学生积极参与协作学习，培养创新思维，我结合学生学习经验，以苏科版小学信息技术四年级主题活动《创作演示文稿》为主要内容，创设跨学科的项目。项目以数字化工具为支撑，鼓励学生进行协作学习，通过在线平台合作，创作出优秀的作品。

【案例描述】

阶段一：初见与融合

一上课，教室里弥漫着兴奋的气氛。老师走上讲台，展示出一张精美的地图，上面标注着城市的各个元素：建筑、公园、道路、交通工具等。老师用富有激情的话语描绘出一个"未来之城"的蓝图，这座城市充满绿色、创新和协作的活力。

接下来，学生被分成若干小组，每个小组代表一个城市规划团队。学生们带着好奇和憧憬，开始在数字平台上展开合作。在虚拟的城市规划会议上，他们激烈地讨论着建筑风格、道路布局和环境保护的策略。一位同学突发奇想，提议在城市中心建一座高楼，每层都展现不同的生态环境。这个想法迅速点燃了小组成员的灵感，大家踊跃提出了更多创意。

阶段二：智慧起航

学生们如同勇敢的探险家，开始探索关于城市建设、环境规划、交通设计等方面的知识。他们使用移动设备，利用互联网搜寻信息，逐渐将零散的知识碎片汇聚成完整的画卷。在这个过程中，学生们学会了如何从信息海洋中捕捉、整理自己所需的信息。

阶段三：蓝图编织

学生们在平台上共享了自己搜集到的文字资料、图片和视频。他们用文字和图像描绘出自己对城市的愿景，同时互相评论、提出建议。他们分享自己在城市规划中的设想，从建筑风格到绿化环境，从交通系统到社区互动。在虚拟的城市规划会议上，学生们的声音汇聚在一起，构成了一幅幅绚丽多彩的城市蓝图。

阶段四：多媒体咏叹

学生们融合了多媒体技术，将自己的创意呈现得更加生动。他们利用图像、文字、音频等多种形式，用自己独特的方式演绎出对城市的愿景。在线协作平台成了创意碰撞的舞台，每一次评论和建议都为创意增色添彩。

阶段五：灯火阑珊

在课堂上，每个小组代表站在讲台前，用幻灯片展示了他们精心设计的未来城市。屏幕上，数字之城活力四射，绿色的公园、智能的交通、和谐的社区，仿佛跃然纸上。同学们用热情的掌声和提问展示了对彼此城市的关注和兴趣。教室内，思想的碰撞和创意的交汇仿佛营造出了一个未来之城的微缩版。

阶段六：新的起点

项目接近尾声，教室里弥漫着学习的氛围。老师带领学生们反思整个项目，分享他们在协作学习中的收获与感悟。学生们意识到，他们不仅获得了知识，更收获了团队协作能力、数字化技能和创新思维。这个项目是一个结束，更是一个新的起点，引领他们走向未来的学习之路。

【案例反思】

本跨学科协作学习项目基于"未来城市研创"这一开放性主题，有效提升了学生运用信息技术工具进行学习、交流、创造等能力。

1. 启发学生主动探索

在这个案例中，教师鼓励学生主动参与学习。通过引入跨学科项目和数字化工具，教师创造了一个令学生兴奋的学习环境。在项目的早期阶段，教师勾画出激动人心的愿景，这让学生们充满了好奇心和憧憬。这种启发式的教育方法，让学生在探索未来城市的过程中变得主动,他们不再是被动接受知识,而是积极参与到知识的构建中。

2. 重视协作学习的价值

协作学习是这个案例的关键。学生们分成小组,共同构思和设计未来城市。他们在虚拟的城市规划会议上激烈地讨论,分享创意,并提出建议。这种协作方式培养了学生的团队合作、沟通协调和解决问题的能力。学生们学会了倾听他人的意见,提出自己的观点,并最终达成共识。这个过程不仅教会了他们如何一起工作,还让他们明白协作的力量。

3. 强化学生的信息素养

在项目中,学生们需要搜索和整理信息,将其转化为有条理的内容。这提高了他们的信息素养,尤其是信息获取和信息处理能力。在信息时代,这是一项不可或缺的技能。这个案例强调了信息技术不仅是工具,还是一种能力,能够帮助学生更好地理解和利用信息。

4. 鼓励创造性思维

在项目实施过程中,学生被鼓励提出独特的创意和见解。他们不仅是城市规划者,还是创作者。这个案例强调了教育应该致力于培养学生的创造性思维,鼓励他们不断提出新的想法和解决方案。

在信息技术支持下的跨学科协作学习中,教师的角色从传统的知识传授者转变为引导者和指导者,更多地促进学生自主学习和合作。通过此次项目实践,学生不仅获得了学科知识,还与教师、同伴、学习内容展开了深度交互,培养了学习者的团队协作、创新和数字化技能,为未来的学习和生活打下了坚实的基础。

三、数字交往3.0:让创新之花绽放光彩

随着移动设备、传感器、人工智能等新科技的快速发展,学习环境正经历着巨大变革。在这一趋势下,智慧学习迈入了全新的"场景时代",带来了前所未有的可能性。

所谓"场景时代",指的是学习过程不再局限于传统的教室和书本,而是在各种真实的互动场景中得以实现。这种学习方式从需求出发,围绕应用场景展开,学习过程中强调互动和体验,通过应用场景将学习与实践相结合。[1] 在这种趋势下,学生

---

[1] 蔡迎春、周琼、严丹等:《面向教育4.0的未来学习中心场景化构建》,《图书馆杂志》2023年第9期。

可以在真实的情境中探索问题,借助移动设备和各类传感器,随时随地获取信息、进行互动。学生根据问题情境选择合适的学习工具,与他人合作解决难题,共同构建知识结构,甚至创造新的知识。

案例

梦回南都　盛世金陵
——以"金陵杯"中小学生科技创意制作挑战赛为例

【案例背景】

"和鸣——金陵杯中小学生科技创意制作挑战赛"是由南京市教育局主办,南京市教学研究室、南京市电化教育馆、南京市中小学科技创新学院联合承办,面向全市中小学生的科技创新比赛。该比赛依托传统的机器人巡线比赛项目,加入了机器人演奏音乐、舞蹈以及建筑模型的设计与制作等环节,使竞赛的创意不断升级。这个比赛旨在鼓励学生积极参与科学和技术创新,通过参赛,学生有机会深入研究自己感兴趣的主题,培养对科学和工程的浓厚兴趣,并发挥创造力。在准备比赛项目的过程中,学生需要运用课堂上学到的科学知识和技术技能。这种实际应用有助于加深他们对科学概念的理解,提高解决实际问题的能力。此外,比赛通常要求学生组成小组来完成项目,这有助于培养他们的团队协作、沟通和领导技能,让学生学会与他人协作,以实现共同目标。因此,参加"金陵杯"中小学生科技创意制作挑战赛,不仅有助于学生全面发展、提高科学素养、培养创新思维,还能加深他们对科学和技术的兴趣,同时也推动了STEM教育的发展。

在学校组成的跨学科教师团队的带领下,四位同学组成的"逐梦队"代表学校参加了比赛。

【案例描述】

一、创意理念

南京自古以来就是一座崇文重教的城市,有"天下文枢""东南第一学"之称。在一次"娇娇乐乐巡游记"活动中,同学们对描绘明代南京城市商业兴盛的《南都繁会景物图卷》产生了浓厚兴趣。同时,考虑到现代的南京城已经成为一座新一线城市,经济、科技、文化和教育都处于国内领先地位,其未来的发展前景更是充满希望和机遇。于是,创作团队以《南都繁会景物图卷》和今日的金陵盛况为灵感源泉,确定使用古今结合的手法展现本次和鸣赛主题"梦回南都,盛世金陵"。

二、备赛过程

1. 头脑风暴,确定主题——集思广益定目标

老师带领学生阅读通知文件,确定大赛主题,明确项目任务,并将任务分解为若干个子任务:

(1) 制作乐器,并且进一步修饰美化;

(2) 制作演奏乐器以及舞蹈机器人;

(3) 机器人巡线;

(4) 机器人打开乐器演奏;

(5) 机器人表演舞蹈。

2. 明确任务,小组分工——分工合作效率高

小组成员通过分析各自的知识背景和优势,合理进行任务的明确分工,各展所长,迅速展开实践。

3. 前期调查,参观学习——耳濡目染学文化

小组成员跟随老师参观南京博物院,了解南京的历史和人文,实地考察乐器室,体验不同乐器的演奏方式,带着各种疑问在图书馆寻找答案并获得了创作灵感。此外,学生们还自主通过在线学习平台,了解南京的古今文化。一张张图片、一幅幅作品、一幕幕活动场景,都使同学们在耳濡目染中感受着百年间的金陵风采。

4. 积极思考,初步设计——脚踏实地初设计

在一番沉浸式学习后,最终大家决定以"梦回南都,盛世金陵"为主题,设计一个项目。学生们开始进行相关设计,起初他们用笔在纸上绘制设计图纸,并开展讨论,论证图纸内容的科学性及可行性。图纸不断被修改和完善,几易其稿。他们的思路逐渐清晰,最终定下初稿。

5. 搜集材料，准备制作——绿色理念践行者

准备材料阶段，学生本着环保、节约、废物回收利用的理念，深入家具厂参观考察，不断思考、改进自己的设计思路。材料采用废弃木板、空瓶、纸板边角料、家装剩余泡沫填缝剂、美术课剩余颜料等。

6. 团队合作，优化作品——化身"小工匠""小画家""小程序员"

经过前期的调查研究、参观学习，中期的实践制作、程序设计，后期的实施测试、精益求精，一步一步让自己的作品不断地成形、完善。在作品制作中，他们选用废旧材料进行创意制作，将钢片琴改造成石磬，把旧琴盒改造成古筝，并且初步尝试在泡沫板上进行浮雕创作。经过数月的发现问题、解决问题、学科融合，终于呈现出精彩绝伦的作品。

【案例反思】

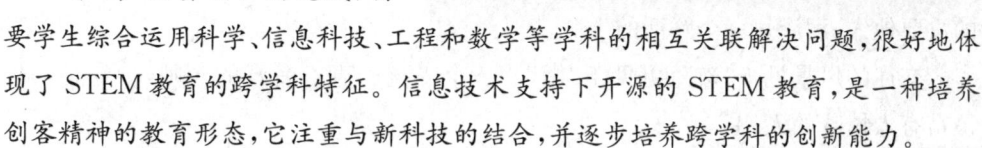

"和鸣"比赛项目的完成，需要学生综合运用科学、信息科技、工程和数学等学科的相互关联解决问题，很好地体现了STEM教育的跨学科特征。信息技术支持下开源的STEM教育，是一种培养创客精神的教育形态，它注重与新科技的结合，并逐步培养跨学科的创新能力。

1. 深化学科知识与跨学科思维的结合

在项目中，学生们不仅运用了科学和信息技术知识，还将这些知识与创意艺术相结合。通过项目，学生们深化了对科学、音乐和美术的理解，培养了跨学科思维，这对于他们未来的综合发展至关重要。

2. 促进团队协作与领导力的培养

项目的成功离不开学生们的团队协作。他们不仅仅是个体的制作者，还需要密切合作，协调任务，这锻炼了他们的团队协作和沟通能力；同时，团队中的一些同学

在项目中充当了领导者的角色,这培养了他们的领导潜力。

3. 问题解决与创新思维的培养

在项目中,学生们遇到了各种问题,从设计难题到材料选择,都需要寻找创新的解决方案。这让老师明白,培养学生的问题解决和创新思维能力至关重要。教育不仅仅是传授知识,还应该培养学生解决实际问题的能力。

因此,我们应该利用多种信息技术手段,不断构建更适合未来学习方式的学习环境,探索信息技术为教学带来如3D打印、智能机器人、开源硬件等高效创新的典型实践,注重培养学生具有数字时代的设计思维、计算思维和创新思维。

第四节　2020,无处不在的交往

如果你走入校园一日,就能感受到风雨70余载的浦口实验小学积淀的底蕴;如果你走进校园三日,就能感受到学校历久弥新的坚持。学校用文化浸润、大爱包容,让每一位实小师生都能做到独处时深度思考、合作时勇于探索,校园中满目葱葱茏茏皆是交往风景。

一、老师与学生的生命相遇

生命和生命,相遇就是缘分,教师把时间花在了生命与生命的相遇上,成为学生的重要他人,润泽每一个鲜活的生命。

交往的风景见于"宏",更见于"微"。一个受孩子衷心爱戴的老师,一定是一位最富有人情味的人。[①]

案例

你就是你,你也不止是你

【案例背景】

学校为提高体育教师的理论课教学水平,开展了"体育与健康知识室内课"赛

---

① 李镇西:《爱心与教育(修订本)》,文化艺术出版社,2010年,第11页。

课。赛课活动邀请了众多骨干教师担任评委,同时还有很多青年教师前来学习观摩。一节三年级心理健康课"做快乐的自己",因情因景,使老师们感触良多。

【案例描述】

一上课,李老师播放了一首钢琴曲,曲子婉转空灵,在流淌的音乐声中学生渐渐闭上眼睛,教室瞬间被悠扬的音乐声笼罩着。音乐渐弱,现场一片静谧,老师低下声来轻轻说道:"孩子们,现在我们正在学校的操场上尽情地奔跑、玩耍,和小伙伴们一起唱歌、做游戏,我们开心极了。期末考试考了好成绩,爸爸妈妈夸奖了我;爸爸今天送了我一个梦寐已久的玩具……好了,孩子们,现在请你们睁开眼睛,告诉老师,你还想到了什么令自己开心的事儿?"学生踊跃地举起手,想跟老师分享开心事儿。短短几分钟的时间,学生就以饱满的激情进入了课堂状态。

老师弯下身子:"嗯,小A你来回答,你想到了什么令你开心的事儿?"

学生A:"我前几天考试得了第一名,爸爸妈妈很开心,他们说我是让他们感到自豪的好孩子。"

老师:"那你呢?你想到了什么令你开心的事儿?"

学生B:"我想到了跟爸爸妈妈一起去迪士尼玩,那一天我就像是生活在童话王国里的公主,那是我最开心的一天!"

李老师娴熟的课堂驾驭能力和强烈的情绪渲染能力让学生们积极欢脱起来,都迫不及待地跟大家分享开心的事情。看到孩子们并没有因为后面坐满了评委而紧张,李老师心里悬着的石头终于放了下来。就在大家尽情地分享喜悦的时候,李老师明艳亮丽的面庞突然黯淡下来。学生们迅速察觉到了老师的异样,纷纷安静下来。

老师:"老师小时候是个调皮的孩子,经常犯错挨打。记得有一次没写作业,班主任联系了我爸爸,回到家就被爸爸用皮带抽了好几下。那晚我哭得声嘶力竭,身上的伤一个星期才好,后来的作业我再也没有偷懒过,现在想起来后背还隐隐作痛。""同学们,你们有没有遇到过类似难过的事情呢?遇到这样的事情你会如何解决呢?"

学生C:"有时候学习压力大我就会听听音乐,只要听到音乐我就可以暂时忘记学习压力,然后很快就可以调整好心情了。"

老师:"这位同学很有想法,听音乐确实是调节情绪的好方法。"

老师继续提问:"还有没有人愿意分享的?"

"你来说说看。"老师指了指没有举手、默默坐在座位上两眼无神的学生D,她惊了一下,显然也很诧异老师会邀请没有举手的自己来回答问题。她局促地站起来,沉默不语。老师也很着急。这可是赛课啊!于是继续追问:"刚刚很多同学表现都很积极,也很好地分享了自己的经历,还得到了老师和同学们的表扬,你心里是什么感受?"

学生D头埋得低低的,脸一直红到耳根,嘴巴里像是含了东西似的说着不太清楚的话:"难……受……"

"那你如何调节自己的情绪呢?"老师尽可能让自己看上去更亲切一点,只希望她能回答问题,不影响这节课的效果。

同学们都望向D,她的头埋得更深了,双手攥紧了衣角,好像要把衣角捏碎,教室里空气似乎越来越稀薄,难受得让人窒息。

老师降低声音,伏在她耳边轻轻说道:"没关系,大胆地说出来,错了也没关系,你怎么调节自己的情绪?"

回答老师的又是一片寂静……僵持了片刻,D仍然不说话,眼泪在眼眶里打转,眼神不敢再与老师有任何的交流。

就在大家以为会继续僵持下去的时候,老师继续问她:"你愿意成为这节课的幸运使者吗? 幸运使者可以从举手的同学中选择一位来回答问题,看看这份幸运会花落谁家呢?"

同学们纷纷开始呼喊她的名字,说着平时和她相处的点滴,希望以此来得到她"金手指"的"钦点",霎时她成了班级里的"幸运星",她慢慢抬起头来,脸上还带着泪珠,环顾四周,看着那些渴望被眷顾的脸庞,她突然笑了,说:"老师,刚才我确实很难过,我一直是班里的'小透明',老师突然选中我,我因为紧张回答不出来问题,害怕大家都嘲笑我,但现在我不难过了,我很开心。谢谢您让我知道其实我并不是'小透明',是同学们的关爱让我知道其实我也是幸运的,这份友谊让我很开心。老师,谢谢您看见我!"然后D选择了一名学生继续回答问题,就这样,D从"小透明"摇身一变为"小幸运"。

【案例反思】

1. 你的心情我理解

天底下师生之间的情深,莫过于这三个字——我懂你。"我懂你"饱含了对孩子的尊重与信任。

中国青少年研究中心赏识教育研究室主任、南京婷婷聋童学校校长周弘老师所首倡的赏识教育,提出了信任、尊重、激励、理解、宽容、提醒的操作原则,是让家长和孩子成为朋友、共同成长的教育。赏识教育有益于保护孩子成长的自尊和天赋,激发孩子内心的潜力,把成长的快乐还给孩子,是让天下父母和孩子共同成长的思想和方法。

上文中的学生未曾举手请求回答问题,可能是学生没有想好答案、怯场、不想回答、性格内敛等原因造成的,教师在邀请这类学生回答问题时,首先要了解他们的心理,帮助他们消除心理负担,敞开心扉大胆回答问题。学生D在面临众多老师听课的情况时,一时紧张,无法很快适应课堂,教师跳出"问题情境",让学生由被动转变为主动,既帮助D走出回答问题的尴尬情境,也缓解了课堂紧张的气氛。教师充分发挥了"教育机智"帮助学生缓解紧张的情绪,最大限度地保护了学生的自尊。

2. 你可以不必回答

课堂上对话冷场,教师用"过尽千帆皆不是"的耐心去等待,才可能获得学生在课堂上的精彩表现,但是当学生心理出现抵触时,就要换一种方法,让课堂教学继续下去。

课堂追问所产生的刺激有助于打破学生的认知平衡,激发学生学习的内驱力,保持思考的延续性,促进他们深度思维,提升学习效率。在课堂教学中,教师使用巧妙的追问可以加深学生对知识的理解,对培养学生思维能力、促进学生对知识的掌握具有重要意义。教师的追问建立在学生能回答出来的基础上,一步一步地引导,从而挖掘出最深层的意义,升华本课内容,而不是在学生拒绝回答时一直追问。没有层次的追问可能会本末倒置,导致学生消极的情绪,甚至可能会让学生变得讨厌课堂。课后教师还应多与学生进行沟通,多和学生互动交流,多进行性格方面的开导教育,帮助学生增强自信心。

3. 我们彼此成就

最好的师生关系,是相互成就。叶圣陶先生曾说过,教师之为教,是在相机诱导。

教师在追问时首先要明确追问的目的及意义。上文中的教师想通过追问来帮助学生说出答案,但此刻学生D在众多陌生老师和同班同学面前心里紧张而未能回答问题。这种情况下,教师的目的是帮助学生消除紧张、克服自卑,更好地投入课堂。文中的教师及时改变了目的,巧妙地化解了师生间"对峙"的局面。机智的教师往往会"顺势一击",追问的策略是对学生思维作"即时"的点拨和有效的控制,让追问真正成为师生互动的平台,更好地促进学生的思维发展,提高课堂的有效性,而这"即时"就是教师所要把握的时机、要掌握的"火候"。

苏联教育家苏霍姆林斯基在《怎样培养真正的人》一书中写道:一个人只有在他去爱人们的时候才能成为人。教育实施过程中讲究方法、运用艺术,才能起到锦上添花、事半功倍的效果。上文中的教师首次提问后学生D没有回答,而后将学生D与其他同学进行对比,反而让她更难受,如果一步步地追问会伤及学生的自尊,让学生D产生抵触情绪,将学生推得更远。教师在意识到这一情况后立即停止了追问,有效避免了学生的情绪恶化。随后教师及时改变问题方向,让学生D从被动关注变为积极关注,同学的热情和主动靠近打开了她的心扉,让她消除了回答问题的抵触情绪,从而主动融入课堂。

实践证明,课堂追问是一门教学艺术,有效的课堂追问可以激发学生的求知欲望,促进学生的思维发展,从而提高教学质量和教学效果。教师应在教学中不断增强文化素养,提高课堂驾驭能力,深化情绪感染能力,从而在课堂教学中生成更多动人的精彩瞬间。

二、儿童与儿童的契约

交往,可以使儿童成为善交流、会合作的人。儿童之间的有效交往,可以使儿童成为童年生活的主人,让他们的契约精神、合作意识在多样的交往活动中日益彰显,使儿童懂得许多做人的道理,明白人生的价值、生命的意义。

案例

一起玩,越玩越聪明

【案例背景】

21世纪,爱玩仍然是人类的天性。科学发展到今天,我们要做的是"如何玩得更科学,如何更科学地玩"[①]。

课间活动时间是小学生在校期间重要的时间段,每次课间活动时间虽然不长,却是孩子们最快乐的时间。学校充分利用此时间,引导学生多角度交往,丰富实践活动,拓展学生思维。尤其是学校倡导并组织各班级在课间活动中开展各类棋类游戏活动,培养了孩子们健康有益的兴趣爱好,既进一步弘扬了中华优秀传统文化,又实现了让交往启迪心智成长。

【案例描述】

(一) 实践方式

1. 摸清学生情况,做好游戏准备

老师根据班级学生的实际情况,了解班级学生对各种棋类的认识状况,做好棋类游戏实践的相关准备工作。通过一段时间的摸底,老师发现班级的男孩子大多喜

---

① 李迪:《科学是玩出来的——读〈贪玩的人类〉》,《中国青年报》2010年7月20日。

欢玩象棋、军旗、五子棋,女孩子大多喜欢玩象棋、跳棋。

2. 编排小组,学习棋类知识

老师将班级学生根据他们自己的兴趣爱好,编排成若干个游戏小组,每个小组进行的棋类游戏不相同,如象棋组、军棋组等,同时向他们讲述棋类游戏的规则、棋类的知识,让同学们能够更好地认识棋类文化。

3. 游戏实践,鼓励参与

在课间活动中,老师组织班上的孩子们进行棋类游戏实践,他(她)在一旁进行指导,游戏胜利的同学,老师给予表扬和鼓励,同时奖励获胜者小红花,失败方由老师进行鼓励,通过鼓励的方式,调动大家参与的积极性。

4. 及时总结,不断完善

对于棋类游戏实践活动进行定期总结,老师不断完善游戏活动的组织,让棋类游戏能够更加丰富多彩,能够更好地达到弈出精彩、玩出思维、助力成长的目的。

(二) 实践成效

棋类游戏在课间活动实践近一个学期以来,取得了良好的效果,主要体现在以下几个方面:

一是培养了学生多元的爱好。小学阶段是孩子们人生成长的关键时期,在小学阶段积极培养他们良好的兴趣爱好,对于他们未来的成长具有重要的意义和价值。通过棋类游戏实践,班上的学生对棋类游戏有了很大程度的了解,很多孩子都喜欢上了棋类游戏活动,这对于孩子们的健康成长具有积极的价值和意义。

二是有助于传承中华优秀传统文化。棋类游戏的发展历史悠久,博大精深,它们不仅是竞技类的体育运动项目,也是中华优秀传统文化的缩影。通过棋类游戏活动实践,能够极大地弘扬和传承中华优秀的传统文化,让优秀的传统文化扎根在学生的心中。

三是有助于降低各类安全风险。课间活动时,学生们喜欢追逐打闹,加上他们的安全防范意识较为薄弱,安全防范能力差,容易发生各类安全问题。棋类游戏在课间活动的实践,降低了各类安全事故的发生率。

四是有助于启发学生心智的成长,增强孩子们彼此之间的沟通和交流。棋类游戏过程中,孩子们需要思考,需要动脑筋,需要想点子、想办法,同时,他们在游戏活动中还需要交流沟通,这对于他们的成长有着十分重要的作用。

【案例反思】

棋类游戏在小学课间活动的实践,取得了良好的成效。我们也对棋类游戏在小

学课间活动的总体情况进行了认真的反思和思考。如何科学高效地进行棋类游戏活动,具体可以从以下几个方面去入手:

(一) 尊重学生的爱好

棋类游戏在课间活动实践的过程中,要取得理想的成效,必须坚持以学生为本,坚持以学生为本就是要尊重学生的兴趣爱好,根据他们的兴趣爱好组织棋类游戏活动。比如,棋类游戏中,有的棋类游戏规则较为复杂,如象棋、围棋等;有的游戏规则比较简单,如五子棋、飞行棋等。在课间组织开展棋类游戏活动时,应该按照由易到难、由简单到复杂的规律,通过激发孩子们的兴趣,引导他们逐渐喜欢并爱上棋类游戏,能够在棋类游戏活动中学习到知识,感受到参加棋类游戏活动实践所带来的快乐。在课间,我们对五子棋游戏进行了改良,五子棋变成三子棋,三颗棋子只要连成一线就算取得胜利,这种改良,降低了五子棋的难度。在实践中,我们进行淘汰赛,班级学生抽签组队进行游戏活动,胜利者彼此之间再进行博弈,最终胜利者会得到一朵大红花,学生的积极性高涨,取得了良好的交往成效。在经过一段时间的三子棋游戏活动后,我们再升级为五子棋游戏活动,学生不仅能够更好地理解五子棋游戏的规则,同时,参与热情也更加高涨。

(二) 带着学生一起玩游戏

棋类是我国的传统文化,无论是五子棋、象棋,还是围棋、军棋等,都具有浓郁的文化底蕴,包含着博大精深的内涵。在课间活动过程中,进行棋类游戏实践活动,不仅能够有力地向学生宣传棋类文化和知识,让学生在交往中感受到中华优秀传统文化的博大精深,更能够拓展学生的思维能力,在游戏活动过程中形成爱思考的好习惯,助力和引领学生健康快乐地成长和进步。

(三) 一起玩安全的游戏

课间活动时,由于小学生的成长特点和自我安全防范意识薄弱等因素,常常会发生各类安全事故,对于他们而言具有极大的安全隐患。在课间活动中,积极开展棋类游戏的实践,能够极大地减少课间活动过程中存在的各类安全事故发生,对于保护学生在校安全具有十分重要的意义和价值。同时,在进行棋类游戏的过程中,也可以向他们讲述安全方面的知识,帮助孩子们增强安全防范意识,对于助力小学教育教学整体质量和水平的提高具有积极的价值和意义。

三、"超我"的创意

"常常有一种可能性,就是课程代表成人的价值,而不是代表儿童和青年的价值;或者代表三十年前学生的价值,而不是代表今天的学生的价值。"①因此,在义务教育阶段,要复归儿童,帮助儿童寻找自身价值、认识自身价值、发挥自身价值。

爱玩是儿童的天性,校园里的学习活动是生动活泼、快乐有趣的,我们启发儿童的创意思维、展示儿童的聪明智慧,让儿童在创意活动中享受学科学习的乐趣,"为玩而动,向美而行",为其铺筑一条乐在其中的学习之路。

案例

乐在其中的"纸上微信"

【案例背景】

在交往教育理念的指导下,为帮助学生克服写作中出现的"怕写""无话可写"等问题,进一步激发学生的写作兴趣,教师通过创意实践活动——"纸上微信",引导学生自我创设主题性情境,让学生习作从"独白"走向"对话",从"虚无"走进"生活",从而逐步积累写作素材,提升写作能力。

【案例描述】

诞生记

四年级下学期时,"纸上微信"诞生啦!

四年级刚开始时,我和孩子们约定俗成,每周末完成一篇周记。随着时间的推移,记录美好生活点滴的周记渐渐沦为"流水账",不少孩子疲于应付,失去了那份真情实感,甚至"无话可写"。这时,我不由想起了一位老师的经验分享:纸上微信。那不妨试试"纸上微信"的力量?

"同学们,我们这周不写周记,改写'纸上微信'!"话音刚落,便有同学迫不及待地发问:"老师,'纸上微信'是什么啊?"

"微信大家都熟悉吧,爸爸妈妈经常会用微信记录生活,发文字、发照片、点赞转发,等等。'纸上微信'也像这样,不过需要我们自己手写记录。"我耐心解释道。

"老师,那我们可以像微信一样,给别的同学留言点赞吗?"前排的小姜同学追问着。

"当然可以,大家可以开动自己的小脑筋,给我们的'纸上微信'设计一番。"听到这里,不少孩子都非常好奇,跃跃欲试。

---

① [美]约翰·杜威:《民主主义与教育》,王承绪译,人民教育出版社,2001年,第259页。

设计记

"'纸上微信'具体的运行规则,每位同学都可以参与设计。"经过同学们的集思广益,我们班的"纸上微信"正式上线!小小设计师们制定了如下规则:

一是活动主题。主题分为"平常日"和"特定主题日",平时周末可以记录每天生活中的点点滴滴,"主题日"需围绕特定话题展开,如"南京美食分享节""我的春日时光"等。特定主题由每小组依次讨论推选,感兴趣的同学超过半数则可在班内推广,邀请全班同学参与。

二是记录形式。"纸上微信"形式丰富多样,可以是纯文字式的记录,可以是图文并茂,还可以是对话框,不拘篇幅长短,鼓励自由创新表达。

三是互动方式。以相互传阅、展板留言为主。同学们可以在规定时间内打卡他人的"朋友圈",在留言栏写下自己的留言,还可以手动点赞,"转发"给其他同学。每次点赞最多的"纸上微信"将由老师分享至班级群,邀请家长共同欣赏。

流行记

随着一个个活动主题的发布,"纸上微信"逐渐在班级内流行了起来,发"朋友圈"、互动打卡成为孩子们之间的"新风尚"。相较于之前沉闷的周记,摇身一变之后的"纸上微信"受到了孩子们的热烈欢迎。

课间,许多孩子热衷于打卡小伙伴们的"朋友圈",看完后纷纷写下自己的留言。其中,有毫不吝啬的夸奖——"你笔下的小笼包太诱人了,好想去尝一尝",也有真诚温暖的鼓励——"这篇'微信'的书写工整了很多,期待下次打卡"。在互动中,孩子们一起分享生活中的点滴小事,在走进彼此生活的同时也走进了文字的世界。

除此之外,家长群的分享也热闹非凡。在将获点赞数最高的纸上微信分享至家长群时,家长们也自发地留言点赞,为孩子们竖起大拇指。孩子们的朋友圈也从班级同学拓展到了家长们,收获了一大批热情的读者。

【案例反思】

"纸上微信"的开展,慢慢帮助孩子们克服了怕写的畏难情绪,逐步脱离"无话可说"的写作窘境,渐渐进入"乐在其中"的写作佳境。这些变化与藏在其中的写作密码息息相关。

1. 从"独白"走向"对话"

儿童生活在与他人紧密联系的一种状态中,同伴交往、师生交往、亲子交往都伴随着他们的成长。在传统的周记中,儿童往往处于相对独立、封闭的写作状态,得到的反馈通常来源于老师,评价较为单一。"纸上微信"的开展能够有效推动写作内容转变为一种交往载体,引导写作从"独白"走向"对话",给学生建立"写作伙伴关系",共同探讨、分享,从而加强学生与他人之间的沟通与交流,为其提供记录生活、分享趣事、展示自我的全新平台。

与此同时,通过营造富有情趣、主题鲜明的特色写作交往情境,引导学生在自主创新、同伴交流中激活写作兴趣,解锁交往密码,做到乐于动笔、乐于分享。著名特级教师于永正老师曾说:"说和写都是应该有目的、有对象的。要让每一次作文训练都是现实的言语交际,至少让学生感到是现实的言语交际,让学生感到说和写都是生活的一种需要。"在"纸上微信"所创设的真实情境中,学生拥有了真正的写作对象——读者。写作也从单一的"个体性活动"逐渐转变为"群体间交往"。在交往中,学生的"读者意识"渐渐被唤醒,除了是小小作家,更是小小评论家,既会收获来自他人的回应,也要给予他人评价。交往的需求进一步激发了学生的写作欲望,使得写作的意义和价值得以实现。

2. 从"无视"走向"珍视"

著名教育家叶圣陶先生曾说:"生活就如泉源,文章就如溪水,泉源丰盈而不枯竭,溪水自然活泼地流个不停。"对于写作而言,其与生活密不可分。传统的周记形式单一,内容相对固定,学生容易陷入"无话可说"的困境。这种困境的出现,往往是因为学生缺少对生活细节的留意,缺少对生活中"小美好"的发现,因此只能频繁地选择每日常规事项进行记录。久而久之,难免产生厌倦心理。

为突破这一困境,教师需要调动学生的积极性和趣味性。"纸上微信"通过趣味化、新颖化的形式,引导学生留心观察生活,从生活中积累素材,进而表达内心的真情实感。如"特定主题日"的制定,即是从儿童视角出发,给予孩子充分的自我选择的空间,引导孩子发掘生活中的"兴趣点",将之以文字或图画的形式记录下来。当儿童积极关注并调动家庭生活、校园生活、社会生活中的相关经验时,"朋友圈"成为每个孩子生活中的精彩瞬间,写作内容也更加充实、更具生活气息。

此外,教师需要提升学生的感知力与观察力。在"纸上微信"不同的"主题日"中,教师可以组织学生走进自然、走进社会,开展丰富多彩的实践活动。如在烟花三月,围绕主题"听,花开了",鼓励孩子们在校园中寻找花开的身影,聆听花开的声音,尝试利用听觉、视觉、嗅觉、触觉等感官多角度体会花开之美,并选择自己喜欢的方式记录在"纸上微信"本上。在这个过程中,学生有了真实的实践感受,不同于纸上谈兵的空想,其与生活、与自然之间的距离更近了。学生的观察能力、感知能力得到锻炼,写作素材逐渐丰富,变得"有话可说"了。

因此,生活是学生打开习作大门的重要密码,"纸上微信"在记录生活的同时,也为学生打开了习作之门。

3. 从"独乐乐"走向"众乐乐"

"独乐乐不如众乐乐,学会分享的人生才是胜局",良好的体系建设是活动持续性发展的重要保障,纸上微信的流行与其内部的运行体系密不可分。

在"纸上微信"活动准备期间,积极引导学生结合实际经验,自主制定恰当的规则,让每位学生乐于参与其中。通过学生共同探讨,最终确立了"选定主题——自主创作——打卡互动——转发分享"的活动体系。学生在完整的写作体系中,自主完成创作,积极和同伴交往互动、快乐分享,得到不同读者群体的即时反馈,其写作的满足感会逐步提升,其对写作的兴趣也会日益浓厚。

兴趣是最好的老师,当学生能够对写作产生兴趣,愿意写、不怕写,那么学生在这个过程中也会进一步探索写作的奥秘,从而逐步提升水平。为持续激发学生的写作动力,在后续活动中,教师应进一步加强体系建构,不断创新,形成完整的写作互动过程,从而在长时间的坚持中逐步提高学生的习作素养。

第二章　行思：打开交往育人的图谱

交往教育是什么？交往教育怎么做？我们且思且行。

我们溯源，与智者对话，解读交往的理论内涵，不断丰富对交往的认知与理解；我们在实践中通过师生从游 30 多年的交往教育研究历程，凝练出学校的交往教育精神力系统。交往，就这样成为学校实施教育活动、实现人的发展的"不可缺少的中介"。

我们追寻，教育求"真"，知识向"善"，价值成"美"。教育的最高境界是通过以美育人、以文化人的方式，提高学生的审美能力和人文素养。交往教育是以"教育之美"培育"人之美"，实现最终的价值追求：唯一真正的美。

我们探索，践行交往的核心要义——"尊重""理解""对话"和"共生"。在教育过程中，我们尊重学生的个性与选择，制定交往的规则约定，教会学生学会尊重；我们理解学生的需求与困惑，从课程研发和空间建设方面，给予他们足够的关心与认知支持；我们积极与学生对话，耐心倾听，培养他们的交往能力；我们追求共同成长的价值塑型，引导学生相互学习、相互促进，携手共进，形成一个和谐发展的教育共同体。

第一节　内涵解读:不可缺少的中介

教育中介指在受教育者与教育者之间起桥梁作用的物质和意识形态,分为物质中介、意识中介与行为中介。教育的物质中介是指教育中的器物。教育的意识形态中介有多种形态。教育者的行为方式、言谈举止和对学生的态度等都属于教育活动的行为中介,同样对受教育者具有重要的影响,而且直接影响着学生的个性与人格的形成。交往便是一种重要的不可缺少的教育中介。[①]

叶澜教授曾提出教育的交往起源说,她认为"人类的教育活动起源于交往,在一定意义上,教育是人类一种特殊的交往活动"。这一观点对交往教育的内涵解读极具意义。交往是日常生活中的普遍现象,也是生命活动最基本的形式。它既是一个动态的活动过程,也是人的基本的存在方式。简单地说交往是主体之间的相互作用、相互交流、相互沟通、相互理解的活动。在整个教育过程中,交往这一中介不可或缺。交往教育从促进人自主、和谐地发展这一教育的终极目标出发,抓住儿童生存和发展须臾不能离开的伙伴——交往这一中间环节,进行教育目标的设计、教育内容的组织和教育过程的优化,充分发挥交往的教育价值,以期获得益智长知、陶情冶性、养身立德等多方面的综合效应。[②]

一、溯源:"交往教育"的文献研究

(一)"交往"与"教育"的基本含义

"交往"一词的含义可以从名词或者动词两种词性来看待,名词"交往"从拉丁语翻译而来,后又从英语 communication 翻译而来,亦可以译为"交流",但是中文的"交往"与"交流"的含义有着很大区别,所以这里主要是指"共同的";动词性的"交往"含义是"使……共同",无论是动词还是名词,都说明"交往"需要一个共同的生活环境或者经历,从而让某些东西可以被接收,并且对它有了共同的理解,这样才能形成一个"交往"。

[①] 柳夕浪:《知识生成的交往中介原理与知识创新教育》,《教育研究与实验》2000年第4期。
[②] 柳夕浪:《交往教育的内涵与特征》,《天津市教科院学报》1995年第5期。

从哲学角度来探讨，交往的问题主要有以下几个方面：交往的本质与意义，即交往对人类存在和发展的价值；交往中的主体间关系，如自我与他人的认知与互动；交往的社会文化影响；等等。在雅思贝尔斯看来，交往是一种相爱的斗争，是一个思想在哲学上所以为真，是思想历程对交往促进的结果。他认为，交往是人类存在的一个普遍的前提，同时，人类进行交往的意愿在有理性的地方并且是没有局限的，也就是说，通过交往，人们在不同的生活道路、生活造型，在知识、意识等方面存在的不同是不容忽视的；交往也不仅仅是为了认识其他人的真实性，也是为了能够在宽广、清晰和坚定中理解自己。[1]

"教育"，是一门成人之学，也就是说，教育研究的对象是人，而不是事物。然而初始形态的教育是生活交际，与原始居民的生存需求有着密切关系。随着历史的演进，教育现象变得纷繁，人们对教育问题争论不休。英国学者沛西·能与法国社会学家利托尔诺就认为，教育是一种生物现象，是人们按照本能进行知识、经验、技能的传授的活动，这个过程是按照生物学的规律进行的。教育活动的研究对象和主体对象都是人，首先就是要研究人与人之间的存在与存在的关系。也就是说，教育活动就是教师和学生之间的平等交流主体对话的关系。[2] 美国教育史学家孟禄认为，教育在其发生时期，是"最非理性"与"单纯的无意识的模仿"，因为原始人类面临的是最基本的生存需要，社会系统也并没有形成系统性的知识，在教育活动中，比如狩猎、种植、采摘等活动，通过观察、模仿、尝试来学习生存与生活的技能，由此认为教育的起源是人类的心理现象。恩格斯从劳动创造了人的角度，提出了只有人能够在自然界打上意志的印记。

早在20世纪二三十年代，苏联心理学家维果茨基在其心理发展的文化历史理论中，就已经将教学形式问题作为人类心理发展的主要来源。他提出了广义的教学形式是一种一般的交际形式，而学校教学是一种特殊的交际形式的问题。[3]

20世纪70年代，德国教育家K.施勒和H.谢弗从师生关系的探讨入手，吸收了法兰克福学派的批判理论，提出了"批判—交往"的概念。交往教学论主张运用交往的理论对教学过程进行批判和分析，要求师生遵循合理沟通的原则。让学生具备独立的人格和思想，就是要以所谓"解放"为教学目标和手段。[4] 在过去的教学中，由于人们习惯将"教学过程"等同于"知识过程"，因此仅限于认识论领域，认为教学是人

---

[1] [德]卡尔·雅斯贝尔斯：《大哲学家》，李雪涛主译，社会科学文献出版社，2005年，第2—3页。
[2] [英]沛西·能：《教育原理》，王承绪、赵瑞瑛译，人民教育出版社，1992年，第38页。
[3] 钟启泉编译：《现代教学论发展》，教育科学出版社，1988年，第309—330页。
[4] 李其龙编著：《德国教学论流派》，陕西人民教育出版社，1993年，第119—123页。

类知识和经验的总结,是客观事实的反映,是绝对永恒的客观事物。这种知识直接来自主客关系的思维方式:作为认识主体的学生和作为已知客体的对象是外在的,通过认识统一起来。马克思曾说,教育绝非单纯的文化传递,教育之为教育,正是在于它是一种人格心灵的唤醒。[1] 交往教学强调"我"和"你"在教与学中的平等对话关系,强调师生共同的情感体验和意义共享,注重引导学生体验生活、了解世界,学会使用"你"而不是"它"的方式看世界,与世间万物建立精神对话与相遇,从而重构人的精神世界。只有这样,教育培养出来的人,才是社会的人、完整的人。

(二) 与"交往教育"相关的各学科理论

1. 人学视角

按照著名哲学家赫舍尔(A. J. Heschel)更恰当的方式来追问:人是谁?（Who is man?）教育的主题是人,教育的世界是人的世界。教育作为人类特殊的实践活动,其真义在于"使人作为人成为人",即"成人"。

西方马克思主义人类学对当前师生交往的合理性有以下含义:赋予学生主体地位,强调在教学中消除物化或异化,将学生视为情感的、个体的"人",而不能把他看成被动的"对象"。[2] 同时,学生从来没有机会以真实的面目存在,他(或她)也与老师、教材和自己疏远了。这种异化使教育中的人越来越成为客体的客体、物件的物件。不能唤醒灵魂的教育,没有经验、没有精神交流、没有感知的教育,是令人窒息的。

2. 哲学视角

哈贝马斯的交往行动理论对人与人之间的语言意义的交往行动进行了研究。哈贝马斯认为,生活世界的"普遍结构"似乎是存在的,人们日常交往的基本结构只有一种,那就是生活世界。交往行为的主体总是在生活世界中相互理解,交往行为的概念必须辅以生活世界的视角。这是因为,交流者属于生活世界,生活世界是交流参与者理解过程的背景。

哈贝马斯的交往行动理论无疑是博大精深的,对交往教育理论有着重要的指导意义:首先,可以借鉴其"生活世界""主体间性"等概念。与胡塞尔不同,哈贝马斯没有将世界划分为科学世界和生活世界对立的二元世界,他认为世界是由客观世界、社会世界和主观世界组成的。其次,"语言交际"的提出和语言交际的有效性,使我们重新思考语言在教学交际中的作用以及实现其功能的途径。语言和交流之间的

---

[1] 叶秀山:《美的哲学》,人民出版社,1991年,第43页。
[2] [德]中共中央马克思恩格斯列宁斯大林著作编译局译:《马克思恩格斯全集》(第四十六卷)(上),人民出版社,1979年,第21、104页。

关系几乎是相互存在的,理性的交流不仅要通过语言来完成,实现理性本身潜在的公开性的要求已经存在于语言之中。事实上,教学也是一种语言交际活动。虽然语言不是唯一的教学工具,但它至少是重要的工具之一。教师和学生在交往中主要通过语言表达及确认自己的思想,通过口头交流,师生不仅要掌握知识本身,还要达到相互理解、认同或接受。[1]

3. 社会学视角

从对教育起源的研究来看,人类的社会生活和教育生活原本就是同一的。自有人类社会以来就有教育存在,教育的"原始形态"就是人们在日常的社会生活中的交往。交往教育的社会学理论中最重要的是符号互动理论。

符号互动理论以赫伯特·布鲁默(Herbert Blumer)的理论为代表。布鲁默认为,过去的结构功能主义假设了一个被动的人,即受社会结构约束的被动人。符号互动理论假设人是主动的,强调人的主观认知和选择性。

社会学视角中,还有一种理论对交往教学有着深刻的影响,那就是后现代主义认识论。后现代主义认识论对交往教育的意义:第一,它强调教学要尊重多样性,理解差异,给不同声音表达的空间。学生是身心灵不同的个体,他们的兴趣、知识和能力必然有很大差异。教师要正视差异,尊重和理解差异,鼓励学生勇于表达自己的意见。第二,它指出知识不是教师手中独有的工具,也不应成为教师权威的象征。知识只是教师和学生之间的媒介。由于体验知识具有主观性、情感性和个性化的特征,通过体验获得的信息可以在适当的情况下被迅速激活,并作为知识存储在记忆中。因此,这种知识也融入教学内容,注重学生在交际中体验到的知识。第三,从教学方法和教学组织形式来看,教学要多元化。教学中要改变僵化、保守的方法,强调师生互动和学生之间直接经验的交流,促进间接经验与直接经验的融合。正如我们所说的"教学有法,但无定法,贵在得法",在教学实践中灵活应用各种教学方法和形式,将有利于学生智力的发展和个性的展示。[2]

4. 心理学视角

教育领域的任何改革,从教育理念到教学内容乃至教育教学方法、教学模式的转变,无一例外都要涉及心理学。

"多元智能"理论从根本上影响了教育理念。它让我们有机会从方法论的角度

---

[1] [德]尤尔根·哈贝马斯:《交往行动理论(第一卷)——行动的合理性和社会合理化》,洪佩郁、蔺青译,重庆出版社,1994年,第78页。

[2] [美]Linda Campbell, Bruce Campbell, Dee Dickinson:《多元智能教与学的策略》,王成全译,中国轻工业出版社,2001年,第10页。

重新思考传统教学的合理性。第一,它有助于建立平等和乐观的学生观。这与交往教育的初衷不谋而合。根据多元智能理论,个体的智力在本质上是不同的,只要有机会接受适当的教育,每个个体的智力都有可能发展到相当的水平。第二,它主张在教学中创造条件,帮助和促进学生特殊才能的充分发挥。交往教育的目的是改变僵化的教学内容和形式,通过师生或学生之间的人际互动为教学提供良好的背景,从而促进知识的内化和智力结构的改善。第三,它强调人际智能,直接为沟通教学理念的构建提供了心理基础。与传统的智力理论不同,多元智能理论认为,人的智力中存在一种人际智力,或称沟通智力。此外,它强调保证学生的全面发展与交际教学的追求是完全一致的。多元智能理论认为,智能是人解决实际问题的能力。

经由以上交往教育文献研究,我们对于"交往教育"的了解进一步加深。当教育者不断反思教育的目标,思考教育的终极意义,越来越多的教育者重视教育的内在价值,并随之强烈呼唤人的主体性。终极目标的实现需要借助一定的中间环节,而学生自身的主动、有效交往正是其情感的陶冶、品行的养成、知识的获得、个性的形成、素质的内化等不可缺少的中介。儿童在交往过程中体现出来的主体性,是儿童对交往关系的自主占有。如果他们缺乏最起码的交往能力,认为与人打交道很困难,将更加难以在学习过程中发挥自己的主体作用。交往教育从促进人自主、和谐地发展这一教育的终极目标出发,抓住儿童生存和发展中"交往"这一中间环节,进行教育目标的设计、教育内容的组织和教育过程的优化,充分发挥交往的教育价值,以获得新时代育人的多方面综合效应,使教育能够培养出"真人"。

二、凝练:交往教育精神力系统

交往,是素质教育的一种实施形态,是学校的教育哲学,是校本化的教育追求。它立足于儿童素质的交往生成机制,依托丰富多样的与教育教学同构化的交往实践活动,是在新课程理念下,强调师生间、学生间动态的信息交流,通过信息交流实现师生互动、生生互动,相互沟通,相互影响,相互补充,相互接纳与分享,从而达到共识、共享、共进,最终达成学生知识、智慧和整个人格生成的教育目标。

(一)办学愿景:办一所学会交往的实验学校,让学生在文化家园中创造自己

交往教育走过30多年,学校秉承的办学愿景是办一所学会交往的实验学校,让学生在文化家园中创造自己。浦口实验小学必然要以实验为使命,探索小学教育规律,办成名副其实的实验小学。学会交往是学生学习成长的方式,是时代的命题,也是走向未来的阶梯。学校以学会交往为改革实验的总课题,在交往中,让学生自我成长,其实质是学生自己创造自己。因而,浦口实验小学是以共同体为特质的文化家园。

(二)教育主张:交往教育

学校秉持的教育主张是"交往教育"。一方面,从理论角度思考,交往是促进学生全面发展、健康成长的重要力量。其中,道德是交往教育的基石,情感是交往教育的动力,理智是交往教育的精神,审美是交往教育的境界。另一方面,从实践要义来看,尊重是前提,理解是基础,对话是实质,共生是目的。

(三)核心理念:快乐交往 共享成长

交往教育主张的核心理念是"快乐交往,共享成长"。快乐教育的当代价值,在于克服过度竞争带来的内卷和焦虑,在于克服自我封闭带来的狭隘和困惑,走向快乐合作,在共长中共生,构筑美好未来。

快乐交往:"交往"意味着个体与个体、个体与群体间的"互动、对话","快乐交往"即指教师与学生、学生与学生之间通过积极的交互作用,实现彼此悦纳融通、合作分享,进而自我完善、主动发展的过程。

共享成长:儿童成长的过程是不断相互分享、不断自我促进的过程。学校倡导师生、生生快乐交往,就是学会以尊重、欣赏的目光审视自己,悦纳他人,求得情感、智慧、能力和品格的逐渐丰盈饱满,实现同生共长、和谐共进的教育追求。

(四)校训:融会贯通

融会贯通:出自《朱子全书·学三》中的"举一而三反,闻一而知十,乃学者用功之深,穷理之熟,然后能融会贯通,以至于此"。我们认为个体不是独立于群体的存在,学习更不是独体活动,治学处世皆要能融会贯通,即与人交往要融合通达、融洽无间、融而共生、通而共进。同时,"融会贯通"又指对待学问要能把各方面的知识或道理融合贯穿起来,得到系统透彻的理解,融而博古今,通而贯中西。

(五)学校精神:致和 惟新

致和:"致和",首先是一种办学追求:面向全体、着眼全面,促使学生身体与心灵、共性与个性的和谐发展;"致和",还是一种教育艺术:师生关系和谐和洽、和衷共济,教育方法和风细雨、润物无声;"致和",又是一种学校文化:校园里惠风和畅,春暖花开,人人面带微笑,个个和颜悦色。我们希望在"致和"理念引领下的学生,既能保持身体与心灵、个体与环境的和谐共生;又能保持自己的个性,学会独立思考,学会发现创造。

惟新:"惟新"出自《诗经·大雅·文王》"文王在上,於昭于天。周虽旧邦,其命维新"。"惟新"是追求创新之意,体现了与时俱进的时代精神。意即浦口实验小学虽然是所老牌学校,但它新的使命是不断革新。"惟新"代表着浦口实验小学交往文化的基本精神,激励实小人不断创新、不断前进,集中展现了实小人不断追求创新、追求卓越的精神风貌。

(六)学校使命:交往立本,育智美行健的快乐儿童
交往立品,建质高名芳的现代学校

交往立本,育智美行健的快乐儿童:我们以交往教育为根本立足点,营造良好的交往发展环境,共生共荣,培养自信、智慧、康健、富于创造的新时代儿童。

交往立品,建质高名芳的现代学校:我们以"交往"教育为品牌,推动学校教育教学质量的整体发展,旨在做优质的基础教育,建有品牌影响力的现代化学校。

(七)管理理念:乐行 协进

乐行:"乐"指喜悦,愉快。"行"指行动、践行。乐是积极的态度,行是付诸行动的过程。乐行就是凡事乐观去做,不拘现状,不畏艰难,勤勉精进,超越创新。

协进:"协"指调和、和睦。"进"指进取、进步。这是一种价值追求,协进意指创设和谐的氛围,在有效协助合作中共同努力推进学校全面发展。

(八)校风:乐做 善成

乐做:"行成于思,思毁于随。""乐做"就是不仅要志存高远,而且要身体力行,即理想信念必须通过脚踏实地的行动才能实现。

善成:乐做指向过程,善成指向结果,也就是做事既要重视过程,也要重视结果。即只有认认真真、实实在在地行动并在行动中勇于开拓创新,将知和行、理念和实践统一起来,才能获得成功。

(九)教风:乐教 善导

乐教:源于《论语》中的"诲人不倦"。乐教是教师发自内心地热爱教育,乐于奉献,兢兢业业,体现为一种对教育事业执着的追求精神。

善导:善导源于"夫子循循然善诱人,博我以文,约我以礼,欲罢不能"。善导即善导有方,也就是充分发挥教师的主导作用,彼此敞开心扉,相互悦纳,灵活教学,启发和引导学生,并尊重学生个性的差异,因材施教,挖掘学生潜能。

(十)学风:乐学 善思

乐学:孔子认为"知之者不如好之者,好之者不如乐之者"。乐在其中才是"乐之者"的境界。乐学即快乐地学习,这是以一种自发的、积极的、主动的学习情绪体验和内部动力投入学习过程,从而享受乐在其中的趣味。

善思:"学而不思则罔,思而不学则殆。"善思不仅仅停留于勤思,还要上升为巧思,也就是对问题多角度、多维度地思考,最终做到融会贯通、知行合一。

(十一) 卡通人物名字释义

女孩:昵称"娇娇"。"娇娇",取名于"快乐交往"中"交"字的谐音。"娇",本义"美好可爱",《说文新附》中注"娇,姿也"。"娇"字表示得体的外形与美好的心灵,寓意我校的交往教育注重塑造学生的外在美与内在美的和谐统一。

男孩:昵称"乐乐"。"乐乐",取名于"快乐交往"中的"乐"字。"乐",本义"快乐"。《论语》曰"有朋自远方来,不亦乐乎",开心地与朋友交往,这也是我校的教育特色。取名"乐乐",同时凸显我校学生阳光、快乐的一面。

江豚被誉为"长江中的微笑天使",娇娇、乐乐各戴一顶江豚造型的帽子,展现长江边长大的实小学生乐交往、善交往的阳光形象。学校设计了娇娇和乐乐的各种卡通造型,出现在校园的各个活动区域,陪伴孩子们健康快乐地成长。

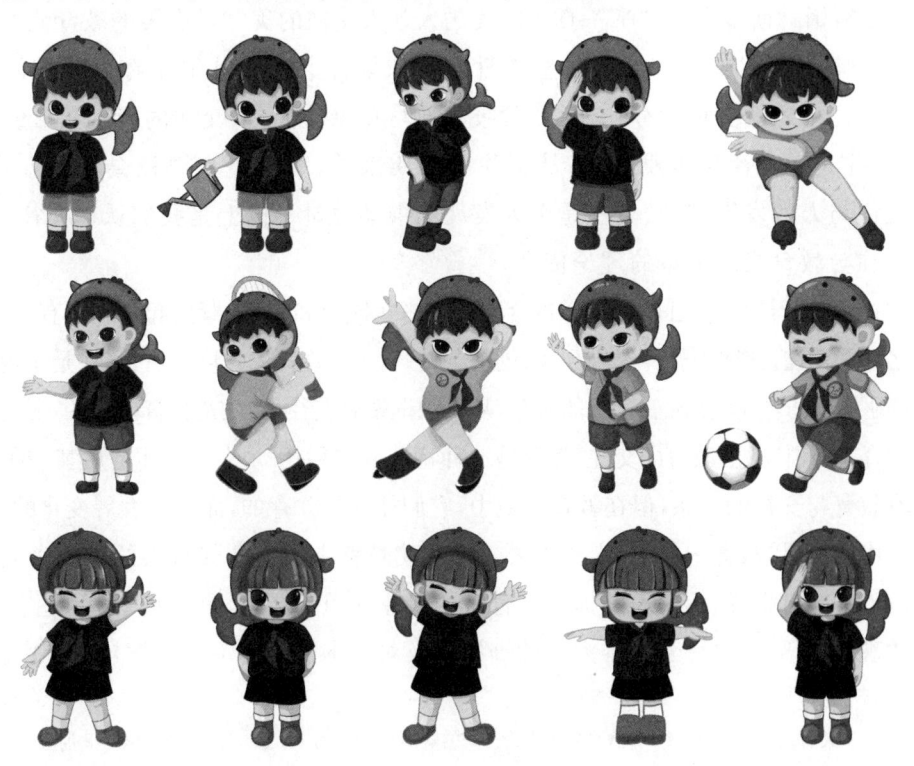

第二节 价值追求：交往，唯一真正的美

苏霍姆林斯基强调，"唯一真正的美是人与人交往的美""没有美的教育就不可能有完整的教育"。在德国存在主义哲学家和教育家雅斯贝尔斯看来，"人们只有在交往中才能实现生存"。无产阶级领袖马克思认为，从交往的产生和形成来看，交往是一种社会实践活动；从交往的本质来看，交往是人类社会存在方式；从交往与人的发展来看，交往是个人发展的推动力量。以上是我们认识交往、认识交往与教育之间关系的理论依据。

关于教育与交往之间的关系，古今中外有诸多探索和论述，概括起来主要有：从教育之外看交往，交往为教育提供环境、创造条件；从工具理性的角度来看，交往是实现教育的手段和方法，为实现教育目的服务；从认识框架看交往，交往是教育内容的一部分；从教育本质看交往，教育即交往，教育是一种特殊的交往活动。[①]这些都是从某一角度来看教育与交往的关系，但在教育实践中，它们往往是并存的，而且是发展变化的。

由此可见，教育中，交往十分重要。为了使教育中的交往促进人的自由生成和唤醒人的精神世界，不仅需要提高教育者的专业知识和能力，更为重要的是注重对人的理性的培养、对科学思维方式的训练以及对人本质的陶冶。在学校教育中，要

---

① 姚炎昕：《教育即交往：一种教育基本理论范式的解读》，《教育导刊（上半月）》2013年第12期。

充分认识交往的重要性,营造学校中交往的空间,鼓励学生参加社会交往,引导学生在交往中学习成长。

总而言之,交往教育的价值追求概括为一句话,那就是实现"唯一真正的美"。我们常谈教育中的"真善美",三者不仅仅是简单的并列关系,在某种程度上,也存在"位阶"关系。教育求"真",知识向"善",最终是要表现为一种"美"的境界。所以,教育的最高境界是实现一种"美"的追求,重在通过以美育人、以文化人的方式,提高学生审美能力和人文素养,尤其是在教育高度专业化、知识分类愈发精细化的今天,美育的价值不言而喻。

那么,如何实现"真正的美"呢?

一、尊重,承认客体的存在意义

尊重意味着一种真诚的认可,对自己、他人以及社会的价值、能力、行为等表示承认,伴随着赏识、赞扬、佩服、支持等。在人类的生活中,尊重是无处不在的,尊重的主体是人,对象则是多样的。[1]在人与人之间存在着自我开放和信任,这种信任使我们不把他人看作自我存在的世界,而是看作我的自我存在的提升、扩展和补充。[2]尊重更是一种优良品德。孟子曰:"仁者爱人,有礼者敬人。爱人者,人恒爱之;敬人者,人恒敬之。"尊重的内涵包含平等、价值、人格、修养。尊重的前提是对人的重视、理解、关心、信任。

在人与自然的关系上,首要准则就是尊重自然,用尊重建立人与自然的关系。诚如中国古代道家哲学提出的"以自然本体为一切价值的原本原则,涤除异化的文明翳障,复归于朴"。尊重自然意味着既不对自然顶礼膜拜,也不把自然当成征服的对象,尊重自然意味着感激自然为人类带来的一切,亲近自然,与自然融为一体。更为重要的是人类必须把自然当成合作的伙伴,尊重自然的规律,承认规律是不以人的意志为转移的,认识到人的主观能动性的发挥是受到规律制约的,尊重人类各项活动对象的特征,按照它们的发展运行规律来采取行动,与自然和谐相处。[3]

这点反映在学校教育中,就要求教育者和受教育者之间要建立良好、平等的关系。在整个教学过程中,两者的关系应该是和平共处。教师和学生都可以积极地参与到基本问题的讨论,师生二人可以针对一个问题做毫无保留的激烈讨论。在苏格拉

---

[1] 李金辉:《回归教育本质:论"尊重教育"的旨归》,《教学与管理》2017年第18期。
[2] 吴迪:《哲学解释学视角下师生关系的建构》,《职教研究》2012年第1期。
[3] 刘献君:《论尊重及其教育意蕴》,《江苏高教》2017年第8期。

底式教育的影响下,著名教育家雅斯贝尔斯认为,教育的过程不是知者随便带动无知者,而是师生共同寻求真理的过程。只有这样,在教学过程中教育者和受教育者才可以互相学习、互相促进。教师的作用不是灌输知识,也不是直接把问题的答案告知学生,而是通过反讽的形式,去启发学生主动思考和探索。

二、理解,洞察对象的丰富内涵

理解具有主体性,理解是主体性的自我理解。人与理解相互交融,理解也成为存在的方式。因此,人不仅对外部世界进行理解,也对自身进行理解和阐释。理解代表着超越表面认知,深入探寻事物本质及内在联系的一种智慧。所以对于理解来说,重要的是理解世界,但更为重要的是理解处于周遭世界中的自己,剖析自我主体性。

理解是和谐,是互相沟通的过程,是两者之间的共生与交融,促成由主体与客体的对立到主体对主体的平等对话,教师可以从全新生成性的角度去理解学生,与学生积极主动对话,以达成师生之间完整的教育体验。

每个独立的主体在成长与发展过程中都具有自身独到的背景和处事方式。就教师来说,在教师成长过程中看待事物有自己的善恶观念,理解事物有自己的方法体系,但是随着知识的积累及学历的获得,教师在教学过程中理所应当具有比学生更高的姿态,这样的高姿态并不能成为教师高出学生一等的原因。信息技术所带来的第三次科技革命,促使知识的学习不再仅仅通过教师,学生可以从多种途径获取信息,学生能够在日常自学的过程中掌握到更多连教师都不了解的知识。在这样的时代背景下,教师更不应该靠自己既有的知识而抬高自我姿态,而应该重新回到一个学习者的身份,用和学生同样的视角去关注需要学习的知识。在教育环境之下,教师在看待学生或者在与学生对话时,要将学生视作和教师同等身份地位的个体,要以包容、理解的心态去看待学生知识上的不足。在教育中,教师与学生要"教学相长",共同挖掘真理,体验知识发生的过程,达到双方知识的共同促进。

三、对话,构建讯息的互涉机制

每个个体所理解的历史、传统以及个人的经历、体验、知识、思维方式和情感等都构成了自身的视界。两个视界相互理解沟通的过程就是对话,两者相互接纳、交流,最后的结果并不是一个视域吞并另一个视域,而是视域之间相互尊重两者的不同、求同存异、共同发展的过程。每个人都有自己的视界,在交往过程中只有通过对话,才能达到接纳与互动,实现视域融合,最后共同提升。

有学者认为,没有了对话,就没有了交流;没有了交流,也就没有了真正的教育。对话是通往理解的至关重要的途径。哲学解释学中的对话并不仅指对话双方之间纯粹的言语交流,更是指双方心灵之间互为接纳,彼此互相倾听和分享。在师生关系中,教师与学生作为完整的人都有自己的生活视域,双方在对话中,只有达到真正意义上的理解,即和谐、认同、尊重、共情,才能达到视界融合,形成师生之间独有的融合性观念,才能逐渐形成良好的师生关系。

师生在对话中达到视界融合。首先,师生之间的对话要做到平等。人际关系的和谐与融洽一定要以平等为基础。由于教师具有丰厚的知识基础而总是将自身作为权威,传统的师生交往因为所谓的权威性而造成了沟通壁垒,所以在新型的师生关系构建中一定要慢慢削弱教师的绝对权威,形成师生在理解基础上构建的平等对话的关系。只有在平等基础上的师生交流,才能使师生双方打开自身所固有的视界,重新在交流中达到高效的信息传递,在对话中达到视界的不断融合。教师与学生只有做到内心的平等与共融,双方才能够更好地融入教育的每个环节,不断探索真理的学习路径才能够得以拓宽。其次,师生之间的平等对话并不是要求教师放弃自我,而是要求教师要摆正自己的角色定位,以引导、启发的角色为主。在师生对话中教师要始终秉持大方向,在交流沟通中将学生的错误逐渐引导到正确的方向上,师生之间才能迸发出更加灿烂的教育之花。[①]

四、共生,实现主客的协同发展

在人类社会的发展历程中,对于"共生"理念的探索与追求从未停止。从哲学的深邃视角审视,"共生"不仅是一种主体与客体相互依存、共同发展,创造和谐的存在状态,更是一种价值取向和发展目标,而"尊重""理解"与"对话"则是实现这一目标的关键路径,它们相互交织,共同奏响"共生"的"和谐曲"。

尊重是交往的基本前提,也是"共生"理念的核心要素。尊重意味着承认他人的存在价值和独特性,尊重他人的权利、尊严和个性。在哲学上,尊重体现了对人类主体性的认可。每个人都是独立的主体,都具有自主思考和行动的能力与权利。只有我们尊重他人的主体性时,才能够建立起平等、公正的交往关系。正如康德的道德

---

① 韩丽瑶:《哲学解释学视角下新型师生关系的建构》,《文教资料》2022年第10期。

哲学所强调的,人是目的,而不是手段。我们不能将他人仅仅视为实现自己目的的工具,而应当将其视为具有内在价值和尊严的主体,给予应有的尊重和关注。

理解是交往的深化,是实现"共生"的关键环节。理解意味着站在他人的立场上思考问题,尝试走进他人的内心世界,感受他人的情感和体验。从哲学角度来看,理解是一种换位思考和共情能力。通过理解,我们能够打破自我中心的思维模式,超越个体的偏见和局限,更加全面、客观地认识他人和世界。伽达默尔的哲学诠释学强调了理解的历史性和相对性,认为理解是在历史文化背景下进行的,我们需要跨越时空的距离,去理解他人的思想和行为。只有通过深入的理解,我们才能够消除误解和冲突,建立起相互信任和支持的交往关系,实现人与人之间的和谐共生。

对话是交往的重要方式,也是促进"共生"的有效途径。对话不仅仅是语言的交流,更是思想的碰撞和心灵的沟通。在对话中,双方平等地表达自己的观点和意见,倾听对方的声音,共同探讨问题的解决方案。从哲学意义上讲,对话体现了人类理性的交流和互动。通过对话,我们能够整合不同的观点和智慧,形成更加全面、深刻的认识。哈贝马斯的交往行为理论强调了对话的合理性和有效性,认为通过理性的对话,人们可以达成共识,实现社会的整合和发展。在全球化的时代背景下,对话显得尤为重要。不同国家、不同文化、不同群体之间只有通过平等、开放、包容的对话,才能够增进彼此的了解和信任,共同应对全球性的挑战,实现人类社会的可持续发展。

"尊重""理解"与"对话"是实现"美美与共"的"共生"理想的重要基石。在哲学的指引下,我们应当深刻认识到它们的重要性,并将其贯穿于人类社会生活的各个领域和层面。只有当我们以尊重为前提、以理解为核心、以对话为途径时,才能够真正实现人与人、人与社会、人与自然的深度交融,奏响"共生"的"和谐曲",为人类社会的发展和进步创造更加美好的未来。

第三节 行动模式:交往育人的实践框架

浦口实验小学实施交往教育以来,一直十分重视人的教育。学校聚焦交往教育,不断开拓创新,把交往教育的核心要义"尊重、理解、对话、共生"融入学生校园生活,在持续推进德智体美劳育人体系建设中,形成"交往育人"的实践框架。

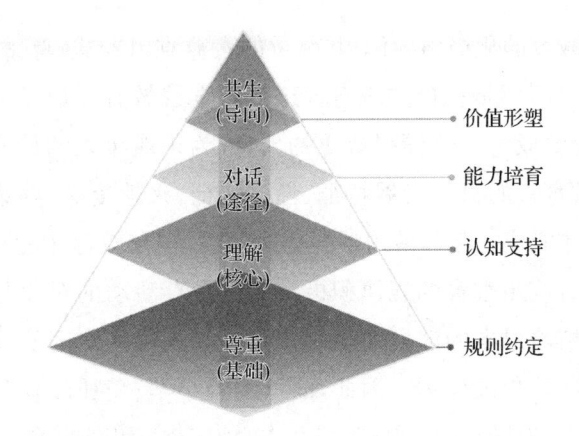

```
        共生
       (导向)  ———— 价值形塑
      对话
     (途径)    ———— 能力培育
    理解
   (核心)      ———— 认知支持
  尊重
 (基础)        ———— 规则约定
```

一、以尊重为基础的交往规则约定

教育是"根据一定的社会要求和受教育者的发展需要,有目的、有计划、有组织地对受教育者施加影响,以培养一定社会(或阶级)所需要的人才的社会活动"[①]。这表明没有尊重,教育关系不可能被树立起来,它体现了教育活动对社会的发展要求和人的身心发展规律的尊重。尊重是交往的基石,这是教育活动的依据,这个依据可以被称为教育的规律。尊重受教育者的人格、权利、主体性与个体性等,也就意味着尊重教育规律、尊重受教育者。

1. "尊重的教育"指向交往个体本身

"尊重的教育"要求"懂得尊重、学会尊重",而提出这个观念的原因在于生活中的人需要懂得尊重,很多人对尊重的教养养成不足,造成了美好生活的失落。因此,要通过教育养成人们尊重的素养,懂得尊重自我、尊重作为主体的个体、尊重他者与社会。尊重自我,才能自立自强,真正成为人格独立、敢于负责、勇于担当的现代人。马斯洛的需要理论也为"尊重的教育"提供了理论支持,即人有生理需要、安全需要、归属与爱的需要、尊重需要、认知和审美的需要。作为教育者要认识到,让学生学会尊重是学校教育的目标之一,懂得尊重,才能过有尊严的生活,而这样的生活才是指向真、善、美的。同时,尊重是文明的社交方式,是建立良好人际关系的基石。学会尊重,才能营造出和谐融洽的氛围;学会尊重,才能与人平等相处,宽以待人;学会尊重,才能更好地实现交往合作。因此,每一位教育者都应该时刻谨记自己的教育使命中还有一项任务,即教会学生懂得尊重。

2. "尊重的教育"指向人与人之间的关系

在人类生活中存在着各种各样的文化样态,也存在着各种各样不尊重的现象与

---

① 王澍、柳海民:《论尊重与"尊重的教育"》,《东北师大学报(哲学社会科学版)》2009年第3期。

问题,如果不发挥教育的积极引导作用,尊重的素养难以养成,尊重的行为也难以维持。因此,"尊重的教育"是积极的教育。这就对学校教育提出了两点要求。第一,它要求教育者首先要成为一个懂得尊重的人,成为未成年人的榜样。同时,教育者要主动地了解受教育者的身心发展特征、性格特征、兴趣爱好,尊重他们的人格、权利等。只有这样,才能建立起和谐的师生交往关系,学校教育才能真正地起到引导、唤醒的作用。第二,按照教育的规律积极作为。教育活动的对象是人,教育活动与工业生产、农业种植等根本的区别在于它是发生在人与人之间的活动,是培养人的活动,对人的培养需要积极作为。因此,浦口实验小学"交往教育"引导学生学会尊重、理解、对话、共生,倡导教师与学生、学生与学生建立和谐的关系。在交往教育内核下就要求"尊重的教育",要教会学生学会尊重,孕育学生"个性、自主"的"自治"力。尊重学生的个性,尊重学生的选择性、自主性、能动性、创新性等主体意识,充分发挥学生自主性的自我治理能力。

3. "尊重的教育"指向规则的树立与遵循

基于上述观点,学校在"尊重的教育"的践行中,制定《儿童交往公约》《班级公约》和《实小好家长公约》。这三个公约分别从师生交往、生生交往、家校交往方面进行了约定。《儿童交往公约》是儿童自己制定的交往约定,在人际交往中遵循一定的原则和方法,自觉主动地遵守的行为准则;而每学期开学都会要求各班根据学校统一要求,制定每个班级的《班级公约》。这个公约是由全班学生参与制定并获得认可的,《班级公约》包括班名、班徽、班歌、公约还有班级口号。《实小好家长公约》是结合校园学习和家庭相处的细节,经过讨论、修改、完善,制定出的公约,从仪表之约、言谈之约、规则之约、学习之约、陪伴之约五个方面对家长提出了建议。学校正是以这三个公约构建了浦口实验小学的"尊重的教育"的交往规则实践网络。

通过公约教育,教师、学生和家长明白规则是保障公平、维持秩序的基石,尊重规则是对他人权利的尊重,也是对社会公共利益的维护。

二、以理解为核心的交往认知支持

交往教育一般指教育者和受教育者作为教育主体,通过教育资料,产生知识传递和反馈,情感交流、精神构建、人格塑造的过程。[①] 哈贝马斯认为:"进行交往的主体始终是在生活世界范围内相互理解的。"相互理解是交往的核心。因此,教育者和

[①] 沈嘉玲:《交往教育模式探析》,《中学政治教学参考:下旬》2014 年第 33 期。

受教育者的沟通与理解表现为知识的传递,情感、意志与行为的交流与磨合。这种传递、交流、磨合都是以双方的交往为基点的。

(一) 基于理解,打造交往育人的课程样态

学校坚持打造交往育人的课程模块:国家课程与校本课程,二者相互协作和补充,以深刻理解教育本质与学生需求为基础,通过构建互动交流的课程体系,旨在为学生提供全面而深入的认知支持,全方位开展交往教育。

1. "一起努力学":探索交往课堂的实践深化

2015年,联合国教科文组织发布研究报告《反思教育:向"全球共同利益"的理念转变?》,强调了人们在教育中的共同责任和合作的重要性。基于此,学校结合交往育人理念,提出以"一起努力学"为思路,鼓励大家一起为了共同的教育目标而努力学习和进步,改进交往课堂的教学样态。

参与——改进"教"的行为:教学情境、知识呈现、评价理答、质疑问难,甚至作业设计都让儿童参与其中,充分落实对儿童的尊重与理解,学科育人的目标潜移默化地得以实现。

合作——改革"学"的方式:研学、互学、展学是儿童采用同质合作或异质合作方式学习,他们按照一定的合作规则,探究新知、巩固旧知,以求得共同发展。

多元——改变"评"的样态:通过自我评价、同伴评价、师生鉴评、活动展评、网络智评等评价方式,促进师生相互激励,实现"各美其美,美美与共"。

2. "一起成长":研发交往课程的体验活动

"一起成长"表达了一个从个体到集体的转变,强调了团结和合作的重要性。

特色课程是交往教育的校本化实施,旨在让学生与团队交流和合作,共享知识和经验。其中,"三段""四礼""五素养"课程就是加速群体成长的交往体验课程。

"三段"课程:学校围绕小学低、中、高三个年段创编思维读本和研学读本,"我和你"系列思维读本——《我和你一起成长》《我和你一起阅读经典》《我和你一起玩转数学》《我和你一起 Enjoy English》,"长江文化"系列研学读本——《惟见长江》《相约长江》,思维读本和研学读本面向儿童的整个生活世界,让儿童在阅读中汲取交往养分,学会与人、与自然、与社会、与世界交往。

"四礼"课程:小学阶段,入学礼、成长礼、开学典礼、毕业典礼是儿童在学校里参与的重大集体活动,学校根据"四礼"主题设计系列仪式活动,让儿童在活动中体验交往的乐趣,塑造健康的人格。

"五素养"课程:我们认为"自我认同、他者意识、价值认同、互动能力和反思建

构"是儿童成长过程中重要的交往素养,学校根据儿童的年龄特征,围绕这五种素养设计关键性体验任务:养育动植物、参与家校社活动、模拟联合国等,让他们在团队任务中培养积极心态,发现自我、提升自我。

(二) 基于理解,构建交往育人的文化空间

校园文化承载着自身的发展历程、精神与理念,学校以理解为基石,打造促进人与人交往的实体空间和虚拟空间,增进交流与互动,传播知识与价值,让文化滋养学生,达到以文化人、交往育人的目的。

1. 实体空间让交往看得见

(1) 亲近自然的学习空间:学校在空间建设时充分利用紧邻长江的自然条件,因地制宜、错落布局,形成了自然环境与人工建筑的有机融合,让江水浸润、江风沐浴的学校处处彰显现代滨江文化。同时,在教学与非教学区的设计中并未严格分区,而是相互渗透促进,形成丰富的空间层次。

(2) 多样发展的文化空间:育人空间设计应满足多学科、多种类的空间需求,学校利用楼梯拐角、花园草地营造学生无边界交往、多样态发展的空间,让三两儿童可以随时随地进行交流交互,使校园育人空间更具多样性、文化性和趣味性,为师生学习交流、人际交往提供了更多可能,促进交往学习的自然发生,从而达到"润物细无声"的育人效果。

(3) 学科融合的延展空间:随着科技蓬勃发展,传统的以基础形式展开的教学资源内容已难以满足学生发展的实际需求。于是,学校着力于"微场馆"的模式创新,构建多维度、多功能、多场景的延展空间,拓展延伸了"1+X"交往学习活动,"1"是指确保每学期每个学生都能进行至少一次的"交往项目化学习","X"则指学生自由申报进行探究学习,以极小的成本实现最大化的育人深化,培养出更多"多向度"的、全面发展的人。

2. 虚拟空间让交往无处不在

虚拟空间为人与人的交往开辟了全新领域。学生在这个新领域里,可以分享兴趣爱好、交流学习心得、共同完成任务,让交往在虚拟世界中随时发生,拓展了他们的社交圈,促进了他们的沟通能力与社交技能发展,使交往真正实现无处不在。

(1) 伙伴学校的项目化学习:我们建立了网络式的"伙伴学校",通过网络技术与合作机制,将不同地区的学校连接起来,以实现资源共享。课堂上,我们以项目化学习为主要学习方式,通过打造智慧共生的数字交往空间,构建学科融合的数字交往课堂,联结未来的数字交往活动,这种跨区域的伙伴无时无刻在一起学习

的形式,打造了校本化的新型数字交往育人模式。

(2)"未来学习中心"的场景化学习:在"未来学习中心",场景化学习基于先进的技术和教育理念构建而成。它打破了传统学习的空间和时间束缚,不再局限于固定的教室和固定的授课时间。通过虚拟现实、增强现实等技术,为学习者打造出高度逼真、沉浸式的学习场景。例如,学生学习历史故事时,不再仅仅是阅读书本和观看图片,而是可以"穿越"到历史事件发生的现场,亲身体验历史的发展过程;学习自然科学时,可以身处模拟的自然环境中,观察动植物的生长变化,进行实验操作。

这种场景化学习模式,能够极大地激发学生的学习兴趣和主动性。让学生在真实或模拟的场景中,通过亲身实践和体验来获取知识、培养技能,提升解决实际问题的能力。同时,场景化学习还促进了学生之间的合作与交流,培养了团队协作精神和沟通能力。

三、以对话为途径的交往能力培育

交往的能力是指一个人在与他人交流和互动时所表现出的能力,通过学会倾听与理解、实践与探索等方式来体现。

(一)学会倾听,理解多元观点的交锋与建构

课堂是教师和学生心灵对话的窗口。师生之间课堂上观点的交锋、情感的碰撞,会产生美丽的课堂小插曲。在意外出现时,教师要善于倾听,抓住教育教学契机,创设交际语境,让学习润物无声;有效关联,丰富学习的方式;多维对话,追求语用的课堂。[1] 教师借助小插曲、融入小插曲、谱写小插曲,力求做一个"明师",拓宽对话的范围,教会学生解决策略,用"真问题"催生真对话,这样可以走出"伪对话"的泥淖,从而回归课堂对话教学的本真——思维的碰撞、观点的交锋以及综合素养的提升。

课堂更是生生对话的思维训练场。学生学会倾听,在他人言语中捕捉智慧的灵光,挖掘话语背后的深层思考,反思自己的认知局限。

有鉴于此,学校对传统的教学模式进行了改革创新,培养倾听能力,力求在观点的交锋中培养儿童交往能力,建构儿童内在交往模式。

教学中培养学生的倾听能力从以下几个方面发力:一是培养倾听意识,通过课堂讲解、故事分享、案例分析等方式,让学生认识到倾听的重要性;二是进行技能指

---

[1] 穆桂红:《活跃语文课堂气氛的方法分析》,《考试周刊》2021年第14期。

导,如保持专注、眼神交流,进行简单的回应,抓住关键信息,记录重要内容等;三是营造和谐氛围,教师以身作则,建立规则,如在他人发言时保持安静、不打断等,对善于倾听的学生给予及时的表扬和鼓励。

(二)参与社会实践,开发生活情景剧

著名教育家陶行知认为"生活即教育",生活教育的理论是陶行知教育思想的主线和重要基石。陶行知的教育理论主张教育同实际生活相联系,反对死读书,注重培养儿童的创造性和独立工作能力。后又把生活教育的特点归结为生活的、行动的、大众的、前进的、世界的、有历史联系的几方面。生活决定了教育,教育不能脱离生活;教育为改造生活服务,在改造生活的实践中发挥积极作用;"生活即教育"是对传统教育脱离实际、脱离生活的批判。

浦口实验小学的儿童交往学院课程结合生活,创设情景,从"我与他""我与师""我与我""我与家""我与社会"五个不同维度创设生活情景剧。首先,教师依据学生兴趣和需求,规划社区服务、参观访问等实践活动。在实践中,教师给予指导,鼓励学生积极交流合作。其次,教师以实践内容为素材开发生活情景剧,让学生分组创作剧本、分配角色,排练时引导学生体会角色情感和交往方式。最后,学校搭设平台,通过表演展示,组织师生评价,总结交往经验,不断强化学生交往能力,促进其不断成长。

四、以共生为导向的交往价值型塑

共生是交往的最终结果。师生、生生在交往过程中能互相帮助、互相协作,共同分享,共同进步与提高,形成一种重要的价值导向。

"型塑"即按照规定的模型塑造标准化形象,与之类似的词"形塑"则有两种解释:第一种是形象塑造;第二种是指按照一定的要求定向塑造或培养,即形成与塑造。两者相比,虽然都有定向塑造之意,但程度不同,"型塑"强调按模型塑造,更重视结果。

学生行为的改变和成长与知识的学习亦有共通之处。认知心理学认为几乎所有的认知结构理论都承认学习过程就是认知结构不断变化和重新组织的过程,存在于人头脑中的认知结构始终处于变动与建构之中。我们也要认识到,虽然教师可以直接教会学生一些交往规范和准则,但是这忽略了学生的主体性,学生必须主动地学习、改变,由此,交往价值型塑的意义非同小可。价值型塑实际上为学生提供了一个概念框架,学生不断向模型靠近的过程即是自己交往行为有意识地自动转化,最终形成稳定而有效的习惯。

浦口实验小学多年来坚持在学生行为、班集体文化建设等方面为学生提供价值型塑,让每个孩子、每个班级的成长有目标、有方向。

1. 我爱自己,七彩童星争章

悦纳自己是一个持续的过程,需要不断的努力和实践。在德育工作中,浦口实小倡行在交往中育德、在德育中交往。争章活动是学校德育工作的重要途径,也是学生认识自我、悦纳自我的有效方式。

"争章"旨在通过引导学生参与各种实践活动,培养他们的社会责任感、创新精神和解决问题的能力。争章行动的目的是通过实践活动来促进学生的全面发展,让他们在实践中学习知识、掌握技能、提高素质。悦纳自己,才能更好地面对生活中的挑战和困难。

2014年年初,江苏省出台了全国首个未成年人文明礼仪规范,并要求在中小学幼儿园全面推行"八礼四仪"。浦口实验小学随即将"八礼四仪"纳入课堂教学中。文明礼仪教育,不是一次说教、一个课时就可以达成的。作为礼仪教育的阵地学校,我们首先要营造尚德明礼的氛围,文明礼仪才能真正内化于心。

学校为积极践行社会主义核心价值观,全面展示本校少年儿童"勤奋学习、快乐生活、全面发展"的精神风貌,同时继续深化我校的雏鹰争章活动,发现和树立本校优秀少年儿童典型,促进少年儿童健康成长的良好氛围,坚持开展校级"七彩童星争章"评选活动。通过活动,提高学校学生思想道德水准,规范学生言行,正确评价学生思想道德行为。全校各班师生以《南京江北新区浦口实验小学学生思想品德考评细则》和《南京江北新区浦口实验小学一日常规儿歌》为参考,在此基础上制定各班、各学科的学生考评细则。考评围绕德、智、体、美、劳、交往、家庭七个方面,全面综合考评学生,教师根据学生在校表现进行加星、减星。

"七彩童星"活动开展以来,学生争星夺章的积极性很高,"七彩童星"成为学生书包里最宝贝的物件、最在乎的东西,他们常因为得星欢呼雀跃。通过这项活动,学生的行为得到了有效规范,他们也逐渐养成了"八礼"中所要求的良好习惯,促进了学生的全面发展。通过参与"七彩童星争章"行动,学生可以获得更多的实践经验和成就,这有助于增强他们的自信和自尊心,进一步促进他们悦纳自己的过程。

2. 我爱我家,五星班级打造

班级是学校组织的最小单位,却是学校重要育人场所,可以说班纪、班风、班貌既是师生共同努力的结果,又反向塑造着班级成员的言行。班级以既虚又实的方式影响着每个学生,起到育人的作用。因此,我们始终重视班级建设。班级育人需要有良好的文化支撑。班级育人必须从个体行为走向制度约束、文化构建。

班级文化是班级集体的重要组成部分,对于建设和谐、积极、向上的班级具有重要的保障作用。教育者应该努力构建立体的、多维的班级文化,让学生浸润其中,走向自信自强的发展之路。为充分发挥班集体在学风建设中的堡垒和纽带作用,积极营造互帮互助、健康向上的学习氛围,发挥班主任在班级教育管理中的主导作用,充分调动班主任工作的积极性、主动性、创造性,促进班级管理工作的制度化、规范化,学校为班主任制定了详细的考核、评优方案。本考核每学期一次,由考核小组提供考核结果,报校长室审批,按"五星级"班级、"四星级"班级、"三星级"班级等级给予奖励。星级教师的评定,作为正确价值导向下的模范,激励着所有班主任积极提高自身素养,更好地为学生、班级服务,也为师生和谐对话提供了保证。

榜样凝聚力量,信念鼓舞前行。这也是交往行为教育价值型塑意义的体现。

3. 我爱"大家",和美校园文化熔铸

学校是一个"大家",校园文化是以学生为主体,以校内外文化活动为主要内容,校园文化建设是以学生为主体,校园为主要空间,涵盖学校领导、教职工在内,以校园精神为主要特征的一种群体文化。校园文化是社会整体文化的一部分。校园文化一般取自该学校的精神文化的含义。校园文化的特性为互动性、渗透性和传承性。校园文化建设可以提升学校的文化品位。班级文化是"班级群体文化"的简称,是社会群体的班级所有或部分成员共有的信念、价值观、态度的复合体。班级成员的言行倾向、班级人际环境、班级风气等为其主体标识,班级的墙报、黑板报、活动角及教室内外环境布置等则为其物化反映。

学校秉承着环境育人的理念,为更好地促进学生全面发展,贯彻习近平同志"立德树人"的教育思想,近年来开展"和美教室""和美集体"的评比。随之,我们围绕"快乐交往,共享成长"开发了"娇娇乐乐巡游记"校内外研学课程,其中的走访"和美"系列活动就是将优秀班级作为标准型塑,让更多的班级向"美"看齐。活动分为三个环节:首先,邀请部分班级的三位小调研员参观学校"和美"教室一等奖的获奖班级,参观这些"和美"班级文化建设,用相机和纸笔记录文化亮点和班级特色;其次,活动结束后,小调研员们积极填写调研报告,并且为班级文化建设提出"金点子",为班级文化创设建言献策;最后,将活动延伸到整个校园,让学生们寻找校园中的文化之美,并提出呵护"美"的建议,达到以美育人,以文化人的目的。

行思之中,"尊重""理解""对话""共生"为交往育人打开科学、系统、高效的图谱,四者相互融合,形成完整的实践框架,能促进教育过程中的思想碰撞与情感共鸣,为学生的全面发展和未来社会的和谐共生提供有力支撑。

第三章 德育:参与,涵养德性生长的力量

"儿童自身是保存童年的一股力量,那是一种道德的力量。"[①]让儿童在交往中成长,在交往的过程中,通过主动学习、研究、实践,找寻"参与"——这一德性生长的力量,从而揭示儿童自我德性生长的内涵。

在教师的引领下,儿童从自身的经历出发,去教会同伴如何与他人相处、如何与他人更好地相处,儿童真正参与自己和同伴的成长过程,养成"真诚、倾听、包容、合作"等优良的"德性"。

儿童积极主动参与到他人的成长经历中,对生活、课堂、社会中的"故事"进行对话互动,反思分享,情感体验,让学校、家庭、社会协同助力儿童德性生长。

人的长大就在一瞬间,但是成长却在一直发生,不要疏忽参与儿童成长的旅程。

---

① [美]尼尔·波兹曼:《童年的消逝》,吴燕莛译,广西师范大学出版社,2011年,第5页。

第一节　交往公约：别说"你错了"

> 对别人表示尊重，千万别说："你错了。"
> ——卡耐基

不要让一个儿童去守卫他的尊严，而应让他的尊严来守卫儿童。儿童是花朵，有红色的、黄色的、蓝色的，每朵都不一样，多彩的花儿只有聚在一起才有美丽的风景。日本心理学家山下俊郎说过，儿童只有在小伙伴之间经受锻炼，在孩子们自己的社会生活中生活，才能顺利地成长。浦口实验小学坚持30多年交往研究，秉持交往是儿童成长的主要方式，关注儿童，关注以儿童为主体的交往关系、交往活动及交往能力，力求让学校成为儿童的交往世界。

一、交往公约的起源与诞生——一次学生的留言

交往公约的起源，要从两个孩子的心里话说起。一个孩子在"悄悄话信箱"里留言：我本来就不爱说话，妈妈鼓励我要举手发言。那一次，我好不容易敢举手了，刚刚开口，小伙伴就大笑："你错了！"我特别难过，以后再也不想举手回答问题了。我希望老师可以教育同学会礼貌说话，尊重同学的发言。

另一个孩子的留言是这样的：班上有的男同学仗着自己力气大，经常在走廊玩闹，容易撞到女生，我希望男生学会礼让。

这些留言，让我们生发出以下思考：如何让学生的交往变得有序和谐？于是，学校开始思考制定一个《儿童交往公约》，尊重每一个孩子，从不让他们再说"你错了"开始。

《儿童交往公约》在一定意义上讲就是要对儿童的日常行为规范起到一定的引导和约束作用。学校先是在各级部搜集教师们提炼的交往公约,再组织教师代表就已收集的交往公约进行分类和删减,最后由学校交往项目组拟定《儿童交往公约》的初稿。《儿童交往公约》的第一稿以儿童为主体,由"尊重他人的权利""诚实守信""善于沟通""互帮互助""保护个人隐私"五个部分构成。在初稿完成后,由班主任组织学生利用晨会、班队会进行学习。

南京江北新区浦口实验小学儿童交往公约(第一版)

一、交往公约目标

为促进学生的友好交往,培养学生的交往能力,促进学生的身心健康发展,制定南京江北新区浦口实验小学儿童交往公约。此公约旨在提供指导框架,为学生构建和谐、健康的交往环境。

二、公约的具体内容

1. 尊重他人的权利:儿童应尊重他人的观点、信仰、文化和生活方式,不得以任何形式侮辱、歧视或欺负他人。

2. 诚实守信:儿童在进行交往时应保持诚实守信,不得欺骗或背叛他人。

3. 善于沟通:儿童应学会倾听他人的意见,积极表达自己的想法,通过有效的沟通解决交往中的问题。

4. 互帮互助:儿童应在能力范围内互相帮助,共同解决困难,增进彼此之间的友谊。

5. 保护个人隐私:儿童有权保护自己的个人隐私,不得侵犯他人的私人空间。

二、公约的反思与重塑——一番深层的交流

《儿童交往公约》的第一版在实施后的两个月里,效果并不显著。尽管每次晨会、班会课都要求学生遵守交往公约,但学生之间的小矛盾并未得到明显改善。《儿童交往公约》渐渐变成一则挂在墙上的标语。这显然和当初制定《儿童交往公约》的初衷相去甚远。

为此,学校德育处就这个问题组织各年级级部主任和班主任代表进行探讨。在交流中,级部主任崔老师的一段话引起了大家的深思。她说:"《儿童交往公约》应该是儿童自己的交往公约,让儿童自己去说去总结更恰当。我们制定的公约,是站在成人的角度,用成人化的语言去干涉儿童,不仅不利于儿童理解公约,也不利于儿童去践行公约。"崔老师一说完,班主任代表们也不约而同地点头,开始讨论起来。二年

级班主任王老师接过话筒说:"每次晨会、班会让学生站起来背,孩子们背得结结巴巴,语言有点书面化了,如果有趣点,可能效果会好点。"一年级班主任金老师也说道:"确实是这样,一年级孩子更是不理解,对这个公约不理解就更别提去遵守它。"

在场的班主任各抒己见,都对《儿童交往公约》第一版提出了自己的意见。在这次讨论后,我们思考:如何让儿童自己来制定准则,形成自己的"交往公约"? 这是非常有意思且有意义的。规则固然很重要,但由谁来制定规则、制定什么样的规则以及怎样去制定规则更加重要。校园里并不缺少规矩,《小学生日常行为规范》《小学生守则》等都是我们太熟悉不过的"规矩"了,它们对小学生的日常学校生活作出了非常严密的规定,但是,实际效果如何呢?

于是,学校给孩子们提出了一个课题——请大家协商制定一个属于浦口实验小学的儿童公约。各班班主任先向学生讲清楚为什么要制定公约、公约应具备怎样的功能、怎样去制定公约等,然后,由班主任组织学生利用班队会进行讨论,在协商的基础上,拟制各个条款,并反复修改,包括章节条文的调整、语言文字的润色等,再由全体学生讨论通过初稿,以保证合理且适合学生。

在制定的过程中,学生提出的问题给了老师和同学们很大的启发。二年级的高晟涵说:"下课的时候,班上男生每次都往外冲,有时还把排在前面的女生推开,刚刚就差点撞到我。"她的一句话激起了千层浪,三年级的女生给男生写下了一条建议公约:在校园里,男生与女生同行的时候,应该让女生先走。这个建议在"娇娇乐乐广播站"里提出后,得到了大多数同学的认同。四年级的殷菲悦在班会课上说道:"今天我很不开心,因为我本来想把跳舞得奖的事告诉佳佳,可是她根本不听我在说什么,就打断我的话。""那你想提什么建议呢?"老师听了,询问她。"我建议:和别人说话时,要注意倾听,不打断别人的话。"小姑娘大声地说出了自己的建议。

五年级的一名学生在给广播站的一封信里写道:"到了高年级,大家忙于自己的学习,不像以前那样互帮互助了,分享好东西的次数也少了,感觉班级没有以前温暖了。"他给高年级的学生提出了建议:"当别人遇到困难时,帮助别人,和别人分享美好的东西。"慢慢地,学生们越来越敢提建议,越来越会提建议。

在和学生充分对话的基础上,教师将收集来的学生的建议印发给各班,广泛征求意见,让学生投票选出前十条建议。德育处逐条修订后再合成,最后将公约交给学校大队部,由学校大队部组织大队委、学生代表共同审议、表决。南京江北新区浦口实验小学《儿童交往公约》第二版渐渐成文了。

南京江北新区浦口实验小学儿童交往公约(第二版)

一、交往公约目标

为促进学生的友好交往,培养学生的交往能力,促进学生的身心健康发展,经全校学生协议,制定南京江北新区浦口实验小学儿童交往公约。此公约旨在提供一个交往建议,为学生构建一个和谐、健康的交往环境。

二、公约的具体内容

大胆表现自己,表达想法,不害羞。

接受自己也接受别人,学会欣赏。

有勇气承认错误,敢于说"我错了,对不起"。

男生要谦让女生,学会友爱,知道"女士优先"。

认真倾听别人说话,不打断,会轮流发言。

在别人需要时帮助别人,学会分担,乐于说"我帮你"。

答应别人的要做到,不失信,做到一诺千金。

校园里遇到小伙伴,笑一笑,说声你好。

互相关心,在乎别人的感受,笑一笑更温暖。

把美好的东西带给别人,学会分享。

三、公约的完善与定稿——一场学生的成长

从被动"守规矩"到主动去参与"定规矩",浦口实验小学的《儿童交往公约》提出后,校园的孩子们有了变化。比如,他们与人说话的时候,会看着对方的眼睛,认真倾听,不再打断别人的话,等别人说完了自己再说话;进班级门时,男生知道发扬绅士风度,让女生先行;课堂上,学生发言的声音更响亮了,学生间的讨论更热烈了,大家勇于发表自己的意见;有客人老师来学校听课时,学生会主动上前说:"老师,您好!"或热情地送往目的地,或快乐地介绍校园景点……一切都变得自然而美好。

当然,《儿童交往公约》刚制定出来的时候,也有一部分孩子是被动"守规矩"。他们在校门口把书包递给老人背的时候,老师会悄悄地指着红领巾说:"你是小学生

了哦!"这时,孩子才想起来说:"爷爷,我要自己背,小学生要自己的事情自己做。"老人虽然很吃惊,但是也很高兴。当学生和伙伴们一起进校门,忘记和保安叔叔打招呼时,看到旁边同学向保安叔叔主动问好,也会自觉说:"保安叔叔,早上好!"就这样,学生们能在这样互相促进的氛围里,渐渐地会与他人友好相处。于是,他们从被动地"守规矩"变成主动地"懂规矩"的学生。

《儿童交往公约》不是一个固定不动的条例,学校会在实行的过程中不断地听取学生的建议对公约的内容和形式做出修改,也会根据学生的表现进行增删,总之是以学生为主体,动态调整,使之成为更符合他们成长规律的《儿童交往公约》。

南京江北新区浦口实验小学儿童交往公约(第三版)

悦纳自己

1. 自信——我喜欢自己,乐于表现自己。
2. 乐观——我经常把笑容挂在脸上,不怕面对压力和困难。

尊重他人

3. 守信——我答应别人的事情,会尽全力做到。
4. 倾听——我与人交谈,目光会注视对方,从不随意打断。
5. 赞美——我愿意帮助别人发现优点,乐于夸奖他人。
6. 谦让——我与他人相处时,懂得谦让。

共享成长

7. 奉献——我乐于帮助别人做自己力所能及的事情。
8. 感恩——我珍惜身边的人、身边的事,对帮助自己的人会说"谢谢"。
9. 沟通——我愿意与他人分享彼此的心事。
10. 友善——我愿意和长辈交朋友,和同伴交朋友,和动物交朋友,和自然交朋友。

为什么后期的《儿童交往公约》会受到学生欢迎呢?从《儿童交往公约》的具体内容来看,它和《小学生日常行为规范》的要求、目的大致是一样的,都希望孩子能够乐于与人交往、健康发展。两者最本质的不同,在于它们的制定视角和产生的过程,当然,也包括语言形式的差异。因此,这版《儿童交往公约》更符合儿童的认知与理解习惯。公约制定的过程充分尊重了儿童。从"公约"这个名称来看,它就有别于"规则"。规则往往有强制和规定的意思,被规定者必须遵守;而公约则是大家共同的约定,因而它是充分尊重儿童的。

紧接着,学生们又开发了《南京江北新区浦口实验小学儿童交往公约(课堂版)》,设计课堂用语集锦,教会同伴如何好好说话。

南京江北新区浦口实验小学儿童交往公约(课堂版)

(一) 对正确回答的评价

1. ×××回答得真好,我们要向他学习。

2. 他的朗读很有感情,我也想试试(我可以比他更好、我被他的朗读感动了!)。

3. 我认为××同学的发言很……,值得我学习。

4. 同学说得和我不一样,听了他的话,我明白自己哪儿错了。

5. 这么一点小小的区别都被你发现了,你的听力真了不得。

6. ×××用自己的话概括,他真棒!

7. 他讲得有道理。我再来补充一点。

8. ×××答得真好,但如果那样回答我觉得会更好,你试试好吗?

(二) 对错误回答的评价

1. 他读得很认真,也用了感情去读,如果……,那会有更好的效果。

2. 你读得很流利,第一遍能读到这样不容易,如果再读几遍,你会读得更流利。

3. 我和你一起读吧。再试试。我们会读得很棒的。

4. 我有不同的意见……,我来作些补充……

5. 我认为他回答得不够正确(或不完整),我想补充……

6. ×××同学虽然没有××同学……(优点),但我觉得他进步很大,×××同学,加油!

7. ×××的回答基本正确,但我想补充一点……

8. 刚才×××的回答中……地方说得很有道理,而……地方改一改,这样就更切题了。

（三）对团队讨论的评价

1. 他们是很团结的小组。完成的作品质量好，有创新意识，积极向上，努力进取。

2. 他们的优点（可取之处）是……，但他们也有不足，是……，如果改进一下的话，就更好了。

3. 他们小组讨论得很好，不过我们组还要补充……

4. 这组讨论的气氛真热烈，每个同学都参与了交流。

5. ××组刚才讨论过程中非常积极、热烈，现在我们就请他们发表一下意见。

6. ××组的同学团结合作，第一个把这个问题解决了，我们祝贺他们。

7. 他们可以发挥一下团队精神，再试试，别怕。

8. 他们回答问题的声音真响亮，说明他们非常自信。

通过让学生参与制定《儿童交往公约》，我们满足了学生心理上的需求。他们在这个过程中，形成了自己的思考，因而"遵守"的过程实际上就是自我管理的过程，而不是遵照成人的"命令"去机械执行的过程。

第二节　德法课堂：道德意义的生长

交往教育给成长三把钥匙："向内观""向外看""向上走"。向内，自我悦纳；向外，和谐交往；向上，主动参与。

义务教育道德与法治课程以"成长中的我"为原点，从认识自我，建立与他人的关系，到厘清人与自然、家庭、社会，人与国家和人

了自己在家庭、集体当中的责任,实行积极的自我管理。他们能主动承担家务、按时做班级值日生、参加各种志愿活动等,实现自我价值。

二、与"我们"牵手

与同伴交往,是小学道德与法治课程的教育重点之一。低年段引导学生礼貌交往,感受同伴交往的快乐;到中年段培养学生的集体意识,学习人际交往的方式;再到高年段培养学生友善交往的品质,螺旋上升、目标清晰地帮助儿童从"我"到"我们"过渡。

个人成长与发展离不开伙伴的参与。我们彼此合作分享,交流感受,获得支持与肯定,得到指引和帮助,共享成长。在这个过程中,我们也慢慢学会了认真倾听、主动沟通、通力合作、解决问题。

道德与法治一年级下册《大家一起来合作》教学片段

1. 师:听绘本故事《小鹿和小猴比本领》,思考:小鹿和猴子最后为什么都吃到了桃子?

生A:小鹿不怕水,小猴会爬树,它们互相帮助就摘到了桃子。

生B:小鹿和小猴一开始只知道吵架,后来和好了就能一起摘桃子了。

师:没错,小鹿和小猴友好相处,亲密合作,所以最终都有了收获。

2. 师:我们的几位小伙伴也想合作解决问题,可因为种种原因,他们产生了矛盾。这是怎么回事呢?(观看情景剧)

生A:他们一直在争吵。

师:如果他们能耐心地听别人说话就好了。

生B:他们一直说别人哪里不好。

师:看不到他人的长处,一味地互相指责。

生C:分角色的时候是一位小朋友自己决定的,没有和别人商量。

师:是的,同伴之间需要多沟通呀!

同伴之间的交往需要掌握一定的技巧和艺术,如善于倾听、积极表达、赞美他人、批评有方、拒绝有理等。理解他人的感受和需要的同时也要清楚表达自己的想法和感受,寻求共同点和合作机会。

道德与法治课程引导儿童平等、诚信、宽容、友善地与他人交往,更重要的是,尊重他人的权利和尊严,不歧视、不欺负弱者。

道德与法治五年级下册《我参与 我奉献》教学片段

1.（出示书上《活动园》法条内容。）师:这些法律是保护哪些人的?

生:老人、儿童、残疾人。

师:这一类需要特殊帮助的人群,就叫作弱势群体。

2.师:国家给予了制度的保障,你在生活中有没有留意到社会是如何做的呢?

学生:盲道、母婴室、残疾人专用车位、老弱病残孕专座……

3.师:国家和社会都非常关注弱势群体,可现实生活中,他们还是难免碰上生活中的实际困难。（观看视频）同学们,你们认为在与弱势群体相处时要注意些什么?

生A:我认为平等地和他们相处是最重要的,不要用异样的眼光看待他们。

生B:在他们遇到困难的时候应该主动帮助。

生C:我觉得关爱弱势群体人人有责,与他们交往时更要多一分理解和包容。

4.师:你在生活中为弱势群体做过些什么?通过今天的学习,你还打算做些什么?

小组交流,完成表格。

成员 问题	成员1	成员2	成员3	成员4
曾经做过什么?				
还准备做些什么?				

法律是成文的道德,道德是内心的法律。在道德与法治课堂中,学生明白了与弱势群体交往应该以尊重、接纳、平等、公正、理解和关爱为基础,同时也要以实际行

动支持和帮助他们,让他们感受到社会的温暖和关爱。

三、与"他们"同行

儿童是国家与社会的未来,参与社会公共事务不仅有助于培养他们的社会责任感、公民意识,还有助于提高他们的社会实践能力。道德与法治课程强调的儿童参与社会,主要是指他们通过学习,提高自身了解社会、参与社会、服务社会的能力和素质。

道德与法治课程中介绍了多种社会参与的方式,例如参加志愿服务、参与公共事务、进行社会调研等,还介绍了社会参与的规范,包括遵守法律法规、尊重他人权利、维护公共利益。学生了解并遵守这些规范,以保证社会参与的有序与有效。

道德与法治五年级下册《建立良好的公共秩序》教学片段

1.(小组内交流课前调查表,最后全班交流)师:我们身边有哪些需要遵守的公共秩序?

小组A:我们小组的成员们观察发现,在很多重要的通道旁边会有"消防通道,请勿停车"的警示语或是禁止停车的标识,这些都告诉我们这条路上不可以随意停车;看电影的时候,在正式开始前,大屏上会反复播放在电影院内禁止做的事情,这也是需要每个人共同遵守的公共秩序;一些公共场所是不可以吸烟的,比如医院、图书馆、餐厅等,有的可能会设置单独的吸烟室,有的则没有;乘坐地铁时不可以吃东西。以上就是我们小组的汇报内容。

2.师:这么多各种各样的秩序,听起来很繁复,那我们为什么要遵守呢?

生A:每个人都遵守公共秩序,我们生活的环境才会好。

生B:有时候遵守秩序也是为了保障大家的安全。

生C:不遵守秩序有可能损害他人的权益。

……

3.师:同学们不但能发掘生活中处处存在的公共秩序,还有了自己的思索,如果社会上的人都遵守公共秩序,城市就能保持整洁、和谐、有序、文明。那在我们的身边,有没有不遵守规则的现象? 这些现象又会造成什么样的后果呢?

生 A:在公共场所,尤其是医院、图书馆等需要安静的地方大声喧哗。这样可能会影响其他人,是很不文明的。

生 B:我家的邻居经常把电动车推上电梯,在家里飞线充电,这样有很大的安全隐患。

生 C:我们身边有时会出现乱丢垃圾、插队、闯红灯等不文明的行为。

……

4. 师:这些不文明的行为确实令人很不舒服! 可见,公共秩序需要大家的遵守,才能让我们感受到生活的美好与幸福。

秩序是一种有序的状态,是社会生活良性运转的基础。良好的秩序离不开规则的保障,规则教育是道德与法治课程中不可或缺的内容,是社会人参与社会生活的规范指引。[1]

丰富多彩的课外活动是培养学生"社会参与"素养的重要途径,不仅延伸了课堂的空间,还使学生能够"知行合一"。依托学校,链接家庭和社会的资源,我们开展了多种形式的实践活动,这些课外活动具有多样性特点,且侧重点各有不同,给予学生多元化的实践体验,让学生在参与社会活动的过程中,切身理解"责任担当"和"实践创新"的内涵。例如,学校曾组织学生利用周末时间调研学校所在街道的"共享单车使用问题",学生分为几个小组,分别调查了"现有共享单车的品牌及质量情况""现有共享单车的停放问题""共享单车的管理不当引发的社会问题""居民对共享单车的评价"等。通过一段时间的走访了解,学生们整理了汇报材料,给街道相关部门打电话反映了问题,并提出了一些改善的建议。然后,学生配合街道进行"文明使用共享单车"的一系列宣传活动,如画黑板报、绘制手抄报、在社区发传单,等等。当学生通过自己的努力使自己生活的地方发生了变化,解决了一些实际的社会问题,他们从中意识到遵守公共秩序、爱护公共环境的重要性,以及维护的不易,增强了社会责任感和参与热情,促进了"责任担当"意识,提高了发现问题、解决问题的能力。此外,学校还经常组织学生开展参观红色文化博物馆、祭扫烈士陵园、到福利院做志愿者、爱心义卖等多种多样的社会实践活动,鼓励学生服务社区、走向社会。

道德与法治课程中的"社会参与"是培养学生综合素质和社会责任感的重要内容,通过学习这些内容,学生的个人素质得到提升,道德感增强,能够更好地了解社会、参与社会、服务社会。

---

[1] 陈蕾、徐静:《感受秩序之美——〈建立良好的公共秩序〉第一课时教学实录及点评》,《福建教育》2022年第52期。

四、与"自然"共生

习近平总书记在党的二十大报告中强调"中国式现代化是人与自然和谐共生的现代化",人与自然是生命共同体,人类必须尊重自然、顺应自然、保护自然。德育课程致力于构建人与自然的和谐关系,让学生从小树立尊重自然、保护自然的正确生态观,并将保护环境落实到实际行动。小学道德与法治教材向我们揭示了人与自然的共生关系。例如,一年级下册《我和大自然》,二年级上册《家乡物产养育我》,二年级下册《绿色小卫士》,五年级上册《我们神圣的国土》,六年级下册《爱护地球 共同责任》,从近到远、由浅入深地渗透着自然与"我"的关系。六年级下册《地球——我们的家园》一课,引用日本的水俣病事件,"人类排放未处理的废水—海水污染—鱼虾中毒—人食用鱼虾后生病"这样的循环关系,揭示人与自然是相依相存的,[①]我们要像爱护自己的眼睛一样爱护自然。

道德与法治一年级下册《大自然,谢谢您》教学片段

1. 来自大自然的礼物

师:摇一摇,听一听瓶子里面是什么?(石子、玻璃碴、粉笔……)

其实它们是来自大自然的种子,这些种子与我们有着密切的关系。

(观察后交流)师:它们是什么种子?(学生猜测)

这是小麦的种子,猜一猜,它是怎么长大的?(种子—发芽—长大—成熟)

2. 观看《小麦成长过程视频》

师:小麦在种子—发芽—长大—成熟的过程中都得到了谁的帮助?

学生观看后交流(土壤、空气、阳光、雨水、农民)。

---

① 俞晓婷、高德胜:《在生活世界中构筑儿童与自然的道德关系——统编小学〈道德与法治〉教材中的人与自然教育》,《中国教育学刊》2023年第1期。

师：在种子的成长过程中，农民伯伯什么时候最开心？

生：收获的时候。

师：那是不是种下一粒种子就能收获一粒种子呢？多少粒？（学生回答）

师：（实物展示并小结）种子是大自然赐给人类的礼物，土壤、空气、阳光、雨水也是大自然赐予我们的礼物，人们只要勤劳，就会得到大自然赐予的丰厚回报。

3. 游戏放松，活动拓展

师：美丽的大自然是慷慨的，它送给人类许多礼物，今天我就带了些，谁来摸一摸它们？

（生轮流上台，摸一摸，闻一闻）

生A：有点长，有点弯，这个味道应该是香蕉。

生B：很柔软很温暖，可能是羊毛。

生C：小小的，硬硬的，有点圆，是什么植物的种子。

生D：有点粗糙，细细软软的，是小草。

师：孩子们真棒，大部分都猜对了。这些可以吃的各种美味食物都来自大自然，那人们生活中穿的衣服、住的房子、用的物品、乘的交通工具与大自然有没有关系呢？

4. 找一找：图中哪些是来自大自然的礼物？

毛衣—羊毛　书架—大树　瓷砖—泥土、砂石　汽车轮胎—橡胶树割胶

师（小结）：生活中衣食住行用等等所有物品都是源于大自然，大自然母亲为人类提供了所有生活的物质基础，只要人类足够勤劳、足够智慧，就会获得更多更丰厚的来自大自然的回报。

5. "人与自然和谐交往"

师：大自然不仅给我们提供了生存的物质基础，还为我们带来了一年四季不同的快乐，给人类带来精神上的愉悦和享受。一到假期，人们都愿意走出高楼大厦，到大自然中去游玩，放松身心，与大自然亲密接触。

教师做示范，学生自由交流自己在大自然中休闲享受的经验。

师：大自然里的一年四季给我们带来了无穷的快乐，让我们现在就想投入大自然的怀抱。

低年段学生在内心都是热爱大自然、愿意亲近大自然的。大自然在他们心中是热闹、神秘、丰富多彩的，他们对大自然也有着自己个性化的认识，来源于不同的认知方式，初步体验到了与大自然交往的乐趣。课堂上，以日常生活中常见的事物为例，让学生明白我们的生活离不开大自然，从而产生爱护自然、保护自然的情感，并初步树立保护自然环境的理念，为中高年段进一步学习改造自然做铺垫。

道德与法治四年级上册《低碳生活每一天》教学片段

1. 低碳生活小妙招

师：保护地球，你有什么办法减少碳排放呢？

生A：节约用纸，比如有的纸张可以重复利用，还有的可以裁成几份使用。

生B：下课要及时关掉电脑屏幕，教室没人的时候及时关闭电灯电扇。

生C：老师可以适当减少粉笔的使用，黑板报可以采用贴画的方式。

生D：旧的书本集中回收再利用。

师：除了校园生活，我们在家里也需要减少碳排放（播放视频）。

生：淘米水浇花，蛋壳当肥料，调低电视音量及亮度……

2. 如何进行"碳补偿"？

师：我们既可以用绿色低碳的生活使得地球降温，也能参加碳补偿的行为。那什么是碳补偿？请大家阅读95页的第一自然段来回答。

生：通过植树造林的方式把自己排放的碳吸收掉。

师：植树造林怎么就能把二氧化碳吸收掉呢？我们来看一个视频。看完视频，你觉得自己应该做什么？

生A：我们可以在家里多养一些盆栽。

生B：可以参加志愿植树的活动。

生C：还可以参加认养古树的活动。

生D：我们不能踩踏草坪、破坏树木。

师：对呀，保护也是一种植树。低碳生活，给地球降温，保护生态、保护环境就是保护我们自己。有请地球先生说说心里话。

生E（扮演地球）：感谢大家的贡献，我们一定会友好相处的。

全球变暖作为环境热点问题，对于四年级的学生来说并不陌生。他们通过听大人讲述、看新闻、看科普类的课外书对全球变暖带来的灾害有一定的了解，但这些了解往往是碎片化的。课堂上的学习，拉近了儿童与自然的距离，促进了人与自然的交往。课外,学校组织学生参与"双碳行动"的学习和宣传,举办废物再利用手工DIY制作活动,寓教于乐地了解双碳知识,增强节能减碳意识。儿童树立起绿色发展观,在反思自身行为中过更加绿色低碳的生活,才能真正与自然"同生"。

《义务教育道德与法治课程标准(2022版)》中指出,"思政课是落实立德树人根本任务的关键课程,道德与法治课程是义务教育阶段的思政课,旨在提升学生思想政治素质、道德修养、法治素养和人格修养等"。该课程遵循学生身心发展的特点和育人规律,使儿童正确认识"自我",初步具有自尊自强、坚忍乐观的心理素质和勤劳善良、宽厚正直、自强自律的个人品德,学会处理"我"与自身的关系;确立"人与自然是生命共同体"的理念,科学合理地改造自然,保持人与自然的生态平衡,爱护环境,过一种可持续的、绿色的生活;引导学生养成以文明礼貌、助人为乐、爱护公物、遵纪守法为主要内容的社会公德,鼓励他们在社会上做一个好公民,最终实现"政治认同、道德修养、法治观念、健全人格、责任意识"等核心素养的提高。

第三节　娇娇乐乐宣讲团:红色之果的土壤

"红色土壤栽培红色果实",在党的二十大新思想引领下,学校结合交往教育理念成立"娇娇乐乐"宣讲团,陆续在学校公众号上推出一系列主题内容的宣讲。宣讲团成员由一批从小听党话、跟党走、理想坚定、志向远大的优秀少先队员组成。在每一期的主题宣讲中,他们深刻领悟到这不仅是一份荣誉,更是一份责任、使命、担当。在前期准备工作中,他们的背后亦有一个强大的"团队",帮助他们积极思考、努力探索。他们在宣讲中交往,人人参与剧本的编写、场景的设计,甚至视频的拍摄过程;他们在交往中宣讲,传播红色果实的同时,播撒校园交往文化的种子,使其深入人心。

一、捕捉红色火花

"立德筑梦有新人,少年建功二十大",作为"娇娇乐乐"宣讲团第一期主题内容,校园里的交往文化和党的二十大红色教育理念可以碰撞出怎样的火花?通过走访和调查我们得出了答案,宣讲队员们走近同学、老师、保安,从他们眼中看到校园里的交往"小"故事,坚定心中的伟大理想信念,珍惜现如今美好生活的来之不易……

> 案例

"大"宣讲里的交往"小"故事
宣讲人：五(17)中队　张瑾儿

一、我们校园的交往故事

2022年10月，党的二十大即将召开之际，"娇娇乐乐"宣讲团也应运而生。作为新时代的少先队员、宣讲团的成员，我自觉担负起身上的职责——努力学习和传播党的二十大精神。作为栏目推出的第一期宣讲，其内容主要是走进南京江北新区浦口实验小学，探索求知乐园，解说学校的交往教育理念。即将作为校园文化传播的使者，我特别激动也特别自豪，学校是培养人才的摇篮，是学生接受科学文化知识，培养良好的道德品质，树立正确人生观、价值观的主要场所。我要把我们校园的交往故事讲给大家听。

二、你们眼中的校园文化

走在学校的"校史廊"，轻抚校史廊上的座座浮雕，仿佛在触碰流淌着时光智慧的历史脉络。我的心中有一道声音在呐喊：我要向所有人介绍我们的校园，让他们走近实小的历史画卷，感受学校的文化积淀，赓续实小的红色精神，传承华夏的红色基因。

那么，我该介绍学校的哪些部分呢？

带着这个问题我走访了同学和老师，从他们嘴里，我听到了"学校"这个词所蕴含的不同意义。

同学说："我印象最深的是'welcome'接待大厅。"原来，作为每天上学必经之地，"welcome"大厅用热忱的笑脸欢迎着每一位同学，他每一次经过都精神抖擞、充满活力！也有同学说："我们学校的'长江文化主题展馆'最能体现我校的文化，先进的展陈手段让我们更好地了解母亲河文化。"学校毗邻长江，所以"在长江边长大，在长江边交往"也成为我们学校的文化特色。

展示自我的"我行我秀"小舞台、书香致远的图书馆，更是大家的最爱。社团课上，同学们会在小舞台上展示自我，少年意

"我行我秀"小舞台上得到充分的展示

气自风发;周五的午后,同学们会在图书馆里遨游,在书香浸润中成长……我们拼命汲取着营养蓬勃向上,学校则如同一方沃土,无声滋润着我们。而在老师们的眼里,校园的一花一草都承载着教育的理想,我们在这里快乐学习、快乐交往、共同成长。

"苔花如米小,也学牡丹开。"老师们总是孜孜不倦地教诲着每一个学生,平等地对待着每一个学生,即使是沉默的种子也静待花开。这也正是"天沐农场"的理念。"天沐农场"不仅仅用来进行生态教学,更饱含着对我们茁壮成长的期许。种子从发芽到成长离不开园丁们的辛勤浇灌,而我们也正如同那一颗颗种子,在寻定梦想、乘风飞翔之前,离不开老师们的辛苦付出。

在和同学、老师的交流沟通中,我的构思一点一滴完善……等到构思好了,怎么拍摄、怎么写脚本呢?脚本的创作对于我来说可谓是开天辟地头一次,带着疑惑,我请教了大队辅导员杨老师,在杨老师的指导下,在妈妈的帮助下,脚本终于慢慢成形。

定稿的那天,傍晚的天空特别的瑰丽。我知道,是信仰让我们的精神天空更为辽阔,是追求让我们的时代画卷更为绚烂。

三、他们记忆里的时代变迁

在飒爽的秋风里,在琅琅的读书声中,拍摄正式开始了。

第一个场景是校门口,虽然每天从这里路过,但这是我第一次认认真真打量它。大门左侧,"南京市江北新区浦口实验小学"13个鎏金大字闪闪发光。我站在题字正前方,心情紧张而又激动,平视前方,做了好几次深呼吸,才终于调整好状态,进入录制。

"准备好了吗?开始!"

"大家好,我是浦口实小'娇娇乐乐'宣讲团成员张瑾儿,来自五(17)中队……"

"停!再自然一些,再来一遍!"

正式开拍时,在摄影师的引导下,我从一开始的不适应到逐渐自然放松,大方地介绍起了学校的校园文化和交往特色。拍摄间隙,门口的保洁爷爷跟我说:"你们这一代孩子真是太幸福了!"接下来,他回忆起自己的童年:他们以前的学堂只有一扇破旧的木门,可对于他却比铜墙铁壁还要厚。因为他以前家里穷,没有学上,早早就辍学去学了一门手艺……

我是浦口实小"娇娇乐乐"宣讲团成员张瑾儿

"那你想上学吗?"我问。

"想啊!"爷爷长叹口气,目

光深深地望向那安静的大门。在他幽深的目光中,我仿佛看到一个衣衫褴褛的小孩,身上背着小背篓,手持镰刀,在破旧的木门前徘徊、踌躇,最终黯然离去。

"那时候的学校大门只有一个铁锁,没有保安。"旁边的保安阿姨也羡慕地看着我。

"那门谁开呢?"我好奇地问。

"老师开门。"保安阿姨向我娓娓道来。她告诉我,她以前上学的时候,万一赶上看管钥匙的老师来晚了,全体师生就得站在大门前等。要是赶上下雨天,说不定得洗个冷水澡呢!哪像我们现在,有这么先进的设备、这么优越的环境!

听完以后,我明白,我们要珍惜现在的学习机会,好好学习。未来的路还有很长,即使漫漫征途,我们也要为梦想而奋斗不息,为绽放而厚植沃土。

二、寻找红色足迹

祖国的未来,是少年的未来。新时代的少先队员们,一直都在寻找党员足迹。而一张被珍藏着的黑白色老照片,不经意地牵引出一个动人的故事。宣讲队员在与家人深入交谈之中,树立了"争做新时代少先队员"的远大目标。老党员用他的红色故事,给他上了一堂别具风格的思政课……

案例

一张老党员照片背后的故事

宣讲人:五(6)中队 徐铎瑄

一、你是我的榜样

我的外公是有着30多年党龄的优秀共产党员,虽然他那慈祥的脸上已经长满了深深的皱纹,但是他的眼睛还是那么炯炯有神,显得十分精干。在我的眼里,外公一直都是我的榜样。

一切都发生在一个平凡但是不普通的傍晚。夕阳渐渐落下,外公静静地坐在电视机前观看新闻,他认认真真地做着笔记。在他那本红色的笔记本上,是工工整整的笔记,还夹着一张张黑白的照片。照片里的外公,书生意气,精神抖擞,那是他当兵入伍时期的照片。

我问外公:"今天怎么突然把这些泛黄的照片翻出来了?"当我提出这个疑问时,我似乎感受到外公的情绪产生了细微的波动。外公告诉我说:"今天是中国共产党

召开第二十次全国代表大会的日子。这张照片是我在入伍后正式成为一名中国共产党党员时拍摄的。"

我望着外公,他的眼神格外的坚定,似乎还浮现出他部队生活的点点滴滴。那一天,他和我讲了很多的红色故事,外公的形象从未如此的伟岸。

一滴水里可以见到太阳,外公的故事启发了我,让我心里的红色种子生了根、发了芽,我想把外公的故事讲给更多的人听。于是,我开始酝酿一场红色宣讲。

二、交往碰撞出火花

我们的学校非常重视交往教育。在和老师交流的过程中,我了解到好的宣讲是什么样子的。老师告诉我:"一场好的宣讲要形象生动,要以情动人。你想要把这张老照片的故事讲好,就要深入地了解故事。"于是,我对外公进行了采访。从外公的回答里,我知道了那个时代里的光与热。

原来,外公入伍之后就被分配到卫生队成为一名卫生员。在部队里,除去日常的训练,他最重要的工作便是学习医护知识以及救治那些在训练中受伤的战友。起初,外公对自己的工作任务了解并不透彻,直到部队组织军事演习,外公才第一次感受到战场的紧张严酷。

那是一个夜晚,一线的战士正井然有序地组织着军事演习,伴着营帐外的枪炮声,外公时睡时醒。凌晨时,他突然被外面的呼喊惊醒,待走出营帐,看见的是一名躺在担架上的士兵,右腿正流着鲜血。外公立即跑向前,帮助其他军医对这名战士的伤口进行简单的处理并进行后续的治疗工作。

经过这次军事演习,外公真切地体会到了战争年代无数英雄先烈的付出与伟大。在往后的从军生涯中,外公努力学习医疗技能,提高思想认识。在部队的熏陶下,他逐渐萌发了加入中国共产党的想法,向党组织提交了入党申请书。如今,展现在我们眼前的照片,就是在外公正式成为一名中国共产党党员的那天所拍摄的。

三、老故事在新时代流淌

一转眼的时间,宣讲就进入了拍摄的阶段,我邀请了外公和我一起拍摄。

那一天,天气晴朗,万里无云,外公来到我的学校。这也是外公第一次近距离地接触我们的学校。就这样,我们手牵着手坚定地走在学校的每一个角落。望着眼前美丽的校园,他教导我说:"在中国共产党的引领下,中国才有了今天的崭新面貌。是中国共产党带给了中国人民希望与未来。我们现在能拥有美好的生活,离不开革命先烈的付出!"外公对党和政府的感恩之心,也深深地影响了我。

"刚刚我的表情不够自然,我们再重新拍摄一段!"在拍摄的过程中,外公无时无刻不在展示着一个军人的严谨作风,只要有一个镜头、一个动作不满意,外公都会要求重新拍摄,只为展现一位军人良好的精神风貌。经过一个上午的时间,我们终于完成了拍摄。

拍摄结束,外公胸前的党徽和我的红领巾交相辉映,成为一道亮丽的风景线。时代的发展滚滚向前,未来的我们也将散发自身的光与热,为祖国的发展贡献新力量。

三、传承红色基因

"童心献礼二十大,'植'此青绿正当时",3月是学雷锋主题月,而雷锋叔叔的奉献精神和植树节活动巧妙结合成一期主题宣讲,这是背后的小小团队给予宣讲员无限的灵感和力量。通过集体的智慧和双手,少先队员在劳动实践中学习到了其中所包含的伟大精神……

案例

我背后的小小团队

宣讲人:三(13)中队 李一十

一、一个朝气蓬勃的集体

一个优秀的班级,塑造出优秀的班级文化;一个优秀的班级文化,培养出优秀的人。3月12日是一年一度的植树节,我非常有幸成为这一期以"植树节"为主题的宣讲团成员,经过班级内的一番交流和思考,我们决定通过三(13)中队集体志愿植树活动这个方式,让我们少先队员在集体交往和劳动实践中,深刻理解发扬团结的精神,传承红色基因,学习雷锋叔叔的奉献精神。

二、一次由浅入深的交流

我的爸爸是一个媒体工作者,受他的影响,我平时也喜欢拍摄、出演一些视频短片,所以这一次我决定用一条生动有趣的视频短片来完成此次"娇娇乐乐宣讲团"的拍摄。而这次的宣讲正值3月学习雷锋主题月,因此在设计宣讲内容的时候,中队辅导员刘老师和我一起思考筹划,将学习雷锋精神也放进本次植树节的宣讲之中。

一开始我感到非常困惑:"雷锋叔叔的事迹已经过去很久很久了,我们为什么还要学习雷锋精神呢?"

刘老师解答道:"时代在变,但是雷锋精神中为人民服务、甘于奉献的内涵没有变。作为一名少先队员,学习雷锋精神,就是学习奉献精神、理想信念和爱国情怀。"

我又问道:"那学习雷锋精神和植树又有什么关系呢?"

刘老师又耐心地给我讲解道:"我们既要学习雷锋的精神,也要学习雷锋的做法,把崇高理想信念和道德品质追求转化为具体行动,体现在平凡的工作生活中,作出自己应有的贡献,把雷锋精神代代传承下去。你应该也知道,雷锋叔叔他做好事不分大小,可以是帮助老奶奶背包袱,也可以是帮助战友学习文化知识。让少先队员去植树,哪怕只是让这个地球上多了一棵小小的树苗,也是为建设绿水青山作出了一份贡献,也是在践行习近平爷爷'绿水青山就是金山银山'的重要理论啊!"

经过这次深入的交流,我终于明白了学习雷锋精神和植树之间的关系,并将这部分内容写进了自己的宣讲词。

三、一场凝心聚力的合作

带着植树工具和小树苗,我和中队的小伙伴们来到了老山,开始了这一次的植树活动。老山是江北新区的"绿肺",对于维持当地生态平衡起着至关重要的作用。经过一番讨论后,我们三(13)中队集体决定在一块空闲的土地上植树,有了这些树,相信整个片区的植被覆盖率将会得到明显的提升。

然而,植树对于小学三年级的孩子来说并不是一件容易的事。首先,我们需要在土地上挖出一个深坑。很多小伙伴是第一次使用铲子,尽管难掩生疏,但是没有人畏惧困难,都在一边学习铲土的方法,一边卖力地挖坑。在这个过程中,中队辅导员刘老师也参与进来,亲身示范,告诉我们该如何栽一棵小树苗。

挖好土坑之后,我们要将树苗放入其中,然后再填土。最后,我们要给树苗浇上一些水。虽然个个满头大汗,但当我们看到一棵一棵的树苗"站立"了起来,大家都露出了会心的微笑。

我在录制完前期的开场介绍词后,也拿着铲子加入班级的队伍,爸爸则是用镜头认真记录下了我们全体中队队员植树的全过程,每一棵小树苗都挂上属于我们集体的专属铭牌。虽然过程是辛苦的,但在我们的努力下,为生态文明建设以及祖国的绿水青山出了一份力,这是值得的!

种下春天的希望,收获四季的风光,我们流下的每一滴汗水、填充的每一铲泥土,都代表着奉献和爱,让我们用心栽下一棵棵小树苗,去收获希望和美好吧!

"微"宣讲的形式,以真挚、饱含情感的话语,收获累累硕果,让红色精神走心入脑。而宣讲的同时,也是队员们再交往的过程,让这种红色交往文化深入每一个少先队员心中,进一步唱响浦口实验小学交往育人的主旋律!

第四节 学科育德:在交往中发现

从韩愈《师说》中"传道受业解惑"的师者定义,到英国教育家怀特海"并没有一门课程只给学生普通陶冶,而另一门课程只给专门知识"的观点,再到德国教育学家赫尔巴特"我想不到任何无教育的教学"的教育名言,学科育德思想其实早已有之。这反复提醒我们,教学的"教育"属性与教师教书且育人的角色使命在历史进程中从未褪色。

一、学科育德促教育融合

在学校教育中,育人必要先育德,德育是学科教学的基本前提,德育和学科教学之间存在着紧密的关联性,是教师开展好素质教育工作的重要因素。教师在小学课堂教学中,充分地把德育与学科教学融合起来,以学生的心理教育和素质培养为基础,进一步促进学生知识学习和身心健康的全面发展。

案例

特殊的"小星星"

【案例背景】

2022年1月,教育部等部委联合发布《"十四五"特殊教育发展提升行动计划》,明确提出要"遵循特殊教育规律,以融合教育为抓手,加快促进特殊教育公平而有质量发展"。

融合教育在当今社会发展的潮流中已经成为一项必不可少的教育手段。目前,为了有效地实施融合教育,让更多的群体接纳特殊儿童,给特殊儿童一个开阔的情感交往空间,最大限度地改变每个孩子和家庭,营造更为和谐的社会,党和国家倾注了大量的心力。

有效地实施融合教育可以使特殊儿童稚嫩的心灵得到启迪,培养正确的人格,让自我逐步融入社会,使每个孩子在康复干预的过程中学习社会的规律与法则,习得与别人交往、自立、自理的能力,从而能健康快乐地成长。

那作为一名普通教师,对于推进融合教育的实施,又能做些什么?

【案例描述】

1. 特殊儿童"基础战"

新接手的班级有个远近闻名的特殊儿童——小魏,后来得知他是一名轻微的多动症儿童,虽是轻微却也让老师付出很多精力。

于是,刚开始的几天,小魏的状态:上课要么东张西望,有点风吹草动就兴奋;要么忙忙碌碌找东西;偶尔听到感兴趣的内容,不经思考随便插嘴;甚至有时候坐不住,发出声响影响同学。下课也不闲着,把学校保洁阿姨刚打扫好的环境卫生分分钟破坏,经常一言不合就和同学发生矛盾。学习上也是马马虎虎,往往题都没读完就开始写了,一副应付的姿态。

于是,班级里常听到我对他的"精准"提醒,一场围绕常规的"基础战"打响了。

"小魏,不可以!""小魏,坐回你的座位。""小魏,回答问题先举手。""小魏,不要站起来。""小魏,你不应该……"

虽说已入行多年,但是遇上这样的特殊儿童,显然我的功力还是尚浅的,怎么办?场外援助,找同事。热心肠的老教师告诉我,再严厉一点。于是,我表情严肃,提高了说话时的分贝。事实证明,效果微乎其微。又有热心肠的家长告诉我,找他家长谈谈。让我惊讶的是,我喊他妈妈来的那一瞬间他明显害怕了,行为也收敛了。起初,我是兴奋的,看来这次能解决问题了。结果让我大跌眼镜,他妈妈的解决方法就是直接动手打。我赶紧制止,让他躲在我身后,他虽是哭着,表情却是不服气的,仿佛有天大的委屈。打过之后,他收敛了半天,第二天照旧。

后来,在和他家长的交谈中得知,他从小在爷爷奶奶放任溺爱的环境中成长,能跑以后几乎每天都去游乐场从早玩到晚。长大后,爸爸常年不在家,都靠妈妈一人管教,妈妈一直觉得他只是调皮,管不住就用武力"镇压"。随着时间的推移,他越来越调皮,越打越不管用,在身边人的提醒下带他去做了检查,一查才知道是有多动症,但是家长舍不得孩子这么小就吃药治疗,期盼着长大就好了。

2. 多动症"攻坚战"

回想他之前的行为,我发现真是与多动症的症状完全吻合。首先是注意力缺陷,上课不能专注,常常东张西望,做事虎头蛇尾。其次是活动过度,很多动作无法控制自己,坐不住,躲在桌子下面玩。最后是容易冲动,行动快于思维,情绪控制力差,经常和同学闹矛盾等,原来是多动症闹的!

得知他的情况后,我就主动上网学习多动症儿童的治疗办法,还寻求医生朋友的帮助,并且上报了学校心理健康咨询中心。通过多方努力,我开展了治疗多动症的"攻坚战"。

(1) 真诚接纳

首先,我在班上开展了一节消除偏见、宽容相处的班会课。我告诉孩子们多动症只是一种病症,不应歧视和有偏见,对同学要多关心、多体谅。孩子们也表示一定会多帮助小魏,对他多一些耐心和宽容。大家的友善发言也让小魏难得吐露了自己的心声,他说:"我也不想这样的,可是一些事让我觉得很难过,爸爸妈妈总是拿我和学习好的同学比较,让我学很多自己不喜欢的东西,感觉都没有玩的时间。我有时也是想表现好的,但是感觉很难做到。"听了他的话,我真的非常同情他,这个可怜的孩子长期处在孤独、否定、被打压的心理环境,内心是非常自卑、敏感又充满压力的。

(2) 教育一致

我再一次联系了小魏的家长,告诉他们多动症的多种成因,尤其是与家庭不当的教养方式有关,溺爱和过度严厉都是对孩子的伤害行为。我把孩子内心的想法告诉了他们,希望他们努力做到疼爱孩子与严格要求相结合。只要父母教育方式正确,与学校教育保持一致,并加强同学校的联系,孩子的多动行为是可以逐步得到改善的。

(3) 奖惩强化

在学校里,我给小魏单独设置了奖惩办法,实施个别化教育。课间只要不和同学闹矛盾可以积1分,文明活动积2分,主动帮助老师或者同学积3分。课上安静地坐满5分钟,可以积1分,10分钟积2分,积极举手回答问题积3分,诸如此类细致的要求,反之则要扣除相应的积分。这些积分满10分就可兑换一张免罚金牌,犯错时可以拿出来抵消一次。积满20分,可以兑换一张免写卡,免写一次作业。如果不使用这些卡,集满的卡还能兑换一些小奖品。有了这样的制度,他的积极性高涨了许多,还特地制作了一个手工卡包来存放这些卡。你看,每个孩子都是要好的。

(4) "私人定制"

学习方面,考虑到小魏的注意力欠缺,我常常利用课余时间给他单独辅导,且根据他自身的情况分层要求,计算是都要会的,解决问题我们可以一边说一边写,一些超出能力的题型可以不做。班上孩子每天的计算练习,如果全对我会拍照到班级群表扬,每次他全对时,我会把他的本子放在显眼的地方,被表扬的这一天,他能高兴地跳起来。你瞧,孩子就是这么单纯可爱。

3. 融合教育"持久战"

经过一段时间的实践,小魏真的有了一些进步。每周二是班级固定的好题分享会,在一个快放学的周五下午,我在班上询问想要下周二分享好题的同学。让同学们惊讶的是,他也举起了手。我当然得小心守护这来之不易的自信心,所以第一个选了他。但是,说实话我不太确定他能否完成,不管怎样,至少那一刻他的态度是让我欣慰的。

时间终于到了周二的早晨,先是班上的一个学优生讲解了题目,大家的掌声很响亮。到他了,我不禁有些担忧,生怕他忘记了或者没有准备而随便讲。结果让我惊喜的是,他拿出事先准备好的题,自信地打开投影,学着老师上课时的姿态,有模有样地讲了起来。虽然有些小紧张,但是总体上讲解的思路十分清晰。同学们都听懂了,而且频频点头,伴随着惊叹声、赞扬声,雷鸣般的掌声响起,我也非常激动地鼓起掌来,这真的让我又感动又欣慰。下课的时候,他主动来找我,一句"谢谢老师",

让我不禁有些热泪盈眶。你瞧,孩子是懂得感恩的。

当然,特殊儿童的故事不可能就通过这些固定的辅助手段很快翻篇,融合教育必定是一场"持久战",需要老师持续不断地输出爱心、耐心和责任心,还有随时根据特殊孩子情况而私人定制的智慧之心。

【案例反思】

印度有一部非常感人的儿童成长励志电影——《地球上的星星》。主人公是一个患有先天性阅读困难症的男孩,因为他的生理缺陷,从小与周围的环境格格不入,被周围的人欺负、嫌弃,被家人放弃,送到了一所寄宿学校。后来,他在这个学校里遇到了改变自己一生的美术老师。这位老师发现了他的绘画天赋,在老师的悉心照顾和培养下,他逐渐摆脱自己的生理缺陷。影片告诉我们,每一个孩子都是特别的星星,我们应该从不同的角度发现孩子的闪光点,并让其放出璀璨的光芒。在这个过程中,父母和老师就必须扮演好"寻光"和"放光"的角色。

这也与新课改中提出的学生观是非常相似的,学生是发展的人,是独立的人,是特立独行的人。他们并不是单纯机械的学习者,而是有着丰富个性的完整的人。学习过程也不是单纯地接受知识或训练技能,而是伴随着交往、选择、创造、努力、喜怒哀乐等的综合过程,是学生整个内心世界的全面参与。如果不从人的整体性上来理解和对待学生,教育措施就容易脱离学生的实际,教育活动也难以取得预期的效果。

融合教育专家吴淑美认为,融合教育绝不是在为特殊孩子办学,所有孩子在一起学习,民主才能发挥功能。只有和不同特质的人互动,才能学得更好。把特殊生和普通生合班教育的模式,其实是教给孩子对待一个真实完整的世界。社会对特殊儿童的关注越来越多了,但对于特殊儿童的教育,依然是比较薄弱和需要创新、改变的。融合教育最后的目的不是教会特殊儿童什么专门的技能,而是让他们和普通孩子一样活得自信、阳光,活出自己的精彩,让所有孩子都能拥有一样的交往机会。但是想要真正达到融合教育,是需要多方面共同努力的,社会的关注、学校的支持、教师的培养、家庭的配合,这些缺一不可。

每个孩子都是与众不同的,每一个人的生命都值得被珍爱、值得被珍视。无论是家长还是老师,都应给予孩子最大的尊重与爱护。对于特殊儿童,他们更加渴望我们的关爱和宽容,我们也更应该鼓励他们,用更多的耐心呵护他们,让他们发现自己的价值,发挥自己的才能,寻找到自己人生的意义,从而真正地融入我们生存的环境,获得平等和民主。他们就像是地球上一颗颗特殊的"小星星",虽然渺小,但是依然可以闪闪发光。

二、学科育德促素养提升

学科教师要立足学生实际,基于学科教育属性和特点,以课堂教学为中心,在组织学科课程教学的同时,充分发现、挖掘、揭示学科学习中蕴含的德育要素,有目的、有意识、有策略地激活学科既有的德育资源。教师引领学生在知识学习中进行价值体认,实现学科教学方式和学科育人要素在具体的学习活动中的有机融合,最终在交往活动中提升学生的核心素养。

案例

"焕然一新"的"22号"

【案例背景】

"只要从小就沿着正确道路走,学到一点,就实践一点,努力做最好的我、在自己最好的方面,人生就会迎来一路阳光。"这是习近平总书记在北京市海淀区民族小学提出的对孩子们的殷切期待。作为基础教育的基石,小学教育是孩子们性格养成的重要一环。所谓性格决定命运,性格在一定程度上决定了一个人未来的人生道路、方向,关系着自我价值的实现。作为一名小学教师,要善于发现孩子的独特性,针对每个孩子的特点,因材施教,积极引导,从性格养成方面训练并健全其人格,使每一位孩子都能自信、出彩。

由于小学阶段学生心理成长特性、家庭环境等因素的影响,有的学生性格开朗活泼,有的则内敛寡言,这种现象在课堂上表现尤为显著,例如在回答问题时,有的同学可以脱口而出,积极作答;有的同学则满脸通红,羞于开口,眼睛不敢正视老师和同学们。这种情况下,作为老师的我们,一定要注意使用适当的方法,抓住课堂教学的点滴,多方位地引导这些学生,助其树立积极自信的人格。

【案例描述】

这是普通的一节三年级音乐课。课堂上,学生们总是能够争相回答我提出的问题,无论对与错,学生们稚嫩的脸庞充满了求知欲、表现欲。由于音乐课本身是一门艺术课程,非常容易激发同学们的兴趣与参与性,气氛轻松而愉快,但是今天的音乐课却发生了一起"不同寻常"的"意外"。

"22号"的"消失"

"丁零零……"上课了,我像往日一样带着课件和教案,在教室做好准备,脑子里面快速地回放着教学设计片段,思考着带给学生良好的课堂体验。

"同学们,下午好,陈老师今天给大家带来了一段音乐《映山红》,同学们知道不同音乐蕴含着不同的情感,这段乐曲同样有着丰富的意境,请同学们欣赏并回答其中流露着怎样的情感!"伴随着两个小片段,音乐播放完毕。我像往常一样问学生:"今天是12月几号?"同学齐答:"12月22号。""请我们班学号是22号和12号的两位同学分别谈谈自己听完这段音乐的感想,请22号先说。"话音一落,我以为22号会立刻起身回答,可是没有一位学生站起来。同学们四下张望,仿佛盼望着有人能够站起来回答,教室里忽然变得有些嘈杂,同学们喃喃自语低声说着自己的学号。过了一会儿,22号依然没有出现,难道今天他请假了?我怎么不知道。"请你们安静下来,谁是22号?请起立!"大家都在等待着22号的闪亮登场!可班级里静悄悄地,没有一个人站起来。

一起寻找"22号"

时间在流逝,音乐课得继续上,我机智地想到一个办法,采用交试卷的顺序来寻找22号。从10号开始,10号同学站起来了,接下来是11号同学,12号同学也站起来了,正当我期待着一会找到22号同学的时候,22号依然没站出来,同学们也还是没能指认出谁是22号。继续找,23号?23号站起来了,我问21号和23号对22号是否有印象,他们齐刷刷地回答"不知道"。此刻,我已知道这个方法是徒劳的,但是必须找到真相!不如换个方法。

我说:"我们分组查找,从第一组开始,S型绕,每个人依次按照自己的学号念,念完就坐下,然后下一位同学继续。"大家有序地报着自己的学号,没过多久,一个憨厚而略显腼腆的男生站了起来,"22号!"然后又坐了下来,我好奇地望着他,着急地走到他旁边,又问了一句,"你是22号?你刚刚为什么不站起来?大家都在等着你回答问题,课堂时间是非常宝贵的。"他低着头一句话都没有说。忽然,他的同桌站起来了,"老师,他胆小。"我内心焦急,平复了一下情绪,欲言又止。接下来,我让12号分享了听完这段音乐的感想,继续按照教学计划上课,课堂气氛重新由紧张变为欢快。

"犹抱琵琶半遮面"的"22号"

"丁零零……"下课铃打响了。我立刻走向22号,"陈老师刚才的问题其实很简单,只需要你们听音乐之后分享一下自己的感想,无论是什么想法,只需要跟老师和同学们说出来,没有对与错,你当时为什么没有站出来呢?""老师,我听到你喊22号了,但是我不敢站起来,我怕回答问题出错。"他说。我内心知道问题出在哪里,他性格天生腼腆,需要老师和同学的鼓励。

"那你现在能和老师分享一下音乐的听后感想吗?"他支支吾吾地说了几句,虽然不太连贯,但确实是有感而发,是带有些许思考的。"嗯,回答得非常好呀。老师知道你平时非常守纪律,但是如果你能积极地在课堂上回答问题就更好了,你刚才的回答证明你仔细听了音乐,有着清晰的分析能力,并且表达得也很有条理,所以陈老师的问题对于你来说其实很简单,你只需要站起来把心里所想的说出来就可以了,明白吗?"他看了我一眼,又迅速低头,似懂非懂地点了点头,"老师,我下次会勇敢地起来回答问题的。"今天这种情况我还是第一次遇到,"22号"让我产生了很深的印象,这个现象可能还会再次发生,我得努力帮助他做出改变。我与其他老师积极沟通,让他们多关注"22号",积极鼓励引导他回答问题。

"焕然一新"的"22号"

今天再次给这个班上课,我提前来到教室,同学们正在进行课间活动。我观察着他们,这时,"22号"来到我面前。"老师,您站着累不累?我来给您搬个凳子吧。"他小声说道。我很惊讶,心想着那个腼腆的男孩去哪里了,忽然间做出那么大的改变?我微笑着接受了他的"帮助",计划着过会儿观察一下他在课堂上的表现。

课堂上,同学们在合唱歌曲,我走到"22号"旁边,能够听到他的声音了。合唱也是一种团队活动,这说明他开始积极参与其中,有了团队意识。在回答问题环节,我没有先让他回答问题,而是让别的同学先回答,他认真听着同学的回答,其间眼神也会投到老师这边,敢看向老师了,他已经逐渐自信。轮到他回答问题时,答案与其他同学亦有区别,独立思考能力很好。这节课,我给学生们提出了一项新要求,让他们把刚才学习的歌曲与同桌互相练唱,指出存在的问题,表面目的是让同学们自己听一听谁的音唱得准,深层原因是这样可以带动学生们的积极性,也可以锻炼他们的表达与交往能力。我在教室指导,听同学们唱歌,当走到"22号"旁边时,他正在自信大方地唱给同桌听,音调虽然不太准,但对他来说是一个很大的进步。快要下课时,我让"22号"给同学们示唱歌曲,他腼腆地站起来,低着头开始唱,声音逐渐提高,期间唱得不准时,有的同学会发出笑声,唱完之后,同学们一起为他鼓掌,"22号"已"焕然一新"。

【案例反思】

"22号"同学属于典型的内向型性格,原因有很多,比如家庭成长环境、身心发育阶段等,这类学生群体需要老师平时多沟通,多鼓励引导,多给他们表达机会,给予充分的尊重和信任,让他们逐渐变得强大自信,具有健全的人格,从而与学业之间形成良性循环。

1. 尊重理解——让"22号"们勇敢面对老师与同学

我们作为学生的成长导师,对学生的尊重和理解非常重要。当发现学生性格内向,回答问题、做事等不主动,甚至畏难时,不能一味地批评他们,要结合他们的特征与心理活动历程,以尊重他们的人格为前提,这种尊重与理解应充分体现在课前、课时、课后三个环节中。课前,教师要教育同学们互相尊重,正确对待他们所认为的"另类",站在同学的立场,以同学的心理来理解问题;课堂中,教师要充分尊重同学们对问题的理解与回答,亦要教导同学们之间互相欣赏彼此的回答,找出值得学习之处;课后,教师和学生谈话时,要掌握方式方法,要能够发现学生的闪光点。

2. 鼓励引导——学生沿着正确的路径提升自己

任何时候,正确的道路选择都很重要,小学生更是如此。在教学过程中,学生可能会犯错,或者出现各种各样的其他问题,教师需要进行积极的鼓励与引导,在面对内向的学生时,教师要有充分的耐心,不断鼓励学生,助其克服心理难关,以自信的心态面对自己。在学生不知所措时,教师要积极引导学生,使其朝着正确的方向前进。如此,学生才能够焕发光彩,拥有精彩的人生。

3. 互动交往——学生积极自信人格养成的"催化剂"

人是社会性动物,离不开人与人之间的互动交往。小学生由于身心发展阶段的限制以及其他因素,性格内向的学生往往不少,教师需要积极创造机会,给学生提供互动与交往的机会,这种机会不仅存在于课堂上,还可以存在于放学后。通过互动交往,学生可以锻炼自己独立思考和表达等能力,有利于健全积极向上的人格,从而打好性格的"基础",充分上好人生的"第一堂课",以自信的心态面对未来的人生之路。

第四章　课程：协奏，畅享课程选择的趣味

"嘈嘈切切错杂弹，大珠小珠落玉盘。"三十余载，学校始终以"快乐交往，共享成长"内涵发展为支点，不断撬动"课程＋"校本课程研究，以期实现国家课程校本最优化。这里既有"大弦嘈嘈如急雨"的引吭高歌，也有"小弦切切如私语"的浅唱低吟。

"妙手弹琴无向束，知之修炼五音足。"学校不断变革学习方法，关注交往浇灌的每一片花瓣，留心交往泛起的每一朵浪花，聚焦交往涌出的每一涓细流，在一唱三叹中启智润心，在"交往"中凸显课程，让学生与知识合舞。

"窗临水曲琴书润，人读花间字句香。"学校依托长江文化，开发校本课程，创建研学基地，收获"1＋1大于2"的全空间育人观念，在"人与人共生"中感悟"人与环境共存"，在"交往"中强调文化，让学生与品格共美。

"高山流水觅知音，余音绕梁味无穷。"学校开辟"艺术快递""动感特区""异想天开""芝麻开门"新天地，将社团活动课程化，根据学生自身特长，释放社团课程无穷魅力，在"交往"中强化爱好，让学生与能力齐飞。

听，我们的故事正在发生……

第一节 与学科对话

教育教学是旅程中的"相遇"。课程即为旅程,相遇即为学习,因此,教育教学的方式就是积极对话、跨界合作。

国家课程是国家教育行政部门根据国家教育规划,负责编制、实施和评价的教育教学资源。它的主导价值在于通过课程体现国家意志,促进国家基础教育的一体化和规范化,从而促进教育质量的提升,确保所有公民的基本的、共同的素养。

在学科研究中,对话是非常重要的环节,对话可以是和同行交流,也可以是和自己内心对话。在课堂中,对话同样是非常重要的,通过对话,学生可以更直观、深入地理解知识,同时,对话也可以激发他们对知识的探究欲望。

"与学科对话"强调尊重学生的差异和多样性。每个学生都是独特的个体,他们具有不同的背景、兴趣和学习风格。因此,在学科对话中应该尊重学生的差异性和多样性,提供个性化的指导和支持,以便每个学生都可以得到充分的发展。在学科中,教师是教学的主导者,学生是课堂的主体,二者之间的对话是非常重要的。教师可以通过启发式的提问,引导学生思考和研究问题,自主发现和学习。同时,对话也可以帮助教师更好地掌握学生的掌握程度和认识水平,解答困惑和疑问。

"与学科对话"强调情感的交流。情感交流是学科对话中不可或缺的一部分,它有助于建立良好的师生关系和生生关系,增强学生的学习动力和自信心。因此,教师应该注重情感交流,关注学生的情感需求,并给予积极有效的支持和帮助。

"与学科对话"强调教师和学生之间的互动,以及学科知识的传授和学生的发展。在这种理念下,教师不再是单纯的知识传授者,而是引导学生探索和发现新知识的引导者。与学科对话也要关注不同思维,要调动学生的理性思维、抽象思维、逻辑思维等,例如,在数学课程中所对话的基本问题都是科学性问题,解决这类问题就需要比较强的综合性能力。

"与学科对话"提倡跨学科合作。随着时代的发展,各个学科之间的交叉和融合越来越普遍。因此,跨学科对话越来越受到重视,它不仅有助于提高学生的学习兴趣和学习能力,还可以促进不同学科之间的交流和合作。对话不仅仅是口头交流,还可以是书面交流、在线交流等。多种形式的对话可以更好地满足不同学生的学习需求,促进他们主动学习和思考。

学校严格执行国家课程计划,以拓展课程、特色课程为外延,遵循儿童立场的原则,鼓励师生在交往活动中,形成教学新样态:在道德与法治、语文、英语课堂中渗透人文素养,在科学、数学课堂中践行科学素养,在体育和心理健康课堂中锻炼身心素养,在音乐与美术课堂中培养艺术素养,在信息科技、劳动、综合实践课堂上提升实践素养,培养儿童的交往素养(自我认同、他者意识、价值认同、互动能力、反思建构),引导儿童过高品质的交往生活(如下图)。

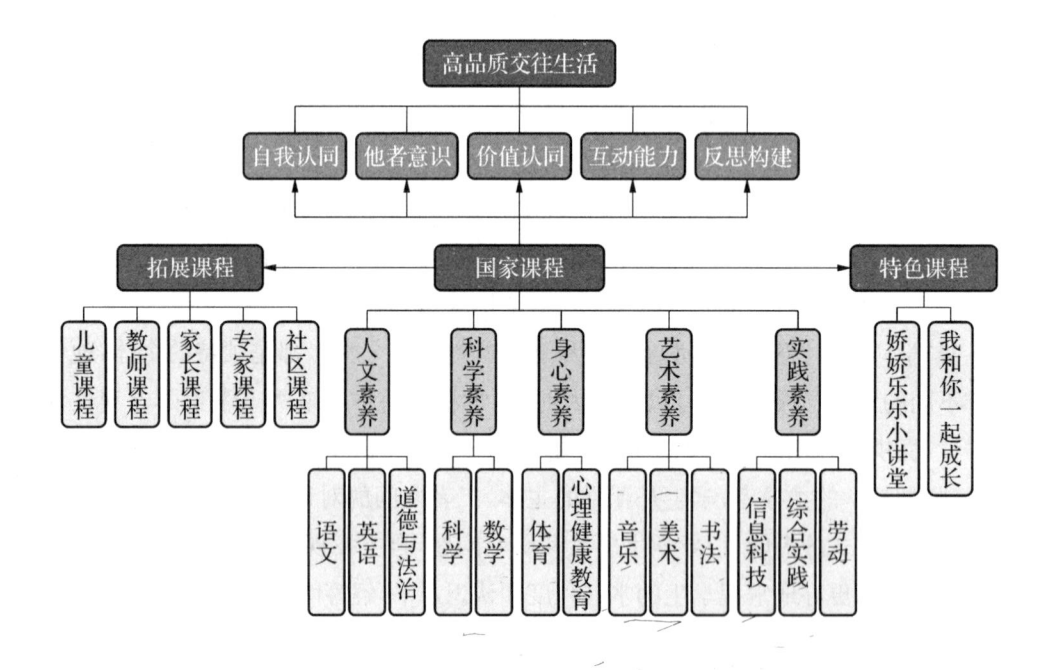

一、人文素养的言外之意

小学阶段的人文学科(道德与法治、语文、英语)对于人文素质的培养起始于人性的自觉,注重人的心灵自悟、灵魂陶冶,着眼于情感的潜移默化。2023年8月23日,第六届丝绸之路敦煌文化博览会重要的分项活动就是人文与科学的对话,在论坛活动中,复旦大学教授王德峰提出:重视人文教育是当下非常迫切的任务。

人文学科与科学学科最大的不同在于:文学文本是用形象说话,是用意象思维。而形象、意象是具体的、活跃的且意蕴丰富的,是超出语词直接所指之外的。文学话语的特殊价值和意义就在于它永远不满足于已"有"的陈述,而能够依托于"象"或

"象思维"(一种"先于逻辑的概念和表达方式"),在不断的自我否定与打破自身的逻辑规定性中,从"有"到"无"创造出新的意义来,即言外之意。

无论在西方还是在中国,"人文"一词都包含人和文两层含义:一是关于理想的"人"、理想的"人性"的观念;二是为了培养这种理想的人所设置的学科和课程,两者有着内在的关联,学科的人文服务于理想人性的人文。

基于儿童立场的言外之意具有多元审美张力,教师通过"温故共情——知新共生——固本共容——求源共赢"四大环节(如下图),借助意象思维、诵读内视、语境转换、比较联想等方式为读懂"言外之意"的真善美构建了有效路径。人文与学科相融交织,智慧生动,在进行人文教育的时候,我们应该知道如何使儿童进入思想和精神境界,从而帮助他们构建一个精神家园。

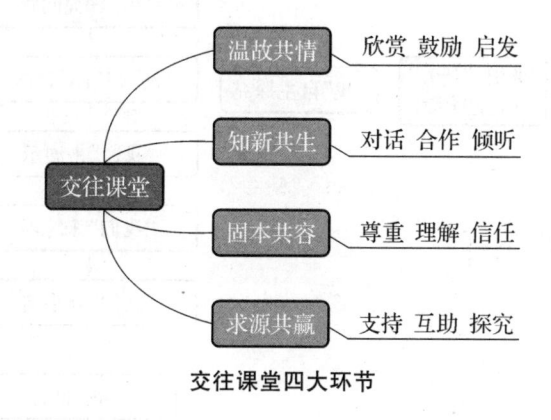

交往课堂四大环节

交往课堂
- 温故共情：欣赏 鼓励 启发
- 知新共生：对话 合作 倾听
- 固本共容：尊重 理解 信任
- 求源共赢：支持 互助 探究

二、科学素养的不可小觑

小学是学生成长与发展的重要阶段,在小学阶段的学科教学中数学与科学是比较重要的两门学科,并且都属于自然科学属性,在教学理念与教学实践上具有一定的关联性,所以现阶段小学的教学中进一步将小学数学与科学进行融合和关联思考作为教学的新方向。

科学学科的核心素养主要包括实证思想、科学概念、探究能力、科学思维和科学态度等。而科学素养无法像知识那样直接"教"给学生,需要科学教师的认识和理解,需要学生的经历和感悟。因此小学科学课程标准指出,科学素养的形成是长期的,小学科学课程必须注重从小培养学生良好的科学素养,通过科学教育使学生逐步领会科学的本质,乐于探究,热爱科学,并树立社会责任感;学会用科学的思维方式解决自身学习、日常生活中遇到的问题。所以只有将科学素养的具体目标落实到

/ 走向理解与共生：交往教育的理论意蕴与实践境脉 /

一个个科学探究活动中，让学生在参与活动的过程中获得感受、体验并内化学科知识，学生的科学素养才能得到提升（如图）。

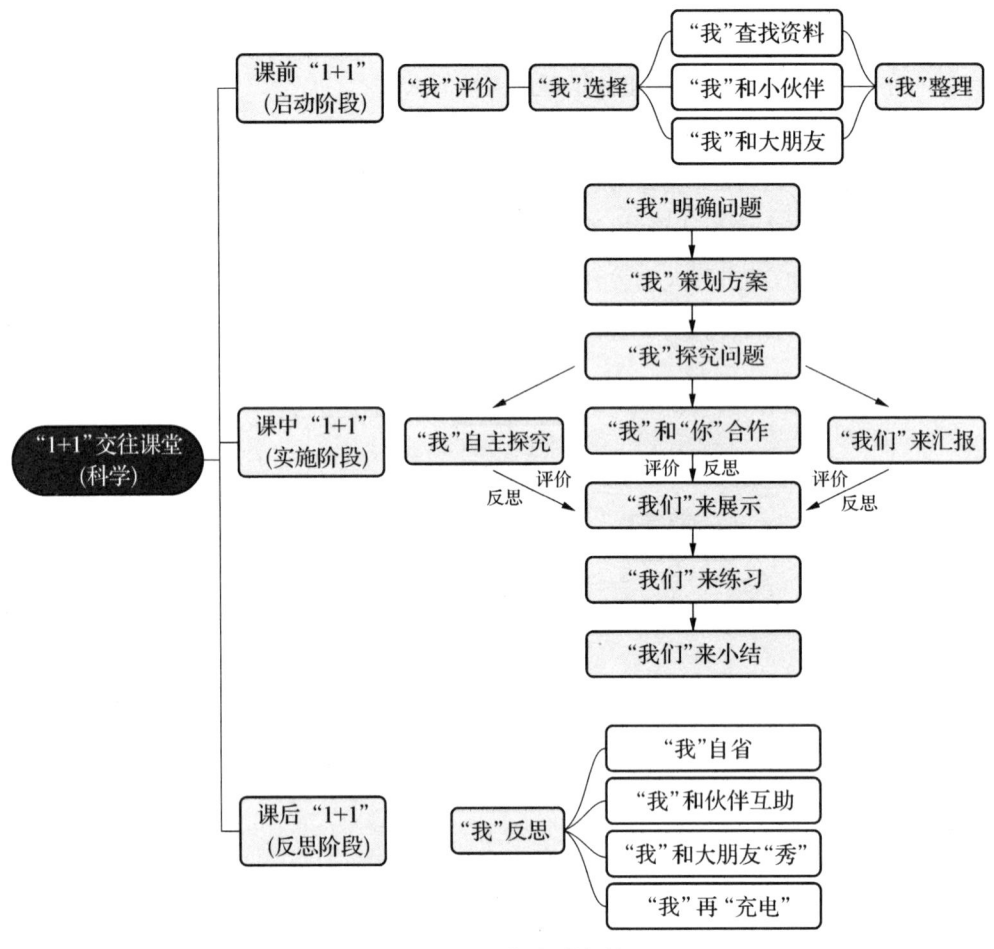

交往课堂（科学）教学板块

学生是学习的主体，这里的第一个"1"是学生自己，第二个"1"是学生在交往学习中根据实际需要自主选择的对象或形式，这里的对象可能是同桌，可能是小组内的其他成员，也可能是老师；这里所说的形式可能是自己课前的信息搜集与自我理解，也可能是自主探究中出现了困难，使用了教师提供的学习材料继续研究，利用有限的时间对探究的过程和结果进行反思……所以"1+1"含义多元，是学生在交往学习中自主选择有利于深入学习的一切可能形态。

三、身心素养的全面培养

身心素养包含身体素养与心理素养。身心素养兼备的人有极佳的运动能力且对其能力充满自信,表现出良好的协调力和控制力,能对环境的持续变化做出反应。他们有良好的人际关系,敏于言语和非言语的交流,富有同情心。他们热衷于参与新的身体活动,欢迎他人的建议和指导,相信知识会使自己获得成功的体验。他们既理解体育教育的内在价值,也明白体育教育对人的健康和适宜状态的促进作用,能以终身参与体育的立场来瞻望其生命进程。

学校通过各种途径,对学生进行全方位的心理健康教育,培养学生具备过硬的心理素质,使学生具备健全的人格,为人坦诚正直,保持乐观的情绪,提高学习工作效率,增强受挫能力,形成坚强的意志品质。加强对学生的心理健康教育,帮助学生掌握调控自我、发展自我的方法和能力,培养他们良好的心理素质,促进学生身心和谐发展,既是学生自身健康成长的需要,也是社会发展对人才的需要(如图)。

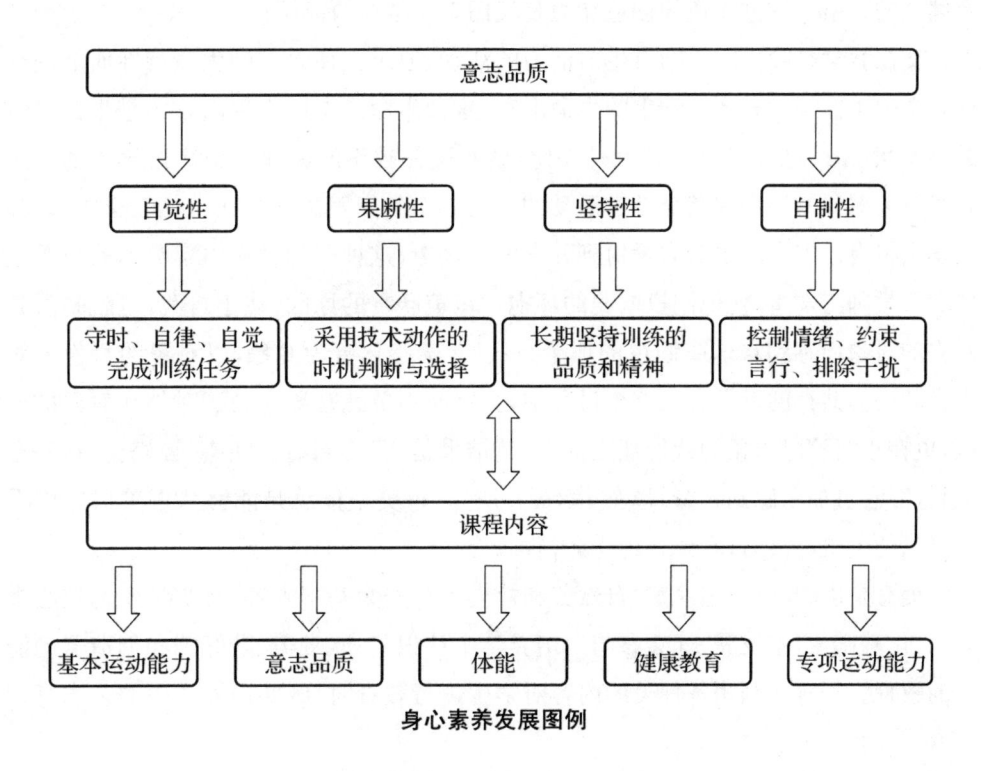

```
                    意志品质
        ↓         ↓         ↓         ↓
     自觉性    果断性    坚持性    自制性
        ↓         ↓         ↓         ↓
   守时、自律、  采用技术动作的  长期坚持训练的  控制情绪、约束
   自觉完成    时机判断与选择   品质和精神    言行、排除干扰
   训练任务
                         ↕
                      课程内容
        ↓         ↓       ↓        ↓         ↓
   基本运动能力  意志品质  体能   健康教育  专项运动能力
```

身心素养发展图例

在身心素养的全面培养中,以学生为主体,充分发挥学生的主动性和积极性,重视学生创新精神和实践能力的培养,给学生更多思考问题的时间,多设置实践课程,可以在实践中培养学生的学习主动性,使得学生的身心素养得到全面发展。

四、艺术素养的举足轻重

"在美之中,人把自己树为完美的尺度"[1],审美对象是生命冲动对周围世界的投射与充盈,由此产生的美感是生命意志的实现。

美育在国内外都有悠久的历史、重要的作用及优良的传统。国外早在古希腊时期就很重视美育,从儿童启蒙到成年教育,都把美育放在重要地位。而我国自古以来也很重视美育。很早以前,《乐记》就论及审美教育,提出了"审声以知音,审音以知乐,审乐以知政"的观点,孔子以"六艺"教授学生,其中"乐"则属于美育。

每个儿童天生都是具有创造能力的,而不同的培养方法也会导致截然不同的结果。美育不只是对儿童审美鉴赏能力的培养,更是影响着儿童形成良好的心理素质及健全的人格。挖掘儿童的创造能力是我们必须尽到的责任。

交往教学是师生之间的有生命活力的活动,通过交往教学的生命特性而展现交往教学中主体——教师与学生的生命形态,这种生命形态所表现出来的是生命洋溢的丰盈状态,而这种丰盈状态就是美感,就是交往教学的灵魂。交往教学中的美感是对审美对象的知识和整个教学活动的表现形态的审美感知。在交往教学中,教师与学生将自己丰富的生命力投射到教学内容之上,这种美的教学内容吸引着审美主体——教师与学生,使他们投向美的怀抱,"审美欣赏的原因,在于自我,也就是看到对立的对象而感到欢乐或愉悦的那个自我"。美感化身为对象,以对象的身份面对阻力和动力共存的世界。在这个过程中,美感并不单纯来源于"我"对外在对象的征服,更在于"我"以对象的身份征服世界,其结果是"我感到活力旺盛、轻松自由、胸有成竹、舒卷自如",感到自豪、欣然、幸福。所以,审美主体总是能够从审美对象中看到自己的生机与活力,看到一种生命精神。

美育是以教学美、艺术美、自然美和社会生活美为基本内容,落实学生的核心素养(文化基础、自主发展、社会参与),培养学生认识美、欣赏美、爱好美和创造美的能力的教育。美育在利用各种美的内容对学生进行教育时,既要培养学生的艺术感知

---

[1] [德]尼采:《悲剧的诞生》,周国平译,生活·读书·新知三联书店,1986年,第203页。

和审美情趣,也要激发学生的创意表达,实现学生全面发展的目的,促进学生感性与理性的完善,达成均衡发展(如图)。

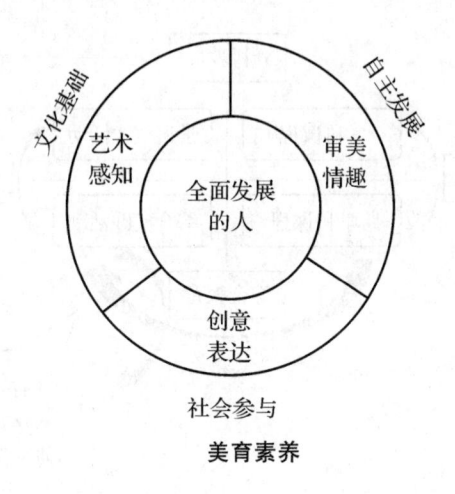

美育素养

五、体验学科的花式乐趣

跨学科课程的设计与实施是社会发展的必然要求,是科学发展的必然要求,是实施中国基础教育课程改革的必然要求。跨学科课程起到了打破学科之间的界限,实现多学科知识、方法的融合,使学生的学科学习内容与实践有效联系起来的作用。通过跨学科课程学习,儿童可以体验到更多的学科乐趣,享受不一样的童年生活。

教育是一种典型的社会实践活动,但是其传授给学生的知识却属于一种间接性认识,而这些间接认识都是人类在长期的历史发展和社会生活中积累起来的实践经验。所以在教学过程中,教师要注重教育工作的开展与实践之间的联系性,通过动手操作和实践的方法,在学生心中留下深刻印象,形成理解性记忆。因此,虽然教学目标和总路线清楚,但是教师的实际教学方式和具体的落实计划却可以体现为多种形式。

现代劳动教育课程融合了生产劳动、科学技术、信息技术等多维度、多领域的生产力,在理念与实践上拓宽了劳动教育的内容和内涵,也丰富了教育与劳动相结合的方式。在信息技术赋能劳动教育的融合课程开发与实践过程中,为满足学生的当下共通性与未来适应性需求,一线教师以信息技术赋能劳动教育,改变了劳动教育的传统教学模式,并尝试开发了VR沉浸式职业体验课程和STEAM创新实践课程。

这就要求教师在综合实践活动课程中通过引入生活内容的元素,选取学生最关心的现实问题和实际事例,将僵化的课堂与现实生活联系起来,进而激发学生的探究兴趣和热情,引导学生在了解、感悟生活中逐步培养自身关爱社会的核心素养。

活动过程本身就可以促使学生在生活实践中获取知识,体验情感,培养和锻炼自身关爱社会的能力,提升其社会责任感[①](如图)。

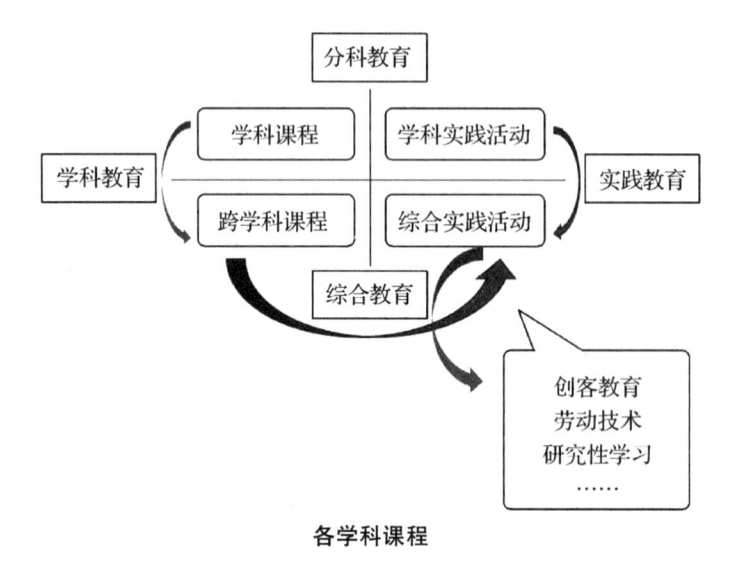

各学科课程

在教育教学的过程中,对话的意义得到了充分的凸显。教育教学的本质可以被视为一段旅程,而在这段旅程中,学生和教师将共同经历"相遇"的过程。这种相遇不仅包括知识的传授,更重要的是师生之间的心灵交流和思想碰撞。因此,教育教学的方式应该是积极对话和跨界合作。通过积极对话,教师可以了解学生的需求和困惑,从而为他们提供更有针对性的指导和支持。同时,跨界合作也有助于整合不同学科的知识和资源,促进跨学科的交流和合作,为学生的全面发展提供更广阔的视野和实践机会。总之,教育教学中的对话是提高学生综合素质和培养未来人才的关键所在。

第二节 交而有往,让我们一起走进生活

交往是人与人之间交流信息、互相作用的过程,教师在与学生的交往中要信任、尊重和热爱每一位学生,使学生在健康和谐的交往环境中逐步形成健康、完整、崇高

---

① 曹灵芝、郎洪笃:《信息技术赋能劳动教育融合课程的开发与实践》,《教育科学论坛》2020年第32期。

的人格品格,应该使学生清楚,在学校学习的几年时间中得到的最宝贵的是尊重人、理解人、关爱人、帮助人、信任人、原谅人的品格。因此,我们呼吁教师要走进孩子的世界。

参与校本课程开发是儿童能够深入、全面参与到课程建设的重要途径。浦口实验小学深化交往教育成果,进一步完善校本课程文化,立足课程开发,分学科建立学校交往学习实践体系,提升交往教育研究特色。交往教育课程是学校通过主题课程培育交往品质,引领师生学会交流、合作、竞争、尊重,从而发现儿童天赋,为未来而学,为未来而教。

一、邀请每一位读者聆听我们的声音

1. 请了解我们

我们转头望向窗外,不是被小鸟和白云吸引,只是突然觉得那里有更重要的一瞬间;我们在课堂上悄悄拿上画笔,不是在涂鸦,而是灵光乍现,捕捉灵感;老师批评,我们笑眯眯,不是无所谓,而是感受到了老师的关心……请了解我们,我们其实都很爱老师,也希望被老师爱!

2. 欢迎加入我们

我们可以选择网上体验的方式,参与交往体验答题,也可以与名师名家进行面对面交流。这种集"情境教育法""社会认知训练法""角色扮演法""实践体验法"等于一体的体验活动是我们自主选择、自主参与、自主体验、自主内化的过程,能很好地实现交往教育的知、情、意、行的和谐统一的发展。欢迎加入我们,和我们一起长大!

3. 让我们一起实现自我

学校研发"交往学士积分卡",让每一位学生的每一次成功的交往体验都熠熠生辉。"交往学士积分卡"上积满5枚奖章,可以兑换一颗"交往星",即可以参加兑换"七彩童星"活动,集齐七彩卡,申报"一级交往学士",依次类推,最高级别为"三级交往学士"。

二、邀请每一位读者走进我们的课程

我们的交往教育课程——"走进我们的世界"包含"我与他——聆听不同的成长经历""我与师——适应各异的教师风格""我与我——凸显最好的人生样态""我与家——勇做重要的家庭成员""我与社会——争当积极的奉献先锋"。

1. 我与他——聆听不同的成长经历

知识的获得是一个主动的过程,学习者不应该是信息的被动接受者,而应该是获取过程的主动参与者。新课程改革强调儿童是有主体性的人,是发展中、富有潜力的、具有创造性和探索精神的人,是教学活动的参与者和体验者,是课程开发的主人。

我们根据各年段儿童特点在低、中、高年段分别设置"我们是好朋友"课程、"我们一起学习"课程以及"我们一起成长"课程,让儿童学会与同伴快乐交往、共享成长。课程倡导"披露自我,悦纳彼此,共同成长",注重学生心理成长历程,每个人的成长都需要同伴的陪同,"以人为镜可以知得失",同伴就是镜中的自己,可以看到自己的优点和不足,可以共享大家的快乐与忧愁,可以商量学习上的疑难与困惑,可以作伴一起走过小学的青葱岁月。儿童通过聆听不同的成长经历,如听听校足球小队员吃苦坚持、学习与踢球两不误的故事;听听身边期末"黑马"的故事;在班上来一场自己解决某个难题的经验之谈;又或者在小组内说说自己在学习和生活上的困惑……在这个过程中,儿童可以从他人的故事中汲取经验,为自己的成长积累更多的智慧。

2. 我与师——适应各异的教师风格

人类的交往与人类的存在同在。著名哲学家哈贝马斯认为主体之间的关系是互动的、双向的,而主体与客体之间的关系则是被动的、单向的。因此,倡导教育作为交往过程,引导儿童学习合作、交往而形成"交往教育",已成为当代教育改革的新视点、新课题。

"我与师——适应各异的教师风格",简单地说就是"沟通"。当今社会是一个信息爆炸的时代,而沟通则是获取信息最快、最有效的途径之一。同时,沟通也是我们一直都在实践和探索的生存方式,从出生开始,我们就无时无刻不在与人沟通。形成沟通的意识,掌握沟通的技能,才能适应社会的发展。被认为是"世界上最伟大的作家"之一的列夫·托尔斯泰曾经说过,与人交谈一次,往往比多年闭门劳作更能启发心智。思想必定是在与人交往中产生,而不是在孤独中进行加工和表达。学生需要的不仅是"内联(师生、生生、家长和学生)"的对话,更需要的是"外交(与名家对话、与自然交流、与社会适应、与世界同步)"的沟通。我们的学生不要做"闭门造车"的"宅男宅女",而是要成为"连横合纵"的"型男型女"。

"我与师——适应各异的教师风格"根据各年段师生交往的规律,分别设置课程"老师,您好""老师,我懂了"以及"老师,感谢您",拓展师生互动空间,让师生在教学相长中共鸣、共进、共赢。"老师,您好"让学生学会各种情况下和教师的相处模

式;"老师,我懂了"让学生在师生和生生的互动中学会学习;"老师,感谢您"则意在让学生学会对教师的教导感恩。会相处、会学习、会感恩,是学校交往教育的育人目标。

3. 我与我——凸显最好的人生样态

"我与我——凸显最好的人生样态"通过"我是谁?"帮助学生认识自我,通过"我怎么了?"帮助学生管理自我,通过"我将会怎样?"帮助学生发展自我。如学会解决问题的组团模式,让自己做得更好。解决问题就要面对独立完成还是组队合作的选择,大部分学生会在一开始选择独立完成,当遇到独立解决难以搞定的任务时才会寻求帮助,这个过程也是自身对任务的难易程度的把握和价值的衡量。但怎么合作又是需要学习的。美国华盛顿大学福斯特商学院终身教授陈晓萍女士说:"由于团队成员之间的高度互赖及利益共享,每位成员都面临着是否合作的困境:如果自己不合作,而其他成员皆努力付出,那就能坐享团队的成果;但如果所有团队成员都作此想,那该团队将一事无成,结果每个人都受到惩罚。从另一方面说,如果自己全心投入,而其他成员皆心不在焉、懒散懈怠,那么到时由于自己的努力为团队取得的成果就会被其他成员所瓜分。"团队成员之间更多的应该是合作与互助的关系,所以凝聚力在团队建设和团队成员个人成长的过程中起到不可或缺的作用。"能用众力,则无敌于天下矣;能用众智,则无畏于圣人矣"这句话充分阐述了凝聚力的重要性。

"我与我——凸显最好的人生样态"让浦实娃在学习与实践中悦纳自我,成长为更好的自己。

4. 我与家——勇做重要的家庭成员

儿童生命成长更重要的是精神的成长。儿童精神的成长是通过儿童与家庭的和谐互动进行的。家庭的教育通过成员的互动为儿童提供精神食粮,儿童对精神食粮按照自我的方式加工,最终转化为自我需要的成长精神支柱。在教育中,与家庭有关的课程就是儿童需要的精神食粮,如果将这样的精神食粮抛离了儿童,那儿童只得被动成长,生命成长的效果就会大打折扣。

教育的本质并不是"塑造",教学的本质并不是"传授",课程的本

质并不是"规定"。无论是建构主义还是后现代主义,都认为儿童应该在课程建构中获得知识,这样的知识才是儿童需要的,才是符合儿童发展需要的。课程建构的核心是课程开发。因此,"我与家——勇做重要的家庭成员"课程开发在整个交往教育课程的开发过程中显得尤为重要。

"我与家——勇做重要的家庭成员"开设"尊重长辈""理解长辈""感恩长辈"课程,让学生学会尊重、学会理解、学会感恩,弘扬传统家庭美德,促进家庭关系和谐发展。良好的家庭环境和温馨的家庭氛围,是学生健康成长的基石。

5. 我与社会——争当积极的奉献先锋

现在生活条件好了,许多家长一味地满足孩子对物质生活的渴求,却忽视了孩子融入社会的必备技能培养,越来越多的孩子更多地依赖父母,自我管理能力较低。通过家务劳动小调查发现,小学生在整理、洗衣、洗碗、倒垃圾等方面有了一定的经验,但在其他与社会相关的事务上没有什么经验。学校根据学生已有知识能力水平,把生活体验点放在和社区有关的公益性活动上,以学生自主探究、动手实践为主,通过对公益活动的设计,加深学生对身边世界的客观认识,使得学生在亲力亲为的过程中获得解决实际问题的经验,并在统筹安排社会团体活动过程中培养学生环保、节能、公德意识。

校本课程是学校在国家课程的总要求下,根据学校实际情况和本校学生的成长需要开设的课程。从根本上讲,校本课程是为了儿童成长需要,是基于小范围的群体,学生是未进入社会的社会一员,因此,开发和实施中,也应该让儿童参与进来。

首先,让儿童参与"我与社会——争当积极的奉献先锋"课程的决策。学校和教师在课程设置上应该听取儿童的意见和建议,如学校和教师可以发放调查问卷,让学生选择自己能为社会出点力的方向。同时,教师也应该鼓励儿童提出自己感兴趣的研究课程。在此基础上,最终形成儿童自己决策产出的校本课程。

其次,让儿童参与"我与社会——争当积极的奉献先锋"课程的开发。校本课程是学校的课程,是班级的课程,更是儿童自己的课程。不仅需要专家和教师确定课程内容,儿童也应该对课程内容开发起到参与的作用。教师可以邀请儿童对"我与社会——争当积极的奉献先锋"价值观作讲解,特别是一些儿童自己提出来的方向,教师应该请提出者——儿童对该课程的价值作论证。在课程内容设置上,教师也应该让儿童参与进来。课程主要包含哪些内容?这些内容如何呈现出来?对于诸如此类问题,教师可以按照学科课程特点,邀请儿童一起参与建构内容。此外,教师还应该鼓励儿童参与寻找校本课程的教学资源。校本课程的教学资源是多种多样的,也是儿童身边的。教师引导儿童寻找教学资源,能够让儿童进一步认识到校本课程与班本课程的价值,也能够让他们真正参与到课程开发中。

三、我们为自己设计的课程代言

交往教育博大精深,交往教育课程建设基于儿童的实际需要,基于学校文化及发展愿景,交往体验内容扎根地域、联系生活实际,围绕课程展开研学体系。课程内容既要体现每种主要表现的内涵,又要关注主要表现之间的内在联系;构建内容结构既要关注交往教育课程内容之间的逻辑联系,又要关注核心素养整体性培养的要求。

学校课程包括国家课程、地方课程和校本课程。作为最终的享用者和受益者,儿童应该参与学校课程开发。

"我是生活小能手"从衣、食、住、行几个方面增强儿童生活技能,帮助低年段儿童更快适应、融入小学生活;"我是学习小达人"结合生活实际情境,帮助中年段儿童知悉在图书馆、博物馆等学习场合的交往礼仪;"我是文明小玩家"指导高年段儿童在游乐场、电影院等公共场合践行游览之礼、行走之礼。学校通过系列课程来培养温润儒雅的浦实少年。

学校为学生开设了"大朋友论坛"课程,定期邀请知名作家、社会名人、外交官、抗战英雄、知名校友开展讲座、论坛活动,由小记者进行采访,由小观众随机发问,在对话名家大家、漫步历史长河、领略时尚风采等活动之余,思考怎样为学校、家庭、社区做力所能及的事。

交往教育课程注重反映学生丰富多样的成长需求,采取学生喜闻乐见的形式,关注课程实施的育人效果,增强和改进课程育人功能,创新了课程实施方式。学生在参与设计课程的活动中,收获的不仅仅是知识和技能,还有心灵的滋养和成长。

交往教育课程建设是学校进行儿童交往教育的创新之举。交往教育课程的建设营造了富有情趣的交往环境文化,是交往校本课程的载体,是儿童交往体验活动的

平台,是交往行为训练的基地。它使得交往教育主题化、形态化、标志化,它关注交往的每一个方面,优化交往的每一个过程,聚焦交往的每一个环节,培养浦实少年成为一个个温文尔雅、自信阳光的小公民!

第三节　和长江玩在一起

党的二十大报告在总结十年来生态文明建设成就时指出,长江是中华民族的母亲河,也是中华民族发展的重要支撑。长江作为中华民族的母亲河,造就了从巴山蜀水到江南水乡的千年文脉,是中华民族的代表性符号和中华文明的标志性象征。长江文化是涵养社会主义核心价值观的重要源泉。学校与长江一路之隔,依托源远流长的长江文化,研发长江文化课程,开展生态文明教育,旨在践行人与自然的和谐交往,发展交往教育理念。小学生在长江边的江豚观测点、南京长江大桥、浦口码头、滨江风光带等处进行探究性学习,师生与长江文化共生共长。

一、为什么这样玩?

孩子们和同伴玩,和小动物玩,和玩具玩,他们总能敏锐地找到这个世界上有趣的、值得玩的东西。我们的孩子为什么和长江玩在一起呢?

党的二十大明确了新时代新征程中国共产党的中心任务,其中生态文明建设具有基础性和战略性地位,首先体现在中国式现代化的基本特征和本质要求中。人与自然和谐共生,是中国式现代化的五个基本特征之一,也是中国式现代化的本质要求。

大自然是人类赖以生存发展的基本条件。尊重自然、顺应自然、保护自然,是全面建设社会主义现代化国家的内在要求。生态文明建设是中国共产党为人民谋幸福、为民族谋复兴、为世界谋大同的新方向与新作为。生态文明建设是新时代中国特色社会主义的一个重要特征,关乎人与自然和谐共生,关乎中华民族永续发展。

共抓长江大保护,让一江清水浩荡东流,是习近平总书记高度关注的"国之大者"。近年来,我国把修复长江生态环境放在极其重要的位置。从2016年开始,习近平总书记主持召开三次座谈会,提出"要共抓大保护、不搞大开发",为长江经济带的发展谋篇布局、指明方向。长江生态环境持续改善,一江碧水焕发新颜。从此,保护长江流域生态环境,被放在守护好中华文明摇篮必然要求的位置加以重视和强调。

二、究竟怎么玩?

玩也有不同的方法,究竟怎样才玩得尽兴、玩得有意义?学校的特色研学课程,依托长江文化,不断发展"快乐交往,共享成长"的办学理念,开发"惟见长江"的校本课程,组织"大江从游"系列活动,开展生态文明教育,践行人与自然的和谐交往。

"和长江共成长,与长江玩在一起"的生态研学课程旨在提升学生综合素质,着力实践探究,运用学科的思想方法和知识,在真实丰富的生活情境中,进行具身体验、深化认知、交往合作,学会观察、学会发现、学会创造,是学习方式的新探索,是人类学、社会学田野研究方式在学习中的迁移运用。学校借助探究性学习,根据小学生身心发展的特点,开展生态研学课程让学生发展更具科学性,以此落实立德树人的根本任务,进行生态文明教育,践行综合育人。

"学会交往"是我们的终极目标,全体师生开展探究性学习活动,教师开展理论学习,学生开展实践活动,以长江文化课程促进学校教师的教学能力、教育观念的整体提升,开展探究实践,提高小学生探究性学习的积极性,为学生全面发展赋能。

三、可以去哪玩呢?

玩的地方不能过于单一,孩子们总是对新鲜事物充满好奇。学校秉持全空间育人理念,构建"长江文化"研学场域,让"玩"的场域更加多元。

1. 学校里面处处可以玩

学校利用毗邻长江的地域优势进行顶层设计。创建"一廊一厅一点一场一站"研学基地,实现具有"1+1大于2"无限可能的全空间育人。一廊:一楼走廊以长江大桥和铁路桥装饰,廊柱上有长江起源和流经城市,丰富学生对于母亲河的地理认知,增强以交往主题为依托的长江生态保护意识。一厅:学校五楼长江文化展厅设置六大展区,展示长江植物、长江鱼类等,培育热爱自然、尊重生命的自然小学者;在长江

相关的古诗文学习中,在长江非遗手艺人的寻访中,在长江流域名胜的游览中,培育具有社会性素养和钻研精神的人文小学者;在访学红色场馆、聆听革命前辈故事、寻访长江沿岸红色足迹中,培育有爱国主义情怀的正能量红色小学者;在学习长江流域考古文物和水利工程中,成为明理崇德的历史小学者与善思善创的工程小学者。一点:在教学楼屋顶,建立景观式江豚观察点,配备交互式电脑以及观察望远镜。通过学生长期的观察,逐渐生成学校的"江豚观察日志"。带领学生感知长江环境的变化,培养学生尊重自然、尊重生命的人文使命感以及热爱科学、热爱自然的钻研者风范。一场:校园空中农场是学校为学生搭建的劳动教育平台,是学校宝贵的劳动教育资源,让学生领悟"一分耕耘,一分收获"的含义,作为"长江文化"的自然风光展示和劳动教育相结合的多用途场所,起到对多方面优秀品格形成的促进作用。一站:学校创建"江趣E站",主要分为数字化的资源库和互动式的宣传平台两个方面,供师生、家校研究交流学习,以丰富、充实、共享、辐射研究成果。

2. 校园外面玩得更多样

家长、社会提供外部资源,协同助力"长江文化"空间的建构和完善。家校合作共建"长江文化"家长课程研发中心,围绕学生精神品格对拓展课程、特色课程等进行研发,促进儿童品格的提升;地域资源是"长江文化"的外延,打造"长江文化"社会研学基地,设计社会实践体验性活动。

3. 媒体也和我们一起玩

校本课程与媒体平台构建"长江文化"网络"慧"客厅,形成开放的智慧场域,让线上交往呈现有广度、有深度、有力度。多媒体"慧"客厅吸收家长、同类研究学校、社区等优质资源,策划"长江文化"背景下的校园网、公众号、朋友圈,及时推送校内外长江文化课程开展情况,扎实推进项目研究,在区域集团校中切实起到示范和辐射带动作用,构建师生富有博爱、进取、创新、担当、宽厚、自强等品格的全媒体育人场域。

四、怎样玩出新花样呢?

1. 听,植物在说话

"世界因万物而和谐,生命因绿色而美好。"长久以来,人们忽略了对珍贵濒危植物的保护,对濒危植物的知识了解更少,甚至根本认不出几种濒危植物,导致很多人对保护濒危植物无能为力,甚至还会无意中伤害它们。为此,我们组织学生通过资料查询、项目交流会、专家指引、实地调研、项目成果生成和推广等方式,开展"珍惜植物,草木金陵"的宣传互动等系列活动,传播长江边濒危植物保护知识,增强学生对濒危植物的保护意识,并将这种意识从学校辐射到社区。

我们将课堂搬进自然,将自然融进课堂,让学习自然发生。孩子们在一系列的活动中,探讨植物的种类及特点,讨论不同植物的重要性和价值,了解植物的现状,不仅丰富了他们对植物的简单认知,让他们了解大自然中的植物对人类的好处,知道植物是我们的好朋友,也帮助孩子们养成保护植物的良好行为习惯,引导他们自觉做到爱惜身边的植物,为长江沿线植物的保护作出一份贡献。同时,活动也增强了学生对长江文化、金陵文化的认同感和自豪感,激发学生保护长江、建设家乡的热情。

2. 来了,来了,微笑天使来了

几百年来,在中国的长江中游,有很多物种灭绝。由于过度捕捞、过度开发,白鱀豚、白鲟不久前相继被宣布了功能性灭绝。而近两年,种群极度濒危的长江江豚却频繁在长江各流域现身。它们出水的瞬间,一次次被关注江豚生存命运的人们拍摄到。这是近10年来都极为罕见的场景,生活在长江沿岸的人们将其称为——"江豚回家"。

这种被称为"微笑天使"的国家一级保护动物再度频繁现身长江流域,对普通人而言,像是一位失散多年的"亲人"从记忆重归现实;对科学而言,却是江豚种群稳定恢复和栖息地生态改善等重大科学难题的突破,更是整个长江水生态系统健康状况持续向好的标志。

2022年11月,在学校的微笑大厅,一堂名为"只此青绿　守护'微笑'"的生态文明保护课让学校再次登上央视。老师以"微笑天使"江豚重现长江为例,生动讲述了长江环境改善所带来的变化,学生们的传神表演,更是呈现出一部生态和谐的精彩剧作。

不只这一堂生动有趣的生态文明保护课,学校还常设长江文化系列课程。从长江环境治理到生态改善,从长江渔业保护到江豚嬉游,老师讲述长江大保护的故事,同学们则彼此分享知识与感受。此外,学校还打造了长江文化主题展厅,在学校楼顶设置一处江豚观测点,并配备六台江豚观测设备。老师们利用社团时间、课余时间,带领学生通过查阅资料、观看纪录片来认识长江流域的主要珍稀动物,了解它们的形态特征、生活习性和分布范围;通过参观长江江豚科教中心、江豚科普展览馆,重点介绍江豚濒临灭绝的原因、相关保护措施和种群的现状,以此引导学生关注长江生态,进一步加强学生生态文明教育,增强环境保护意识。老师们还带领学生开展江豚观测、调查报告撰写、实地走访观察等社会实践活动,真正将生态文明学习从课堂延伸到课外。

3. 从长江诗词里汲取营养

五千年文化,三千年诗韵。长江,自古以来就是文人墨客歌咏的对象。长江,是灵感之源,是诗词中最重要的意象之一。长江流域不仅孕育了肥沃的土壤,更积淀下深厚的文化养分,孕育着长江边长大的孩子们。

学生们搜集歌颂、赞美长江的诗词歌赋,分类整理,在朗读、赏析中体会、领悟,配上手绘插图,制成《长江之歌》经典文集;尝试自主创作,择优编成《长江之声》原创文集,以此表达对长江的热爱和赞美。

无论是登高远眺还是临江而望,长江总有着数不尽的绮丽风光。古往今来,无数著名的诗人赞颂长江的风姿,写出了优美的篇章,先于我们成为"长江代言人"。

"惟见长江"系列课程依托学校教育哲学,引领儿童参与课程开发,学习"上善若水"的交往品质:"居善地""与善仁""言善信""正善治",巧妙地将江水与交往中的文化哲学、生态保护、未来发展融为一体。其中《惟见长江之和诗以歌孕才情》就是学校结合长江诗歌、长江文化创编的读本。长江文化源远流长,古典诗词熠熠生辉。学生通过对读本的学习,吟咏传唱与长江相关的古诗词,进一步深入了解长江文化,抒发自身爱祖国、爱家乡的情怀,学校切实践行了新时代综合育人的理念。

"浦实长江小学者"跨越时空,以诗抒情,将诗词里的诗意长江尽情诵读;以景入画,用自己手中的彩笔描摹这幅长江美景;以墨寄意,挥毫泼墨,临写喜爱的长江诗词,将诗意付诸笔端。

4. 行走中的诗与歌

一江碧水向东流,两岸葱绿身边绕,眼前欣欣向荣的风景不仅是春的盛宴,更是滨江生活的缩影。学校每个月分年级在集团校内举行长江拉练活动,开展长江生态教育,彰显我校力争上游的精神风貌。

在拉练中,各班合作表演的节目有体现优秀传统文化的古诗词《临江仙》《念奴娇·赤壁怀古》《渡荆门送别》,有抒发爱国情怀的激昂旋律《明天你好》,几首讴歌时代精神的经典歌曲《一路生花》《骄傲的少年》《孤勇者》更是让现场的氛围瞬间燃爆。

集团校长江拉练活动,是一次

探究性学习的尝试,让学生走出传统课堂,走入美丽自然,锻炼其体魄,磨炼其意志,增强保护环境、爱江护江意识,努力成为新时代拥有优秀品质和健康体魄的浦实好少年。

5. 在历史的回眸中找寻自我

学校利用地缘优势,开展参观渡江胜利纪念馆、南京长江大桥纪念馆、浦口火车站,乘船往返中山码头和浦口码头,徒步南京长江大桥等实践活动,了解渡江战役的时代背景、主要经过和历史意义,了解南京长江大桥的建设背景、结构、特色、意义,了解津浦铁路的修建背景、过程和价值,了解中山码头和浦口码头的建设历程、文化特色和价值意义。学生通过感受优秀革命文化传统,从小树立报效祖国的远大志向。

渡江胜利纪念馆是南京市"十大红色文化地标",由两个主展馆、下沉式广场和胜利纪念广场构成。在胜利纪念广场上,赫然矗立着6组49颗红色五星组成的群雕,其中最高的一根红色立柱高49.423米,象征着1949年4月23日南京解放"千帆竞渡过长江"的壮观景象。

纪念馆主馆区分为六部分,分别为"序厅""风雨苍黄""天翻地覆""人间正道""胜利之都""纪念厅",展出渡江战役的文电、资料、照片、实物及复制品等各种珍贵史料1100余件。一件件珍贵的文物,默默地诉说着党史上一个个伟大而又辉煌的时刻。

学生们边参观边聆听革命先烈的英勇事迹,看到了战役的不易,感受到了渡江战役中广大支前民工代表们不怕危险、克服重重困难、敢于牺牲自我的红色精神。

学生们还用原创舞蹈《我送亲人过大江》致敬渡江战役激动人心的时刻。随着红色旋律的奏响,一群与少年英雄颜红英一样,生在长江边、长在长江边的孩子,以舞姿重现历史,传承意志。

在党和政府的保护下,中山码头、浦口码头、浦口火车站将旧时的浦口面貌展现在大家眼前,让新时代的少年感受旧时代的气息。学生们在参观的过程中意识到火车站交通枢纽的地位带动了周边经济的蓬勃发展。学生们还了解到老火车站的修缮保护项目始终以"尊重历史,保护特色,重塑价值"为原则,理解了历史与发展的关系。

这些见证历史的建筑,承载的是时代的变迁、社会的发展。在领略了沧海桑田的城市变迁后,学生们更加珍惜如今的幸福生活,也深深牢记要用自己的实际行动回报祖国,坚定不移地跟随党的步伐,争取成为家乡建设的时代新人,为家乡的明天共同奋斗。

6. 一起探寻发展的路

南京是长江流域重要的区域中心城市,未来将建成长江的"绿色生态带、人文景观带、转型发展带、严管示范带"。

学生通过《世纪工程:三峡大坝》了解三峡大坝的建设历程和意义;通过《天堑变通途:从渡江方式看金陵巨变》了解南京人渡江方式从轮渡到过江大桥再到地铁、隧道的转变,感受南京解放70多年以来的沧桑巨变;通过《从乱江滩到绿丝带:百里滨江风光带》了解滨江风光带的"前世今生",感受滨江风光带的旖旎,激发对祖国大好河山的热爱。

从大坝到大桥再到滨江风光带,儿童看到的是人类不断征服长江同时又保护长江的历程。大坝、大桥展现了人类的智慧,描画了社会的发展,而现如今,依江而建的风光带则是人类与大自然和谐相处、美好与共的象征。

7. 最美的未来在向我们招手

长江是中华民族的母亲河,是我国重要的生态安全屏障,是中华民族发展的重要支撑。推动长江经济带发展是党中央作出的重大决策,是关系国家发展全局的重大战略。2016年以来,习近平总书记先后在重庆、武汉、南京主持召开推动长江经济带发展座谈会并发表重要讲话,对长江保护修复作出系统部署。

"万物并育而不相害,道并行而不相悖",其中蕴含的正是自然规律的奥妙。长江,作为世界第三的长河,有着自己完整的生态系统,孕育了无数动植物在其中繁衍生息,人类要想与长江为伴,也同样应该遵循这系统的法则。

学校充分把握长江的资源优势,将学生的研学活动与本地发展相融合,开展一系列实践活动。一方面,学生了解《中华人民共和国长江保护法》的立法缘由,学习保护法内容,了解国家和南京地方对长江生态保护采取的措施,认识保护长江的必要性和重要性;另一方面,学校带领学生走进自来水厂,近距离接触混凝反应、沉淀处理、过滤处理、滤后消毒处理等水生产流程;探访污水处理厂,知晓污水处理的基本原理和流程,感受污水处理前后的巨大差异。学生们收集水质监测数据,做好留存,制成统计图,了解长江水质变化。理论联系实际,帮助学生从小树立环保意识,自觉践行环保行为,共同保护我们的母亲河——长江。

五、玩着玩着就成长了

玩是孩子的天性,借助天然地理优势,孩子们和长江玩在一起,学在其中,能力素养在不知不觉中提升。长江大保护,作为生态文明建设的重要内容,被纳入学校生态环境教育体系。孩子们树立了生态优先、绿色发展的理念,玩着玩着,孩子们就长大了;玩着玩着,生态保护的理念、源远流长的长江文化就根植于孩子们的心中了。

第四节　发现不一样的我们

> 世界上没有才能的人是没有的。问题在于教育者要去发现每一位学生的禀赋、兴趣、爱好和特长,为他们的表现和发展提供充分的条件和正确引导。
>
> ——苏霍姆林斯基

社团课程营造了充满愉悦,具有趣味性、启发性和挑战性的学习环境,学校为儿童设计了艺术、体育、科技、思维等"学院",打造不一样的学习空间,引导儿童发现不一样的自己,有效提升儿童的核心素养。儿童可从自身兴趣出发,选择感兴趣的课程,社团课程区别于一般学科学习过程和班级授课模式,不同年级的孩子们在社团活动中更能发掘自身创造力,发现不一样的自己。

一、美丽的细胞跳动

教育家苏霍姆林斯基认为"美是道德纯洁、精神丰富和体魄健全的强大源泉"。艺术的魅力大概就是无论是舞台下的观众还是舞台上的表演者,都朝着光里望去。艺术自选课程以陶冶情操、培养学生艺术修养为目的。艺术自选课程充分挖掘儿童的想象力、创造力和表现力,让儿童在艺术中充分表达自己的情感,表达对美的认识。

1. 七彩音符

学校心韵合唱团成立于2010年,始终坚持"寓教于乐,享受音乐"的团队文化,将育人理念融合于合唱社团活动中,培养了一批批优秀的合唱团员。对歌曲精雕细

琢,让学生们在教师指导的手势间、钢琴的触键里调整默契,寻共鸣、找音准,磨吐字、融情感,细致处理歌曲的细节,调整音色的变化。专家引领,团队协作,与自己顶真,与艺术较劲,孩子们的演唱能力也在一次次训练中愈发成熟和稳定。

2. 沥粉艺童

沥粉,沥,是指液体的点滴;粉,是指用粉调制的液体。完成一幅沥粉画通常需要四个步骤:用铅笔绘好草图;用精心配比好的沥粉膏沥出均匀、光滑的线条;等沥粉线条干燥后,使用丙烯颜料为画面上色;最后在沥粉线条上贴上国家级非物质文化遗产——南京金箔;孩子们还创新地尝试"湿线撒金"。学生学习沥粉工艺的过程,就是一同触摸金陵文化气韵、感知本土传统艺术之美的过程。

3. 陶韵悠扬

"陶"是中国的象征,是展示给世界的最好名片。陶土乐器和陶土音乐,历史悠久,承载着中国深远厚重的历史文化。陶笛,这种古老的陶土乐器,外形像"埙",音色优美,外形轻巧,便于携带。"小器乐进课堂"作为南京市小学音乐课堂教学改革的一大举措,学校一直在积极地进行开展与推进。通过陶笛特色课程的学习,改变了音乐课堂中单一的教学模式,提升了音乐课堂的趣味性,每一位学生的音乐潜能也得以开发。

【心动时刻】

第一次参加沥粉画社团,我一走进教室,就惊呆了,里面摆放着各种沥粉画要用的材料,有颜料、白乳胶、水彩笔……第一次来要参加一场"考试",老师给我们一人发了一张白纸,让我们画一张画。不一会儿,我就画完了,我看了看旁边的小朋友的画,她画得真棒啊!我想:"不过我的画也不错呢!"我把画交给老师的时候,心里好像装了一只小兔子,跳啊跳啊的。

"不错,"老师说,"这张画画得非常好!"听到这句话的时候,我心里的小兔子才终于跑了出来。老师又让我把在白纸上画的在木板上画一遍。没一会儿,我就画完了。"现在过来看一下我是怎么做的。"老师说,"先把上面的白乳胶挤下去,然后用力推。"我感觉很容易,可当我拿到裱花袋时,一挤……哇!这也太不好挤了吧!我发现看老师挤的时候很轻松,我费了好大的力气才挤出了一小段线条,唉,我真的不知道该怎么办了。

这时,老师走了过来,对我说:"同学,怎么了?挤不出来吗?""嗯,对。"我说。"哦,那我告诉你,手要握在这里,右手抓下面……"

经过老师的细心指导,我终于挤出了一条又长又细的完美线条。我开心极了!

二、身体的极限挑战

柏拉图说:"体育应造就体格健壮的勇士,并且使健全的精神寓于健全的体格。"所有人都知道运动项目的艰辛,但只有深入其中才明白汗水带来的兴奋与满足。

学校以体育项目为主要内容的课程,包含足球、田径、啦啦操、滑板、轮滑、网球、篮球、乒乓球和羽毛球等课程,展示童真阳光、活力四射的魅力。这些课程不仅可以强身健体,还可以培养儿童顽强拼搏、吃苦耐劳的坚强意志品质,为终身体育打下基础。

1. 舞动青春

学校啦啦操社团成立于2016年,以展示学生的健康体魄、自信阳光的交往形象为亮点,以培养学生的团队凝聚力为目标,旨在体现小学生的健康、阳光、活力。啦啦操队自成立起,积极参与区级、市级和全国比赛,所获荣誉近20项。啦啦操队员们集团队协作、奋发向上、自信热情于一身,代表着张扬热烈、朝气蓬勃的精神力量。

2. 轻羽飞扬

学校羽毛球社团由高水平运动员和优秀教练员团队组成,该社团充分贯彻国家"体教融合"教育理念,大力推进素质教育,培养德智体美劳全面发展、有未来视野的人才。羽毛球队研究战术、积极备赛、科学练习,从专项体能、专项技术、临场技战术等多维度多层面夯实参赛队员的基础。队员们克服多方面的困难,坚持参加训练,展现出浦实学子的耐力、韧力和能力。

3. 美轮美奂

轮滑是一项十分有利于青少年成长发育的运动,不仅可以提升学生的耐力素质,更可以帮助学生们建设良好的心理素质。为深化学校始终倡导的"乐于交往,阳光自信"学子品质,学校于2016年成立炫彩轮滑社团,并在师资、硬件、展示平台等方面给予了高度支持。坚强勇敢的浦实娃在一次次摔倒爬起中磨炼出了不怕苦不怕累的运动精神和愈是困难愈是向前的意志品质。

【心动时刻】

正当大家不知所措的时候,杜老师朝我们走来了。她问:"怎么了?你们怎么垂头丧气的呢?""我们输定了。"我们大声嚷嚷道。"为什么呢?我们都还没比呢,怎么就一定输了?""因为他们水平比我们高!"我们异口同声地说道。"哦,你们是这样认为的?那你们觉得我们千里迢迢赶到这里,为了什么呢?是为了长他人志气,灭自己威风吗?是为了看别人夺冠吗?我觉得我们是最棒的,我们就是第一名!"然后,杜老师伸出了手,我们所有队员也把手搭在她的手上,一起说:"加油,我们是最棒的!"

轮到我们上场时,我们就以最好的状态稳稳地打了那场比赛,最后票选结果出来了,我们真的得了第一名。我们手拉着手,簇拥着杜老师,喜极而泣……

这件事影响着我们以后每一次比赛,后来我们每次都载誉而归。通过这件事情我知道了:当我们付出努力,又有足够的信心,迎接每一次挑战,这样才可能成功。

三、动脑与动手的比拼

理想的教育特别青睐于以对话为主要形式的师生交往,用交往的内在精神来改造和重建师生关系。① 斯宾塞曾说过:"科学本身就有诗意。"科学的乐趣在无穷的探索与发现中,儿童的好奇心,就是探索乐趣的过程,让奇思妙想变得具象,就用双手来创造吧。

1. 猎狐行动

无线电测向是一项将知识、竞技、趣味融为一体的活动,是一项健康、智慧型的竞技体育项目,也是一项理论与实践、动手与动脑、室内与户外、体能与智力相融合的体育运动。学校无线电测向社团成立于2019年。随着社团的不断发展,无线电社团训练内容包括微功率测向、2米测向、定向越野、短距测向、测向机制作等。社团自成立的四年以来,以突显测向和定向特色的华彩,在江苏省、南京市测向和定向比赛中多次获得多个项目团体总分第一、二名的佳绩,累计有百人次获得省市级个人赛一、二、三等奖。

2. 飞向蓝天

纸飞机是一项集科技、体育、文化教育于一体的活动,是一项深受广大青少年喜爱的项目,满载着孩子们翱翔蓝天的天真童梦。学校鼓励学生自主设计、制作、调试、飞行,从而提高其动手实践能力,培养其科学创新精神,激发其爱科学、学科学、用科学的热情。社团以"创新点亮航向,科技放飞梦想"为口号,旨在培养学生

---

① 李晓军:《共同塑造完美人格——论教师与学生的交往互动》,《基础教育研究》2001年第12期。

良好的耐心、动手动脑的协调能力和解决问题的能力,引导青少年热爱科学、热爱航空航天、热爱国防,全面提高青少年的综合素质。

3. 创意编程

为贯彻落实国家创新驱动发展战略,培养青少年的创新精神与实践能力,全面提升学生的信息素养和综合实践能力,学校积极倡导学生参与编程社团,编程项目主要分为数字创作、计算思维、人工智能和优创未来四个大项。学生通过小组合作,前期的调查研究、参观学习,中期的实践制作、程序设计,后期的实施测试、精益求精,一步一步让自己的作品不断地成形、完善,在工程任务完成过程中展现了科技创意创新与艺术之美。

【心动时刻】

我是无线电社团的一员,我喜欢我的伙伴们,喜欢我的老师们,喜欢我的社团生活,虽然我们经常在太阳的炙烤下奔跑、定位……但是无线电社团的每次训练都给我留下了快乐的回忆。

那天,老师通知我们,为了备战省级比赛,暑假我们就要开始集训。对此,我十分期待。妈妈却告诉我:"暑假报了绘画兴趣班,你不能参加社团集训了。"我知道自己学习上也得努力,只得默默答应了妈妈。

转眼到了集训开始的那天,知道伙伴们都去训练了,我的心也飞去了。妈妈送我去兴趣班的路上,我遇到了无线电社团的同学,他们正要到江边去训练。

就在这时,天开始下雨了。望着伙伴们的背影远去,我还是想念我们一起奔跑、一起定位的日子。那时候,我多开心呀!我分不清脸上是雨滴,还是眼泪。一下车,我就坚决地告诉妈妈:"我要重新回到无线电社团的队伍里去!"

四、我们的芝麻会开门

交往德育正是这样一种教育理念,它避免把价值判断强加给学生,而是要让学生在与教师的交往互动中进行自由选择和共同建构。[①] 根据学科特征及学生自身特点,思维学院量身定制思维提升课程,让学生在挑战自我的过程中不断创新开拓,收获成功。

1. 七彩文学

让阅读成为一种习惯,脚步不能丈量的地方,文字可以;眼睛无法看到的地方,文字可以。如果不能行万里路,那就读万卷书吧!在校园里与书为伴,平静恬淡;以书为友,不见忧愁;和书相牵,博古通今。学校交往理念下的阅读活动丰富多彩,在学校可以和同学、老师读,在家可以和家长一起读。学生可以定期整理书单,读国学叙古今,读红色论文化,读艺术议情感,也可以将所读所思制作成书签、简报、海报等。阅读让视野更开阔、思维更敏捷、气质更高雅。

2. 魔力麦斯

数学是体操,让我们的思维如电;数学是空间,让我们的想象丰富;数学是图形,让我们的眼光独具;数学是游戏,让我们的创意无穷。以"知海漫游"和"创意无限"为主题的玩转数学活动,让大家一起开动智慧的大脑,独立思考,合作交流,在校园中发现数学、感受数学、喜爱数学,在快乐中获得成长,在成长中享受快乐。

---

① 翟艳芳:《交往德育——美好而真诚地生活》,《高教发展与评估》2006年第2期。

3. 玩转 ABC

英语是充满魅力的,英语是富有挑战性的。英语让中国向世界开放,让世界了解中国。我们要用英语向世界传递中国的魅力文化,让世界爱上精彩的中国。浦口实验小学每年举办英语节,从英语节海报到英语节专属 Logo 的设计,都由学生们自己创意完成,探索诗文国学,展示长江文化,学习英语并用英语传递中华民族的文化内涵,大声介绍自己的所学所思,让英语学习不局限于书本与题目,让语言环境变得更加丰富。

【心动时刻】

许老师伸手邀请我,我走上了讲台,学着她的样子,写下今天的课题,边写边说:"同学们,今天我们学习'哥尼斯堡七桥问题',这个……问题是在欧……拉在29岁时向……"这可真奇怪,昨晚明明都将资料熟记于心的,可一上台就结结巴巴,可能是太紧张的原因吧。我努力地放平心态,可是一看到大家期待的眼光,脑袋就空空如也,什么也想不起来,不知所措地站在那里,等着许老师来救场。许老师并没有说任何话,只是用坚定的眼神看着我,仿佛在说:"相信自己,你可以的!"那一瞬间感觉时间像静止了一样,我不停地自我调节,渐渐地,我发现只要不和同学们有过多的眼神交流,似乎就不会那么紧张了。

"小李老师,"小夏问我,"七桥可不可以不重复地走完回到原点呢?""虽然不可以,但是这个问题引发了新话题。接下来,我给大家出几道题,第一题关于五角星。"小陆若有所思:"第一道题先画一个五角星,再从五角星的一个角依次相连其他的角。""完全正确!"我边鼓掌边评价。"下一题,这个有点难度,关于奥运五环,谁愿意来回答?"这时小朱勇敢地走上讲台,可是他支支吾吾了半天,脸成了一块红布。我拍拍他的肩膀又接过他的粉笔:"这是个奥运五环,我们要把圆折开……"我边说边演示,化解了小朱的尴尬,同学们也茅塞顿开……

属于我的10分钟很快过去了,这是我第一次当老师,虽然有些紧张,但也算是完美地完成了任务。当老师可真不容易,"台上十分钟,台下多年功"啊!

第五章 课堂:学习,看见无处不在的联结

陶行知说:"先生的责任不在教,而在教学,而在教学生学。"[①]教学生学就是把教和学联络起来。我们主张的交往是促进儿童全面发展、健康成长的重要力量。以"快乐交往,共享成长"为理念的教学,就是要把"教和学联络起来",将学会交往作为儿童学习成长的方式和走向未来的阶梯,重构师生关系,引领儿童与朋辈、与师长、与自我、与书本、与社会、与自然建立起以快乐学习为内核的联结。

我们尊重每个儿童作为独立个体的生命体,尊重儿童在活动的、合作的、反思的学习中所表现出来的个体成长的轨迹。交往型学习以民主、平等、开放与合作为基本原则,以对话和互动为影响交往双方进行意义理解、达成共识与建构和谐关系的重要因素,通过在课堂内外培育相互学习、共同成长的联结关系,让儿童自我成长,实质上就是让儿童在交往中与世界建立起美好的联结,从而塑造自我。因而,学校尊重每个儿童的个体差异,同时通过无处不在的联结,影响每个儿童个体成长的轨迹,期冀着让学校成为一个个儿童一起愉快地努力学习、健康成长的地方,成为以学习共同体为特质的文化家园。

---

① 方明编:《陶行知教育名篇》,教育科学出版社,2013年,第1页。

第一节 一起努力学

> 学习既是过程,也是这个过程的结果;既是手段,也是目的;既是个人行为,也是集体努力。
> ——《反思教育:向"全球共同利益"的理念转变?》

一、《反思教育》的反思

21世纪,知识门类激增,大量的边缘学科涌现,知识更新周期不断缩短,信息化特征明显。2015年11月4日,第38届联合国教科文组织全体大会通过了《教育2030行动纲领》。与此同时,联合国教科文组织发布了一份新的研究报告《反思教育:向"全球共同利益"的理念转变?》(以下简称《反思教育》)。这是联合国教科文组织成立70年以来,继1972年发布的《学会生存:教育世界的今天和明天》和1996年发布的《教育,内在的财富》之后又一份重要的报告。

《反思教育》面对世界新的挑战,提出教育应负的责任和教育变革的需要,提出要重新定义知识、学习和教育。总的精神如报告导言中所说:教育应该以人文主义为基础,尊重生命和人类尊严,追求权利平等、社会正义、文化多样性、国际团结,并为可持续的未来承担共同责任。在教育和学习方面,要超越狭隘的功利主义和经济主义,将人类生存的多个方面融合起来,采取开放的灵活的全方位的学习方法,为所有人提供发挥自身潜能的机会,以实现可持续发展的未来,并使其过上有尊严的生活。

《反思教育》对学习和教育重新下了定义:"学习可以理解为获得这种知识的过程。学习既是过程,也是这个过程的结果;既是手段,也是目的;既是个人行为,也是集体努力。学习是由环境决定的多方面的现实存在。获取何种知识以及为什么,在何时、何地、如何使用这些知识,是个人成长和社会发展的基本问题。"

长期以来,在我国居核心和主体地位的是工具理性论,即强调知识专精化和窄化,过分强调学科体系的形式化,主要表现在:从概念定义出发,着眼于逻辑上的严密,重视形成演绎推理系统,忽视从实际出发,忽视掌握科学事实与现象;过分强调本学科地位作用,忽视学科体系整体的综合功能;片面强调知识的全面性、系统性和基础性,忽视对学生发展的作用;片面强调技能方面的训练,忽视人文精神、文化素养的陶冶。

现阶段学生的学习活动,即使运用了现代化的教学手段,那种快速的"洗脑式学习"也只是获得知识,并非获取学习能力。在未来的人工智能时代,教师不仅仅是知识的传授者,还是满足学生个性化需求的教学服务提供者,是学生学习的陪伴者。教师要带领学生开展集体学习行动,进行各种尝试,调动更多的生活经验去感受学习的过程,通过相互的沟通与交流,不断修正学习方法,最终习得知识,有效提升学习能力。

二、交往学习的探索

交往是人类的存在方式和发展方式,交往使人类个体超越自身的局限性,获得更大的发展自由。交往本身就包含教育的要素,是教育产生的一个重要组成部分。正如有的学者所说:"教育起源于人类的交往活动,而不是生产劳动,尽管人类社会最初的交往活动大量是在劳动中进行的,但我们依然不取生产劳动为教育的形态起源。"[①]因为教育关系是人与人之间的关系,而劳动中的关系是人与物之间的关系,所以,劳动不是教育的形态起源,教育的形态只能是起源于人与人之间的交往。总之,产生于人类创造活动的教育是扩展人类本质、创造人类自身的需要,而形成于特殊交往活动的教育,使人类打破了单一的自然生命的演进规律,使人类在代际转换过程中创造出更丰富的精神生命和价值生命。在实施素质教育的今天,仍有一些家长、教师习惯上把"听话"作为衡量孩子的重要标准,忽略了儿童的独立思考、创造力和个性发展。真正的"以人为本",应该是尊重每个人的独特性,鼓励他们自由表达自己的想法和感受,并在适当的时候给予指导和帮助。只有逐步实现教育的创造和交往转型,通过教学生学会创造和交往,才能把他们培养成德智体美劳全面发展的创造型人才,才能适应其自身和社会主义社会全面和谐发展的需要。

教师只有千方百计地促进学生以学为中心的交往,进行交响乐式的教学,使学生彼此之间能相互学习、息息相通,这才是真正体现主体的教学。这是日本教育学家佐藤学在《静悄悄的革命》一书中提出的重要观点。可见,教师的作用是替代不了

---

① 叶澜主编:《教育学原理》,人民教育出版社,2007年,第22页。

的,如果让学校改变就必须改变教学,要想改变教学就必须打开教室的大门,成为开放教室,从学校内部开始变化。浦口实验小学秉承"快乐交往,共享成长"的办学理念,长期致力于研究交往教育理念下教与学的行为,深入挖掘交往教育的内涵与价值,积极探索交往课堂教学模式与学习方式,有力推动交往教育的实践与发展。

(一) 理念,源自本质的选择

任何探索的背后,都是理念的力量在推动。因此,在做决策和形成理念时,我们回归问题的本质和核心价值观,以此进行选择。

我国著名教育家叶澜教授指出:教育在本质上是一种特殊的交往活动。交往教育使学生的多种潜在发展得到充分的挖掘和提升,真正满足学生多元的发展需求。交往教育就是在家长及教师一定的规范和约束影响下,构建学习共同体,在彼此尊重、理解的前提下,开展对话性、交互性的学习活动,加强教师与儿童、儿童与儿童之间的信息交流和反馈,从而达到共识、共享、共进,最终达成儿童知识、智慧和整个人格生成的教育目标。

在这样的教育理念指导下,教师在教学过程中根据儿童的认知方式和成长需要做出选择。首先,教师与儿童共同选择教学目标。教师根据班级学生的实际情况,选择"达到什么目标",结合儿童需求,对知识与技能、过程与方法、情感态度价值观三维目标进行重组,最终创造性地确定适合本班学生的教学目标。

其次,教师与儿童一起选择教学方式。基于"在活动、实践基础上通过交往促进儿童发展"这一基本思路,教师根据现代学习的自主性、选择性、实践性、社会性与创新性,选择适合儿童的不同的教学方式,使教学活动体现出以"参与、合作、体验、探究"为特征的发展性特点。[1]

最后,教师在教学中积极挖掘适合儿童的教学资源,让儿童积极参与到课程实施中。教学资源丰富多样,各地区的资源不尽相同,尽管课程相同,但是在教学资源选择上,教师充分让儿童参与进来,让他们自主选择适合自己的教学资源。

(二) 对话,听得到的课堂智慧

交往教育理念指出,师生在平等、自主、合作、探究的环境下学习,而课堂中的智慧对话是课堂交流中具有反馈意义的重要因素。在课堂上学生的言语和非言语反馈,是教师发现学生是否存在问题的重要判断。根据不同的标准,我们将对话方式分成不同的种类。教师立足于多维度观照,积极探寻学生对话策略。

---

[1] 郑葳:《学习共同体——文化生态学习环境的理想架构》,教育科学出版社,2007年,第4页。

1. 激励性语言

赞扬是缩短师生距离、改善交往关系、提升交往能力的重要措施。在课堂对话中,并不缺少可以赞扬的学生,唯独缺少的是教师赞扬的声音。对学生的回答,教师赞扬与否,所达到的效果是不一样的。赞扬,是肯定,也是鼓励,会使学生的课堂表现更自信;不赞扬、沉默、否定,都会在一定程度上影响学生的积极性和主动性。

2. 提升性语言

理答是课堂对话的重要组成部分,有效课堂呼唤有效理答、高效理答。对于性格内向或者交往能力较弱的学生,其在课堂上的交往、交流,存在声音小、胆怯等问题。对此,教师要引导其同桌或其他同学用提升性语言理答。学生接受了这样的暗示,立刻提高了嗓门,顺利地表达自己的想法。这种提升性理答,不仅保护了学生的自尊心,还活跃了课堂气氛,取得了明显的激励效果。

3. 发展性语言

发展性语言是对学生的学习活动给予及时的、有发展性的反应,通过对话,学生能够判断自己的课堂表现是好是坏,并且对不好的表现做出适当调整,尤其是在学生出现认知偏差时,教师引导学生活用发展性语言,学生之间的交往会变得更高效。

(三)互动,看得到的课堂关系

马丁·布伯在《我与你》中指出,从某种程度上说,交往是一种"我"和"你"之间的关系,关系具有相互性。

学校研究交往教育 30 多年,我们尊重儿童、支持儿童,共同建构"有灵魂的课堂",课堂上我们形成这样的基本关系模型(如图)。

1. 老师,我想和你一起

这是师生的"交往",是交往教学的基本"交往"形式。在教育教学过程中,师生共同探讨、共同研究,主要是通过提问、理答、讨论等形式进行。教师给儿童以指点,学生给教师以启发,互相促进,共同发展,实现"教学相长"。

2. 同桌,最近的"学习共同体"

同桌互动合作学习模式因为学生交往的范围较小,在课堂教学中组织的时间不长,所以很容易操作,是最直接、最方便、最有效的互相帮助。教师给以指导,让会的"小老师"教不会的同伴,让暂时落后的同伴轻松学习,"小老师"则在进一步巩固所学的同时产生自信心和自豪感,同伴间实现共同进步。

3. 小组，团队精神的最佳体现

这是生生的"交往"。教师组建合理有效的合作小组，正确实施互动学习的设问策略，研究小组互动学习基本流程。学生以合作为手段，积极尝试小组学习途径。这样的社会化探究学习，可以解决高难度问题，同时还可以培养团队合作的精神。

4. 群组，实现教与学行为改进的最大化

在信息化日新月异的今天，我们建立 QQ 群、微信群等，进行网络交流。这些形式不受时间与空间的限制，共享丰富的网络化学习资源，以个体的自主学习和协作学习为主。在学习过程中，儿童与教师、儿童与儿童之间交互，培养学习者发现问题和解决问题的能力，提高学习者收集、分析和利用信息的能力，促进学习者学会分享与合作。

5. 家校合作，感受另一种永恒的温暖

"师亲交流"与"亲子合作"也是"交往教育"的重要内容，通过现代信息手段、家长会、家访、书面联系等形式，加强家校互动的开展，意义重大，它必将促进家校"互补"，形成教育合力，共同教育儿童，促进儿童成长，实现家庭和学校教育的"双赢"，是"大教育"基础上的"大交往"。

（四）共生，实现"一起努力学"

21 世纪必备的综合能力，无论是合作能力、创造力、解决问题的能力还是自我监控的能力，都是交往型学校亟待培养的。"交往教育"如何营造一个社会交互学习的环境？

学校在"交往教育"理念的指导下，经过数年的努力，建构了"教学评一体化"交往教学模型，实现以"一起努力学"为核心的互助学习样态。

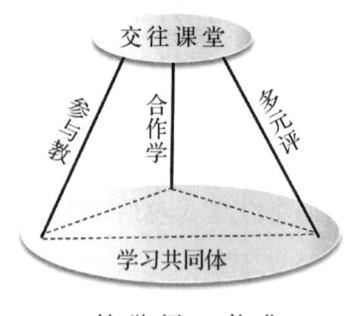

1. 参与——改进"教"的行为

（1）儿童参与创设情境：我们一起来表演

新型的课堂教学强调课堂互动。体现师生各自在课堂中的主体地位，课堂才会真正焕发出生命的活力。教师创设合作学习的情境，建立合作机制，引导儿童参与创设教学情境，有利于师生间、生生间的情感和信息交流，有利于儿童思维的撞击和智慧火花的迸发，能够强化儿童的主体意识，使儿童成为教学活动的积极参与者；能够弥补教师一个人不能面向每个儿童进行教学的不足，通过儿童间的互动，达到人人教我、我教人人的目的，在交流互动中渗透"交往教育"。

(2) 儿童参与知识呈现：我是这样理解的

教材是必不可少的课程资源，但我们的教学不应只"教教材"，而要"用教材教"。作为教师，应通过预设与生成共同完成动态的开放的新型教学。教学的过程是师生之间共创共生的过程。课堂教学中知识的呈现方式也更加多元化，儿童在耳濡目染中也学会了这样的表达方式，用直观呈现法、体态呈现法、游戏呈现法、谜语呈现法等方式带领伙伴学习。总之，新知识的呈现方法是灵活多样的，儿童积极参与知识呈现，让交往课堂自然灵动。

(3) 儿童参与理答反馈：我觉得可以这样想

交往教育理念指出，师生应该在平等、自主、合作、探究的环境下学习，而课堂中的理答实际上是一种反馈，而反馈又是课堂中交流的一个主要因素，教师若能关注儿童的言语和非言语反馈，就能更好地确认和适应那些在理解或掌握课堂教学内容方面存在问题的儿童，根据不同的标准，将理答方式分成不同的种类。教师多维度观照，积极探寻儿童理答策略：儿童有效体验时，引导同伴用激励性语言理答；儿童理解肤浅时，引导同伴用提升性语言理答；儿童错误偏差时，引导同伴活用发展性语言理答，让儿童与儿童的交往自然流畅。

(4) 儿童参与质疑问难：我思考是否可以这样

古人云："学贵有疑，小疑则小进，大疑则大进。"教师在培养儿童创造性思维的过程中，激发和培养儿童的质疑精神、质疑能力就显得尤为重要。不少儿童问题意识薄弱，不想问，不愿问，或者提出的问题缺乏深度，有鉴于此，教师通过转变思想观念、优化民主气氛、创设教学情境、激发兴趣和好奇心及加强思维指导等途径，把学习的主动权交给儿童，有意识地启发和培养儿童质疑问难的能力，在和谐的氛围和宽广的平台中实现了交往课堂中师生的和谐共生。

(5) 儿童参与作业设计：我们想这样做

新课程理念所指导下的作业与练习设计，不应只是关注儿童是否掌握知识要点，而要关注儿童能否运用相关知识解决实际问题，关注儿童的实践能力和创新能力的培养，更要关注儿童在解决问题时表现出的情感、态度、价值观。"教师要放手让儿童自主设计多层次作业，尊重儿童的差异性，重视个性的发展。如，儿童设计趣味性作业，画一画、唱一唱、演一演、做一做、说一说等实践性很强的作业，不但能激发儿童浓厚的作业兴趣，而且能培养儿童动手、动脑、想象、思维等多方面的能力，更好地解放儿童的大脑、双手、眼睛、嘴巴、时间、空间……"[①]

---

① 任力：《交往教育，让学生"活"起来》，《中小学校长》2022年第8期。

2. 合作——改革"学"的方式

(1) 研学:我们一起来学习如何"学习"

学习就是学习如何"学习"。就学校教育来说,儿童是学习的主体,教师只是学习的教育引导者。儿童的"学"和教师的"教"是相辅相成的,教师的"教"在儿童的一生中虽然重要,但是相对短暂,而儿童自学能力却是其长久受用的本领。课堂中有效开展研究性学习,通过观察→发现→猜想→论证→归结→应用的一系列途径,培养敏锐的观察能力和善于思考的学习习惯,对儿童的自主性的要求显而易见。

(2) 互学:我要向你学习

"相观而善谓之摩"体现了合作最基本的理念——互相帮助。小组互相合作学习是指儿童在小组或团队中为了完成共同的任务,有明确的责任分工的互助性学习。合作学习还有利于教学的多边互助,使每个儿童都获得平等参与的机会,也有利于照顾儿童的个别差异,使每个儿童获得成功的体验。教师在课堂上要求儿童采用同质合作或异质合作方式学习,按照一定的合作规则,探究新知、巩固旧知,以求得共同发展。

(3) 展学:这是我们的作品

交流展示是整个课堂的主旋律,儿童的"动"应贯穿于整节课的始终。通过儿童的动口、动手、动脑来展示学习的成果,以达到活跃思维、锻炼勇气、培养能力、塑造人格的目的。教师要有全员参与的意识,调动儿童更多的学习热情,让儿童无拘无束地"动"、随心所欲地"说",在课堂的零干扰状态下主动求知,以学促教。教师给儿童提供多种探究的机会,并让他们感受到成功的喜悦,这将激励他们不断地去探索,从而走上成功之路。

3. 多元——改变"评"的样态

(1) 自我评价:我觉得自己很不错

自我鉴定与评价,不仅影响社会中人与人的交往方式,而且影响社会中人的心理健康程度,影响人的价值观和人生观的合理程度。

形成性评价和总结性评价都是必要的,但应加强形成性评价。提倡采用成长记录的方式,收集能够反映学生语文学习过程和结果的资料。因此,可在学生的自我鉴定与评价过程中,建立学生成长记录的方式,反映学生学习进步的历程。成长记录的方式,不仅有助于收集学生各方面的信息,保证评价的全面性和科学性,使学生获得成功的体验,而且为学生的成长过程提供了一个很好的形成性评价,能使学生感受到自己不断地进步,并认识到自己的天赋与能力,也为教师全面了解学生的学习情况、改进教学、因材施教提供重要依据,让学生看到自己成长的足迹,懂得欣赏自己创造的美,获得成功的喜悦。

(2) 同伴互评:我们都很了不起

学生在相互评价中能够学会尊重他人、欣赏他人、肯定他人;能够学会取他人之长,补自己之短;能够学会从不同的角度去观察事物和看待问题。

同伴互评,由于学生的心理、思想、认识、语言、生活基本相通,同伴间的赏识易被接纳,同伴之间更加融洽和谐。同伴互评使一次学习活动能进行多角度、多层次的实践与交流,能最大限度地避免由于师生心理距离而造成的武断评判,能扎实有效地培养儿童的自主性、研究性学习的习惯。所以,相互评价回归了学生的主体性,学生在相互评价中受益匪浅,这是因为儿童在这种多向交流的对话中,在发现、欣赏他人的优点的同时,改进自己的不足,不仅实现了知识的迁移,还提高了学习能力、交往能力。

(3) 师生鉴评:我和你共赏生命之美

教学中,教师要懂得包容,能够发现、欣赏学生的美,师生在教学中相互欣赏、彼此悦纳,一起成长,在实现"各美其美"的同时,达成"美美与共"的教育愿景。

在课堂教学中,教师建立宽松和谐的课堂氛围,发现学生的亮点,让学生积极地投入学习中;教师既要尊重学生的优点,也要尊重学生的错误,挖掘错误中有价值的因素,即可变拙成巧;教师用探讨性的评价语言让学生通过自己的探究找出答案,获得了思维的提升。同时,在课堂上,让学生评价教师的教学行为,既可以夸赞,也可以纠错,更可以提出自己的改进设想。民主平等的教学氛围充分发挥交往教育的魅力,渗透着教师的关爱、包容和鼓励,为课堂注入一股新鲜的血液,使学生获得更大价值的生命超越和个性发展。这样轻松的师生互动评价才能更有效地促进交往课堂师生的共同发展,才能体现交往课堂的人文性。

(4) 活动展评:快看,这是我们的活动

"活动展评"顾名思义,开展一系列活动对学生进行展示评价,让学生的能力在展评活动中体现、思维在展评活动中发展、个性在展评活动中张扬,极大地调动学生参与的积极性,丰富学生的精神生活,促进他们的身心健康和全面发展,让校园充满活力与生机。

班级活动展评:优秀作业展评、课前演讲、儿童课程等,培养学生良好的学习习惯,营造相互学习、共同提高的学习氛围,进而提升学生的能力。

学校活动展评:读书节、数智节、英语节、艺术节、科技节等丰富多彩的展演、竞赛活动对学生特长进行评价,给学生提供更高的平台去展示自己各个方面的才能,相互切磋、借鉴,让他们变得更加自信、阳光,提高他们的交往能力和合作意识。

总之,活动展评为儿童提供展示平台,增强了他们的自信心与创造力,丰富了校园生活,助力儿童全面发展。

(5) 网络智评:动动手指点个赞

基于网络的网络智评方式较好地体现了评价方式的多元化,旨在通过师生、生生,包括社会的评价,让评价更加客观、全面。

学习者扮演教师角色,对同伴提交的作品质量、水平等进行定量评价或定性评论,充分体现了建构主义学习理论,让学生在交流互动中认真思考、积极建构、深度理解,从而促进教学目标的实现。学生在评价同伴的同时,也会接受同伴的评价,双方在评价与被评价过程中学得知识、习得技能。网络智评是一项借助集体智慧赋予学生丰富社会性互动体验的评价方式。师生间、生生间在网络上的相互评价,打破时空的局限,更加自由、便捷。师生通过评价,相互激励,实现目标一致,自由发声。

教师作为学生发展的重要他人,通过自己的专业素质引导学生参与教学实践活动,营造"一起努力学"的文化生态,建立起真正的"学习共同体"。师生在共同愿景的感召下,在润泽的教学环境中分享智慧、质疑问难、探索创新。每个学生充分享受学习的乐趣,每一次生命的体验充盈着智慧的生成,实现"教与学相长,师与生共融"。

第二节 发挥学科的力量

"师生之间和学生之间越是相互关心、相互负责,越富于支持性,学习的潜力就越大。"[1]

交往者需要彼此承认,交往者建构对客体的深层理解,拓展合作与对话的交往空间。学校借由交往触发主体的自我省视,发挥学科的力量,在全息的互动中形成生命共生的交往生态圈,积极探索"一起努力学"的交往学科样态,如,道德与法治:以生活为根基的价值共生;语文:以文本为媒介的言意共生;英语:以情境为依托的文化互鉴;数学:以思维为核心的数智交往;科学:以创新为导向的探究交往;体育:以运动为途径的健康交往;心理健康:以情感为纽带的生命交往;劳动:以技能为要义的实践交往;综合实践:以融通为旨归的创意交往;信息科技:以讯息为载体的数

---

[1] [美]戴维·W.约翰逊、罗杰·T.约翰逊:《领导合作型学校》,唐宗清等译,上海教育出版社,2003年,第37页。

字交往……在这样的学科学习样态中,师生用交往点燃学习激情,变革学习方式,大家一起努力学,建立共同成长的情感。

一、人文素养学科:一起欣赏世界之美

人文素养学科,通常包括人文学科、社会科学、历史和哲学等学科。这些学科主要研究人类文化、人类价值观、人类精神以及人类社会和自然的关系。这些学科有助于培养儿童的批判性思维、创造力和人际交往能力,同时也有助于提高他们的文化素养和人文精神,更好地理解和欣赏不同文化的美丽之处。

(一) 道德与法治:以生活为根基的价值共生

> 政治认同、道德修养、法治观念、健全人格、责任意识等五大核心素养,这是国家育人目标在道德与法治课程中的集中表现,是儿童通过该课程学习之后应该逐步养成的关键能力、必备品格与价值观念。
> ——《义务教育道德与法治课程标准(2022年版)》

"价值共生"是腾讯研究院、企鹅智库联合清华大学经管学院互联网发展与治理研究中心研究了数字化中的人、组织、社会以及他们之间的关系,提出的创新理论。

"价值共生"理论强调,在数字化时代,应充分发挥人的作用,积极运用数字技术,实现经济价值的最大化。

那么,在道德与法治的教学中如何实现"价值共生"呢? 我们认为,必须充分发挥教育的作用,以生活实践为基础,构建出共生、共治、共享的道德生态。

"打好精神底色,夯实人生根基",随着社会的发展和进步,道德与法治课在培养儿童良好道德品质和法治意识方面发挥着重要作用,是培养儿童正确价值观念不可或缺的一环。

我们发现,在道德与法治课堂中设计有效的交往活动、营造良好的道德风尚,有利于引导儿童树立正确的人生观、世界观、价值观。

道德与法治课堂具有很高的生活性和活动性,设计的活动会从课堂扩展到家庭、社区以及儿童的其他生活空间,需要儿童具有一定的交往能力和实践能力,使知识通过其在交往、实践活动中的直接体验、思考、积累而逐步建构起来。因而,要努力建构促进儿童交往、促进儿童成长的道德与法治课堂教学,让教育教学更加适应

儿童健康成长,提升教育教学质量,提升儿童核心素养,让儿童更善于交往,将交往能力浸润到道德与法治实践活动中,促进儿童的价值共生,在儿童心中埋下真善美的种子,引导儿童扣好人生第一粒扣子,实现道德与生命的共成长。

案例

环保,共同的责任
——以《地球——我们的家园》教学为例

师:同学们,老师今天给大家带来一部电影,让它陪我们开启这节课的学习之旅。猜猜看,这是哪部电影的主题曲呢?(播放视频)

生:《流浪地球》。

师:(板书课题)我们美丽的地球为什么会流浪呢?课前我们花了一周去调查研究,今天我们就展示一下各组的研究成果,一起走进《地球——我们的家园》。

活动一:情景表演,探究地球生病缘由

师:我们先看一个表演。是谁让地球受到了伤害?

学生表演小品:看医生。(现场表演)一个学生头戴地球头饰,饰演地球妈妈,挂着拐杖,一瘸一拐地上场。另一个学生穿白大褂,饰演医生。

师:人类的哪些行为伤害了地球?我们身边的人有过这样的行为吗?请环境问题调查组汇报。

生:环境问题调查组汇报——数据表格呈现

时间	地点	地球的举动	给人类带来的危害
2019年9月	澳大利亚	森林火灾、沙尘暴、洪灾和冰雹的轮番袭击。	千亿元财产损失,数亿只动物死亡,几十万只"毒王"蝙蝠入侵城市!

师:人类的不当行为,让我们的地球资源短缺、面临枯竭,环境受到污染,生态受到破坏。我们的地球越来越不堪重负。

活动二:小组合作,思考人类与自然的关系

师:病痛折磨下的地球生气了,生气的地球会做出哪些举动呢?我们人类能全身而退吗?

师：请重大污染事件调查组交流。

生：介绍水俣病。（视频介绍《水俣病之痛》）

师：人们想到逃离地球，行吗？看视频。

师：人们还想到了再造地球生物系统，行吗？请生物圈调查组展示。

生：生物圈调查组展示。（视频介绍《生物圈2号之谜》）

师：澳大利亚山火肆虐，数亿生命逝去；南极气温破表，冰川加速融化；菲律宾火山频发，地震不断；东非千亿蝗虫过境，遮天蔽日……生气的地球给人类带来的是无尽的灾难，人与自然的关系应该是怎样的呢？你们知道哪些人与自然和谐相处的成功案例？请生态和谐调查组分享。

生：生态和谐调查组汇报。（水乡、梯田、草原……）

师：人类与自然是生命共同体，只有与自然和谐相处才能共生，如果人类不能尊重自然，对默默奉献的地球不去珍惜而是随意破坏，必然会受到大自然的惩罚，人类对大自然的伤害最终会伤及自己。

活动三：保护地球，我们共同的责任

师：为实现有效地保护地球，实现可持续发展，国际上采取了哪些行动？请法律法规调查组汇报。

生：法律法规调查组汇报。（课本内容《巴黎协定》……）

师：你知道有哪些环保类节日呢？（课件呈现）你参加过这些节日的活动吗？做过些什么具体的事情呢？请节日调查组汇报。

生：节日调查组汇报。（世界水日、国际植树节……）

师：你知道我们国家还采取了哪些具体的环保举措吗？请新能源调查组汇报。

生：新能源调查组汇报。（垃圾分类、共享单车、熄灯一小时……）

师：保护人类赖以生存的地球，我们小学生可以具体做些什么呢？

生：节约水电、低碳生活、少用一次性用品、水循环利用……

师：（采访地球）亲爱的地球，看着人类这样积极保护你，此刻你想说什么？

生：感谢大家对我的爱护，希望更多的人能参与到这项工作中来……

【案例反思】

小学道德与法治课堂是实现"立德树人"的有效途径，能够实现情感、态度、价值观教育，落实政治认同、科学精神、法治意识、公共参与等素养提升。"生活教育"包含丰富的教育内容，《地球——我们的家园》一课，教师结合社会生活中儿童能够理解的重大事件或有意义的公益活动、科学技术的新成果、儿童感兴趣的当地的自然现象、与儿童关系密切的热点问题等开展教学活动，保持课程内容的丰富与鲜活，教师引导儿童积极参与情境创设、知识呈现、课堂活动、评价总结、课外拓展等交往活动，优化教学设计，实施有效教学，培养儿童的公民意识与社会责任感。

1. 合作表演，形成一致的价值认同

课堂通过情境设置、角色扮演等形式引导儿童从生活中来、到生活中去，贴近生活实际、贴近儿童喜好，符合新课标的理念和儿童的思维生长特点。

如，在导入环节，教师和儿童一起表演《地球就医记》，医生"诊断"——"地球的情况不容乐观，让我们看看它经历了什么？"沉浸式的情境创设吸引儿童对教学过程的参与，寓价值观教育于情境表演中。儿童对此兴趣盎然，这激发了他们的生活感悟，他们在日记中点赞这种有趣的教学方法，形成了对环保的价值认同（如图）。

2. 分组调查，获得多元的道德认知

陶行知先生的"生活教育"理论强调要在生活中注重儿童个性发展，本课的环保意识教育来源于儿童生活，让儿童在生活中获得有意义的教育。

当前的学校教育也要尊重儿童主体，注重儿童个性发展，让儿童主动参与课堂教学，自己去选择判断并解决问题，改变传统教育中以教师为主体、以课本为中心的教学模式，寓教于乐，寓教于生活，在生活中实施教育，尊重儿童独特个性的自由发展。

如，课前，教师安排儿童组团自主选择话题，结合调查研究，联系最近生活中观察所得发表看法。同学们分成环境问题调查组、重大污染事件调查组、生物圈调查组、生态和谐调查组、法律法规调查组、节日调查组、新能源调查组，展开为期一周的调查研究。各组自主搜集到的重要短视频《生物圈2号之谜》《水俣病之痛》等能够提高他们对环保内容的了解程度。尤其是环境问题调查组的分享（如下图）：调查员用生动的资料介绍"水俣病"，"水俣病"从教材中的一个名词演变成一个重大环境事件，极大地刺激儿童的感官。这样的前期合作调查，有效提升儿童作为人的主体力量，明确本课主旨——环保的重要作用，体现了"教是为了不需要教"的理念。

3. 展示分享，强化共同的道德体验

教师不仅要了解儿童身心特点，更要了解他们的内在需求类型，这是从儿童内需出发设计与完善组织教学活动的重要前提。我们不但要满足不同儿童现实的内在需要，还要确保儿童个体参与教学活动时具备相对较高的主体性；参与式教学提倡开展分组合作的活动，这种活动形式为师生、生生、组组之间的合作提供了展示的机会。智慧经验在合作中得到分享，学生在合作中获得成功。

如，道德与法治的课堂活动是教学的主体部分。本节课的部分教学素材需要儿童参与体验——提前搜集、课堂分享。本节课的课堂活动以各小组分享课前调查研究的形式呈现。各组分享的图片、文字、视频、音频都是组员们集思广益、精心制作而成。以生态和谐调查组为例，组员分头行动，查找资料，对资料进行整理，搭配图片、文字，制作展示PPT（如图）：依水而建的水乡、牧马为生的草原……课堂呈现美轮美奂。儿童不仅仅是教育教学过程的受益者，也是教育价值的提供者和教学效能的贡献者。他们在研究过程中感受保护地球的责任感，在展示过程中体验成功的自豪感。

4. 群体反思，内化丰富的道德情感

"生活教育"积极倡导儿童的参与，参与不仅让儿童能在自己的生活中发现问

题,还能让儿童学会反思、顿悟,通过组员之间、组组之间的交流不断发现自身之外的知识,以此来构建新的道德情感。

如,本节课的评价总结展现的是儿童本节课的收获,他们结合自己在生活中发现的环境问题,提出改善的建议,记录在"小小环境观察员"表格中,书写在词条上(如图):节约水电、低碳生活……呈现在黑板上的文字发出"爱护身边环境,争做文明南京人"的呼声。教师变灌输为感悟,引导儿童在思考、分析中得出正确的道德结论,有效丰富了儿童的道德情感。

5. 社会拓展,获得协同的道德成长

实践活动是提高儿童生活能力的重要手段,只有丰富儿童的社会实践经历,才能让儿童更快、更好地融入社会,适应社会生活。教师设定课外主题活动,坚持以"儿童参与"为行动首要素。

教师根据核心素养关键要素以及各素养在不同年段的表现,引导儿童设计多样化"生活教育"主题活动(如图):参加环保绘画比赛,设计环保公益广告,绘制环保海报,去江边捡拾垃圾……活动阵地从校内延伸至校外,甚至与其他学科相联系,扩展、深化儿童的经验和体验,为道德与法治课程服务,促进儿童的道德成长。

总之,我们强调道德与法治教学以儿童的生活为根基,以他们身边大量新鲜、准确、真实的生活事件为教学内容,注重情境创设、体验式学习、价值观引导、法治意识强化和实践环节的落实,引导学生产生共鸣,深入理解观念的内涵和价值。积极调动激发学生的情感和思维,实现共振,才可让学生成长为一个"完整的人"。

(二) 语文：以文本为媒介的言意共生

> 语言文字是人类社会最重要的交际工具和信息载体，是人类文化的重要组成部分。语言文字的运用，包括生活、工作和学习中的听说读写活动以及文学活动，存在于人类社会的各个领域。
> ——《义务教育语文课程标准（2022年版）》

日常交往中，人总是在头脑中先酝酿出某种特殊的"意"，再选择恰当之"言"加以表达和记录。这种言意关系一旦通过人的内在"张力系统"反复推敲与斟酌，便会在平衡的基点上凝定和建立，演化成一段话语、一篇文章、一部作品。这时以文本为媒介的言意交往就应运而生。

语文课程是一门基础性课程，也是一门融人文性、实用性、工具性、审美性于一体的课程。"言"指的是语言文字中所蕴含的信息，是语文工具性的体现；"意"是在阅读过程中产生的情感共鸣，是语文人文性的体现。"言意共生"追求的是学生在阅读过程中，言意相互支撑，共生共长，促进学生语文素质的全面提升。[①]

1. 言意转化，表里如一促交往

言和意是学生语文学习的"表"与"里"。语文学习穿行于言意转化之中，言语意义在语言世界、思想世界及现实世界中通过言意交往活动而达到理想状态。基于中国古代文论言意观，我们提出了以文本为媒介的言意交往的新时代语文教学主张。学生以文本为媒介在言意交往中涵育智慧，传承文化，激活思辨（发展思维），审美熏陶（滋养精神）。学科核心素养在语言的建构与运用当中不断地形成、提升、完善，从而促进学生与文本的高品质交往。

2. 言意兼得，缺一不可助交往

语文教学，既要重视运用文本这个"例子"夯实学生的语文基础，提升学生的语文能力，也要关注文本内容和情感对学生的审美教育作用，要有机整合教学内容，以求达到"言意兼得"的教学效果。为此我们构建了交往任务驱动、真实情境创设、体验活动开展、对话过程开放等行动模型。多方面的教学内容，助力课堂上学生的有效交往。

---

① 朱小培：《"言意共生"，打造小学语文阅读教学理想境界》，《作文成功之路（上旬刊）》2019年第2期。

案例

创设情境交往，言意交往并进
——以《威尼斯的小艇》教学为例

师：同学们，娇娇和乐乐准备去国外旅行，我们快来看看他们准备在哪些城市中选择吧。如果你认识这个城市，可以大声地说出来。

生：巴黎、威尼斯……（播放视频，学生边说城市名，教师边总结）

师：足下万里，寰宇纷呈，接下来让我们和娇娇乐乐一起出发前往水上之城——威尼斯吧，你们准备好了吗？（出示地图、飞机动画，创设情境）

师：揭题，学生齐读课题——威尼斯的小艇。（强调"艇"是后鼻音）

师：去旅行前需要做好攻略，提前了解威尼斯的特色，接下来让我们一起走进学习活动一：旅行初印象。（播放娇娇或者乐乐的语音）

活动一：旅行初印象

师：同学们，既然来到威尼斯，一定要坐坐当地的小艇，登上小艇，船只很多，速度很快，但是船夫——（指名读词）；夜晚，戏院散场，我们一起登上了雇好的小艇散开消失，只能听到——（指名读词）；夜渐深，水面也渐渐沉寂，只见——（指名读句）。

师：同学们快看，娇娇在那里干什么呢？（播放娇娇的语音）同学们，根据课文的内容，你们会拍摄几个镜头？每个镜头里有什么画面呢？（指名读词）

活动二：旅行微观察

师：这么有特色的小艇，你们好奇它长什么样子吗？（好奇）娇娇乐乐也很好奇，我们一起去看看吧。出示学习活动二：旅行微观察。（播放娇娇的语音）

师：视频中会出现很多不同类型的船，请你仔细分辨，看看哪个是课文中所讲的小艇。（播放视频）这么多的船，可把乐乐难住了。（播放乐乐的语音）

生：我认为中间那个是威尼斯的小艇，因为"二三十英尺长"。

师：引导学生通过看注释，了解小艇约6—9米长，以教室为例。

生：我也同意，书上还描写，又窄又深。

生：船头船艄向上翘起。

生：行动轻快灵活。（不属于外形特点）（相机板书：外形独特）

师：你们瞧，那么多种不同的船，马克·吐温寥寥数笔就能将它的特点勾勒出来，让人一眼就能认出，多么了不起啊！

师：马克·吐温眼中的小艇"船头和船尾向上翘起"——（引读），"行动轻快灵活"——（引读）。乐乐不甘示弱，也写下了他眼中的小艇，快来听听看吧。（播放乐乐的语音）对啊，那你认为哪个更好呢？为什么？

生：我认为①句写得更好，新月静静挂在夜空，通过静态写出了小艇外形独特的特点。

生：另外两句，我认为是②句写得好，水蛇灵活穿行，通过动态写出了小艇行动灵活的特点。

分别指名学生读静态和动态的句子，引读体会动静结合的美。

师：威尼斯，海中的城，它干净、柔和，静静的小艇也跟着美好起来，所以马克·吐温这样写——引读（女生）

师：乘着行动灵活的小艇，穿梭在威尼斯的各个角落。难怪马克·吐温这样写——引读（男生）

师总结：作者用我们熟悉的新月和水蛇来比喻，用动静结合的方式写出了小艇的外形特征和行动灵活，仿佛让小艇从书中游到了我们面前，让我们一起读一读这段，再来感受一下它的独特吧！（配乐齐读）

活动三：旅行趣配音

（播放乐乐的语音）

学生自由朗读第3、4自然段，说说乘艇时的感受。学生自由交流感受，教师相机板书：舒适悠闲

师：除了舒适和悠闲，你还有什么感受？

生：听完了他们的朗读，乘坐在这样的小艇上，我感觉速度很快。

师：小艇的行船速度极快，怪不得说它行动轻快灵活，仿佛田沟里的水蛇。（相机板书：轻快灵活）

师：独特的造型，舒适悠闲、轻快灵活的感受，带给我们说不完的情趣，娇娇和乐乐特地拍摄了一个宣传片，想请你来配音，哪两位同学愿意试试？（指名读）

活动四：旅行新体验

（播放娇娇或者乐乐的语音）争当"文化遗产"推广大师。（教师出示评价标准，

学生小组讨论)小组上台发言,生生互评。

师:同学们,这节课我们跟随马克·吐温的游记走进了威尼斯,寻异域之情,赏小艇之美,赞船夫之技,下节课我们将继续探寻威尼斯的奥秘。

【案例反思】

学习语文就要将语文教学置身于真问题情境中,也就是我们要能够结合文本,透过现象抵达本质。教师依托于对文本的深入理解,找准切入点,给学生设定学习任务后,通过创设丰富多样的教学情景,引发学生对学习活动的兴趣,让学生在学科学习活动中产生相对稳定的积极的内心体验和感受,使学生在具有积极情感的课堂上,勤于思考、乐于参与,获得愉悦的身心体验。

1. 交往任务驱动,唤醒内在交往需求

教师利用语文学科教学的素养,从素养、文化、审美、情感等方面,唤醒学生对语文的内在需求,让学生的语文学习逐渐走向自觉,变"要我学"为"我要学"。为了有效地完成本课教学目标,突出重点、突破难点,教师用四个学习任务来完成教学:旅行初印象、旅行微观察、旅行趣配音、旅行新体验。旅行初印象对应的是初读课文,梳理文章脉络;旅行微观察对应的是了解小艇的外形,赏小艇之美;旅行趣配音是借助情景,感受船夫高超的驾船技艺,而配音实则为"读出情感";旅行新体验是让学生将所学内容加以加工并表达,也是课堂教学效果的一次检验。四项学习活动环环相扣,层层递进。

2. 真实情境创设,激发学习交往动力

"生活"本身就是学生学习的最大场域,而语文的学习,无论是语言文字的运用,还是文本情感的体会,都离不开生活。教师将课堂的学习置换到生活的情景中,让学习变成一件顺其自然的事情。在设计教学流程时教师创设了真实的旅行情境,引入学校的形象代言人——娇娇和乐乐,紧扣"情趣"设计教学流程,充分调动学生的兴趣和积极性。导入部分教师采用观看外国城市风光视频的方式,创设去水上之城——威尼斯的大情境,从而引出课题《威尼斯的小艇》。教师创设大情境,让学生一起乘坐小艇来说说自己的感受,学生各抒己见,感受到舒适、悠闲、热情等等。

3. 体验活动开展,培养内在交往能力

在课堂实施时,我们要加强学与做的联系,要贯通课本与生活,培养学生运用知识分析和解决实际问题的能力,这也是在提升学生的内在交往能力。所以,在学习方式的选择上,我们也要重视活动化、游戏化和生活化。在学习活动二的部分,设计学生化身成为旅行中的观察者,去发现真正的威尼斯的小艇;在学习活动三的部分,让学生化身成为旅行中为拍摄的宣传片配音的"配音员"。本环节中,重点和难点就是说说小艇有哪些特点,再体会加点部分的表达效果。教师创设大情境,借助学校的卡通人物乐乐发声,通过乐乐所说的小艇的样子和作者所说的对比,学生成为课堂真正的参与者,积极地揣摩语言文字中蕴含的表达效果。

4. 对话过程开放,提升多层交往内涵

语文既是表情达意的工具,也是思想精神的寄居。交往课堂行动模式的下一层即是生生对话、师生对话的开放过程。语文学习使儿童拥有了交际能力,也使他们获得精神的成长。纵观整个教学环节,课堂教学的根本方式是交往,是以师生之间的言语互动为核心的交往的课堂活动过程,关键是看主体的情感投入程度,学生与教师都有较大的愿望和兴趣进行互动,学生以饱满的热情和发自内心的真情参与教学过程。在学习活动四的部分,基于本单元的"口语交际:我是小小讲解员",让学生在旅行后化身成为"文化遗产"推广大师。学生能够自然地化身为推广大师,以小组为单位,自发模拟新的情景进行对话,在这一过程中,不难发现学生将自己生活中的经验全面调动起来,实现真正的自主交往,让学生与文本、与他人、与社会的交往内涵有所提升。

(三) 英语:以情境为依托的文化互鉴

> 学习和运用英语有助于学生了解不同文化,比较文化异同,汲取文化精华,逐步形成跨文化沟通与交流的意识和能力,学会客观、理性看待世界,树立国际视野,涵养家国情怀,坚定文化自信,形成正确的世界观、人生观和价值观,为学生终身学习、适应未来社会发展奠定基础。
> ——《义务教育英语课程标准(2022版)》

我们发现,在英语课堂中设计有效的交往活动,有利于学生奠定人文底蕴,培养科学精神,形成良好品格和正确价值观。

以情境为依托的文化互鉴的英语课堂,在英语学习活动观的指导下,引导学生在真实的情境中体验有意义的学习过程。课堂活动的实施以主题为引领,创设真实情境,通过学习理解、应用实践和迁移创新等活动,引导学生整合性地学习语言知识和文化知识,进而运用所学知识、技能和策略,围绕主题表达个人观点和态度,解决真实问题。[1] 借助英语课堂上多样的活动,教师利用个人自述、同伴互述和小组分享

---

[1] 蒋来:《英语单元教学的课时观照——以 Birthdays 第二课时为例》,《教育研究与评论(小学教育教学版)》2022 年第 6 期。

等形式巩固学生的结构化新知,引导学生独立思考。[1] 教师充分利用课堂的交互性和社会性的特点,为学生创造合作学习的机会,引导学生多角度分析、审视、赏析和评价语篇,比较文化异同,感知与体验文化的多样性,产生思维碰撞。教师通过语言、内容和思维融合的学习方式,引导学生在真实的情境中解决实际问题。[2] 学生在以情境为依托的文化交往中理解中外文化、鉴赏优秀文化,在新时代表现出正确的跨文化认知,具有正确的态度和行为选择,涵养了品格,提升了文明素养和社会责任感。

案例

民族文化:英语"跨文化"教育的起点
——以《中国节日》教学为例

活动一:热身活动,情境激趣

Watch and enjoy a video about Chinese traditional festivals.

T:What's this video about?

S:It's about festivals.

T:They are Chinese festivals. Today, we are going to talk about Chinese festivals. What Chinese festivals do you know?

学生自由回答,教师追问,师生简单交流。

S:I know the Spring Festival. People eat jiaozi.

活动二:观看视频,整体感知

T:Watch and answer:What Chinese festivals are mentioned?

S:The Spring Festival, the Dragon Boat Festival, the Mid-Autumn Festival and the Double Ninth Festival.

T:When we talk about a festival, what do you want to know?

学生头脑风暴,自由说。教师记下学生的想法,例如书上没有出现的传说、历史名人、服装等。

S1:I want to know the food.

S2:I want to know the time.

---

[1] 万琰:《结构化视角下的小学英语语篇教学实践——以译林版〈英语〉五(上)Unit 3 Our animal friends Story time 为例》,《小学教学设计(英语)》2022 年第 24 期。

[2] 王晨曦:《阅读圈对中学生阅读素养提升的教学实践探究——以〈典范英语〉七级 Book 18 My Friend——Mandela 为教学案例》,《教育实践与研究(中学课程版)》2022 年第 26 期。

S3：I want to know the history.

S4：I want to know the clothes.

S5：I want to know the famous people.

活动三：阅读合作，多样探究

1. Listen and answer：仔细听第 1 段录音，回答下列问题

T：When is the Spring Festival?

S：It's in January or February.

T：What do people do?

S：People usually get together with their families.

T：When you get together with your families, what do you usually do?

让学生讨论后回答，感受 get together 的氛围。

S：We usually have a big dinner.

S：We usually talk with each other.

T：What do people eat?

S：We eat jiaozi.

T：What else do people usually do at the Spring Festival?

学生根据自己查找的资料，分享春节的活动，全班互相学习春节的其他习俗。

S：People often visit their relatives and friends.

S：People usually watch fireworks and a lion dance.

2. T：Look at the Calendar. Different festivals come in different months. When are they?

（课件出示 12 个月份的日历，并呈现句型结构：The ... Festival is in ...）

S：The Spring Festival is in January or February. The Dragon Boat Festival is in May or June. The Mid-Autumn Festival is in September or October. The Double Ninth Festival is in October or November.

板书并教学月份的表达。月份的教学引导学生利用自然拼读的发音规则大胆试读，教师纠错。

T：Why do we use the word "or"?

S：这些节日都是农历计时，因此时间不固定。

T：You are right. We used the lunar calendar and all Chinese festivals are tied into lunar calendar dates.

3. T：两人一组合作，读一读其他三个节日，画出 activities，food 的关键信息。

(1) The Dragon Boat Festival

Activities：看视频了解 dragon boat races，感受中国人民同舟共济、团结拼搏的精神。

Food：看图学习 rice dumplings，通过问题"Why do we have dragon boat races and eat rice dumplings?"了解端午节吃粽子、赛龙舟的习俗的由来——纪念屈原。补充教学，学生了解端午吃"五红——Five Red Food"的习俗以及端午节古代人喝"雄黄酒——realgar wine"的习俗。

(2) The Mid-Autumn Festival

Activities：教授 look at the moon 的时候，出示中秋满月的图片，提问：How is the moon? 引导学生感知并回答：round and full。引出中秋月亮代表圆满。Food：图片展示学习 moon cakes 和 fruit，引导学生讨论，补充文化知识：月饼象征家庭团圆，瓜果象征家人生活美满甜蜜，让学生感受节日的氛围。

Other information：The story of Chang'e

(3) The Double Ninth Festival(Chongyang Festival)

Activities：通过看图学习 visit parents and grandparents。T：Do you usually visit your grandparents? We should care about（关爱）the old people. What can we do for the old people?

学生思考并回答，学生分享人们重阳节登高习俗的由来。

Food：看图学习 rice cake，并了解其含义：糕——"高"，步步高升。

Chrysanthemum wine 菊花酒：菊花——"长寿花"，酒——"久"，长久。

Let's know：It is a festival for old people. Why?

Double Ninth：农历九月初九，the ninth day of the ninth lunar month，九谐音久，we hope our parents and grandparents can live a long life.

活动四：对比感悟，文化自信

T：What festival do you like best? Tell us about one of your favourite festivals.

S：I like the Spring Festival.

T：Why do you like this festival?

S：Because I can get red packets.

T：That's a good reason. You can get a lot of money and you are rich.

T：Now, look at the Mind maps. Can you find something in common among these four festivals?

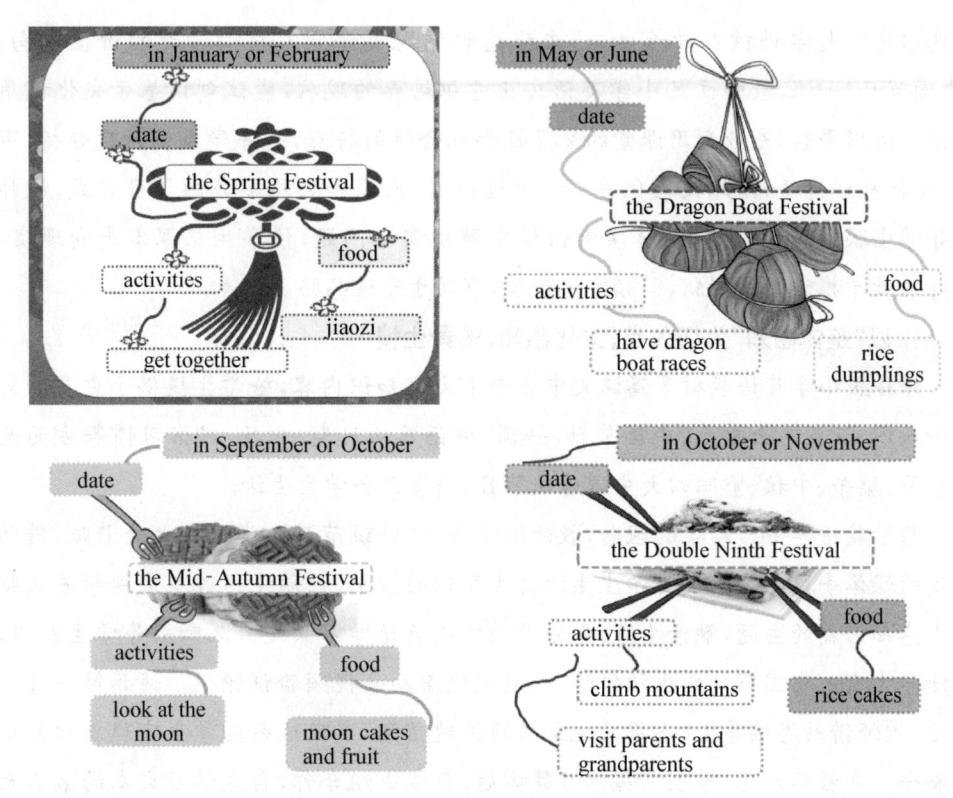

第五章　课堂：学习，看见无处不在的联结

the Spring Festival
- date: in January or February
- food: jiaozi
- activities: get together

the Dragon Boat Festival
- date: in May or June
- food: rice dumplings
- activities: have dragon boat races

the Mid-Autumn Festival
- date: in September or October
- food: moon cakes and fruit
- activities: look at the moon

the Double Ninth Festival
- date: in October or November
- food: rice cakes
- activities: climb mountains, visit parents and grandparents

S：People eat different food at different festivals.

S：There are some old stories about the festivals.

S：People get together with their families at all these festivals.

T：What's the most important thing for Chinese festivals?

S：To get together with our family.

T：You are right. Now some people have Western festivals, it's cool. But don't forget we have our own festivals. And if you have chances, let more foreigners know about our Chinese festivals.

T：Let's think：Why do we celebrate traditional festivals?

S：China becomes better and better. China becomes more and more international. Now, Chinese culture has been highly admired all over the world.

S：We have more chances to let the world hear China's voice, to let the world know Chinese culture.

【案例反思】

　　语言和文化密不可分，语言是文化的载体，语言所传递的文化信息是英语教学内容中不可忽视的重要组成部分。《义务教育英语课程标准（2022版）》明确提出文化意识是四大学科核心素养之一,文化意识体现英语学科核心素养的价值取向。《中国节日》一课,教师立足小学英语文化意识培养的现状,尝试创设基于文化视角的语言运用平台,充分利用课堂的交互性和社会性的特点,引导学生多角度分析、审视、赏析和评价语篇,比较文化异同。通过语言、内容和思维融合的学习方式,教师引导学生联系实际生活,在真实的情境中解决实际问题,使学生从课本走向现实。这样的教学推动迁移创新,引领主流价值,有助于塑造品格。

1. 以"整体感知"为切入点,文化感知,触景生情

译林版小学英语教材多篇课文中渗透了文化知识内容,给学生提供了更多的文化输入,如五下第七单元《中国节日》一课,该语篇从日期、食物、风俗习惯等方面聚焦春节、端午、中秋、重阳四大中国传统节日,内容贴合学生生活。

基于英语学习活动观的理念,教师围绕话题"传统节日",尝试从大处着眼,借助一定的媒体手段努力创设与学生生活真实贴切的情景,让学生通过观看视频先从整体上感知语篇的主题,触景生情,充分调动学生英语学习兴趣。教师引导学生看图,激活学生有关中国节日的生活体验,并通过观看动画视频验证预设。语篇第一段的学习,教师借助思维导图,逐步呈现文本的关键信息,直观地帮助学生实现新旧知识的整合。在教师示范、学生掌握学习策略后,开展小组合作,自主学习文本的第二至四段。这样的教学方式,从"扶"到"放",逐层推进,让学生自主建构知识,在教学相关语言知识时,能让学生始终在节日这个大的话题语境中进行充分的感知、理解,再加以操练和运用。学生通过学习掌握语言知识,获取文化知识,理解主题意义。

2. 以"语言输出"为突破点,文化鉴赏,寓情于景

在英语教学中,教师可从语言在文化层面呈现内涵差异的视角出发,借助文本语境,引导学生从"知其然"跨越到"知其所以然"[1]。课堂教学以学生自主合作学习为主,鼓励独立思考和创新思维,包容和鼓励不同观点,培育民主和谐的课堂学习氛围,鼓励学生讨论语篇所承载的文化内涵及其价值取向,引导学生基于事实进行判断和评价,并进行个性化的语言表达[2]。

在执教《中国节日》一课时,教师紧扣"中国节日"这个主题,通过开展情境式教学,努力让学生有话可说、有话想说、有话能说,使学生在愉快的交流中实现语言能力的提升。教师询问学生四个传统节日的日期,通过搭建语言支架,有效降低学生语言输出的困难,并适时追问,引导学生挖掘语篇文字背后的深层含义,体验情感、感受文化。

---

[1] 刘道义:《论英语学科核心素养中的文化意识》,《中小学课堂教学研究》2018年第6期。
[2] 武和平:《因文而雅,由文而化——学科核心素养视角下的文化教学》,《英语学习(教师版)》2017年第6期。

3. 以"巧问启思"为生长点,文化自信,情景交融

文化意识的培养应从深度剖析文本的文化内涵入手,以此丰富英语教学。在课堂上教师利用教材内容激活学生探究中外文化差异的意识,对比不同的价值观、思维方式、社会习俗,结合语言教学,指出英语和汉语中词汇、成语、习语、谚语、格言、禁忌语、委婉语、比喻等的文化内涵①,是培养学生文化意识、加强文化渗透的有效途径。

在执教《中国节日》一课时,教师充分挖掘教材的留白处,引导学生比较中西方节日文化的不同,发现教学的生长点,在师生会话过程中,关注学生生成,及时理答,让学生的思维不断延伸。在英语课堂上教学中国文化内容时,教师帮助学生从优秀的中华文化中汲取中国智慧、弘扬中国精神、传播中国价值,真正获得与世界沟通、对话的能力。

二、科学素养学科:一起发现思维之迹

科学素养学科包括自然科学、化学、生物学、物理学等。这些学科的研究领域广泛,涵盖了自然界的各个方面,例如天文学、地质学、生物学、物理学、化学等。在教育领域,这些学科通常被用来培养学生的科学素养,帮助学生了解自然界的规律和科学方法,提高他们的科学知识和技能,以及培养他们的科学精神、科学态度、合作能力。

(一) 数学:以思维为核心的数智交往

> 数学为人们提供了一种理解与解释现实世界的思考方式。通过数学的思维,可以揭示客观事物的本质属性,建立数学对象之间、数学与现实世界之间的逻辑联系;能够根据已知事实或原理,合乎逻辑地推出结论,构建数学的逻辑体系;能够运用符号运算、形式推理等数学方法,分析、解决数学问题和实际问题;能够通过计算思维将各种信息约简和形式化,进行问题求解与系统设计;形成重论据、有条理、合乎逻辑的思维品质,培养科学态度与理性精神。
> ——《义务教育数学课程标准(2022年版)》

---

① 刘莎:《英语教学中跨文化意识培养的策略研究》,《新课程学习(上旬)》2010年第5期。

数学在形成人的理性思维、科学精神和促进个人智力发展中发挥着不可替代的作用。数学要培养学生"会用数学的眼光观察现实世界""会用数学的思维思考现实世界""会用数学的语言表达现实世界"。从逻辑性与理性思维的角度讲,数学是任何其他科学所不及的。数学提供了一种思维的方法与模式,它不仅仅是认识世界的工具,还是一种思维合理性的重要标准,是一种理念、一种精神。[①] 教师应通过数学学习活动引导学生在真实情境中积极思考,自主探索,合作交流,发展思维能力。

叶澜教授认为,教育从形态的角度来看起源于人类的交往。因而,作为教育的主要实现形式与途径的教学活动,其本质属性应当是交往,是一个以课程为载体,以课堂为环境,以教学过程为主渠道的,多向交往的活动过程。要培养具有主体意识的人,只能在人与人之间的交往中、在彼此的相互作用中才能形成。[②] 通过设计有效的数学活动提升学生的发散思维能力、逻辑思维能力、积极思维能力、逆向思维能力、抽象思维能力、思维归纳和演绎能力等。学生在数学活动中不仅养成敏锐观察和连贯推理的数学思维习惯,而且在数学活动中学会与同伴交往。生活中的情境通过处理和修改,成为生动、新鲜和有趣的数学材料,使教学活动能够以儿童的兴趣为出发点开展,使儿童的想象力、实践能力和审美能力得到协调发展,达到以兴趣激发思维的效果,从而帮助学生通过数学学会思维,形成和发展学科核心素养。

案例

动手做,思维发展的抓手
——以《认识米》教学为例

师:同学们,量物体的长度用什么工具?已经学过的长度单位是什么?用两根手指比画,1厘米有多长?2厘米,3厘米呢?

生:我们认识了直尺,已经学习的长度单位有厘米。

师:现在请一位同学量一量老师的身高,哪位同学想试一试?

学生自主用直尺测量老师的身高。

师:我们发现,用自己的直尺测量身高很不方便,要测量很多次。有没有什么好办法?

师:量比较长的物体,我们需要比厘米更大的长度单位,今天我们来认识"米"。

[①] 郑隆炘、巴英:《论齐民友的数学观与数学教育观》,《数学教育学报》2014年第4期。
[②] 程慧智、王业仁、李梁:《交往教学与学生思维能力的培养》,《教书育人(高教论坛)》2009年第6期。

板书课题。

出示米尺,观察米尺。

师:1米有多长呢?拿出课前准备的米尺,伸开两臂,比画出1米。

师:哪位同学用你们的米尺量一量老师的身高?量之前先猜一猜,老师的身高可能是多少?

生:2米不到。用米尺量2次,不到2米。

师:和同桌互相量一量身高,从地面到身体的什么部位是1米,你的身高比1米高多少?

活动一:巧手做米尺

师:我们上节课学习了厘米,1厘米有多长呢?你能在这把1米的尺上标画出1厘米吗?

生动手在米尺上标1厘米。探索米和厘米之间的关系。

师:这把米尺上有100厘米,1米=100厘米。(板书:1米=100厘米)

活动二:小小测绘师

师:《我家漂亮的尺子》这本绘本里介绍了很多测量的方法,你们知道了哪些?

生:脚长,一拃,身体米尺,手臂米尺等。

师:以小组为单位,用米尺或者身体尺,分工测量黑板的长、教室地面的长和窗户的长。

黑板的长	教室地面的长	窗户的长

小组展示汇报,交流评价。

【案例反思】

长度、面积和体积是最基本的度量几何学概念。这三者除了图形的维度不同,作为一种测量过程,它们的本质都是一样的,都满足"有限可加性""运动不变性"和"正则性"三个条件。因此,长度、面积和体积都具有"数"的基本属性,都可以让学生在测量的过程中,感悟"量(liàng)"起源于"量(liáng)"。基于以上认识,设计两个大任务"做米尺""小测绘师",让学生在活动中体验"量",在体验中获得对"量"的独特感受,积累数学活动经验,在活动中发展数学思维,学会与同伴交往。

1. 在操作交往中改变思维方式

儿童心理学家皮亚杰认为:"6—12岁小学生心理发展的一个重要特点是对新鲜

具体的事物感兴趣，善于记住具体的事实，而不善于记住抽象的内容。"[1]像1米这样的概念对于他们来说比较抽象，所以，要通过大量的观察、操作、想象等数学活动帮助学生形成表象。

交往作为一种认知方式有其开放性、随机性，意味着思维方式的改变，在交往教学中学生的认知方式不是复制的、机械的，而是一种知识的生成过程，是知识结构不断重构和更新的过程。学习中的交往和互动使学生获得主动表现的机会，学生的自主性心理的需求和解决问题的自主权得到满足，激发学习热情。课堂上通过情境创设"量身高"的教学活动，学生通过交流自己的身高、老师的身高引入"米"这一新知，随后"估一估从哪到哪是1米"这个问题一下子就吸引了学生注意，激发了学生的学习积极性，根据已有经验估计从地面到身体的哪个部位是1米，既利用了学生已有的生活经验，估一估1米到底有多长，也培养了学生的观察能力、估测意识。

作业设计动手自制米尺活动，让学生在动手做1米尺子的操作活动中，由浅入深认识"米"，促使学生对米的认识的思维活动逐步内化，牢固建立1米的实际长度表象。学生估测的原始模型就是1米，根据心中1米的表象进行累加，因此要清晰建立1米长度单位的表象，形成空间想象能力。学生通过交往活动主动参与课堂学习讨论，参与小组学习活动，从而增强思维的灵活性、广阔性和创造性。

2. 在课外阅读中拓宽思维广度

交往教学将教学视为师生、生生、师生与文本之间交叉展开的有目的的多向交往活动。在多向交往中，课本不再是唯一的信息源，信息源也可以是课外读本。学生在学习《认识米》这节课时阅读绘本《我家漂亮的尺子》，提升阅读理解能力，拓宽数学视野及思维广度。绘本中介绍测量的"身体尺"，借助熟悉的事物，米尺、头尾脚长、8拃等，身体米尺、手臂米尺，将1米的长度与它们联系起来，给这些数字赋予新的意义，形象直观，学生感知1米会更加容易和有趣。同时，把它们作为比较的"标准"或"参照物"，学生能合理而准确地估测生活中一些物体的长度，有效解决身边的数学问题，了解数学在现实生活中的作用，体会学习数学的重要性和价值。在自主选择合适的标准进行测量的数学活动中，学生的数学思维得到发展。通过师生、生生个体之间及个体与文本之间思维的碰撞和交融，分享彼此的思考、经验，有利于开拓思维的广度，有助于学生思维提升。

3. 在生活应用中提升思维能力

《义务教育数学课程标准（2022年版）》指出，"通过义务教育阶段的数学学习，学生逐步会用数学的眼光观察世界，会用数学的思维思考世界，会用数学的语言表达

---

[1] 李莹：《动手操作在小学数学教学中的应用》，《新课程》2020年第40期。

世界。"数学核心素养表现为量感,侧重于意识,即基于经验的感悟。课标要求学生结合生活实际,体会建立统一度量单位的重要性,认识长度单位米,能估测一些物体的长度,并进行测量。在测量的过程中,初步形成量感。二年级的学生对于估测和1米较接近的物体长度,准确性相对会比较高。但对于较长的物体估测准确度会降低,这是因为学生还不善于利用身边的实际工具或者身体尺去感知具体的量,而仅仅是利用单位长度多次累加。

教师要引导学生在生活中感受数学与生活的联系,发展创造性思维,形成创新意识和能力。本节课设计的数学活动引导学生利用身边的实际工具或者身体尺进行估测。学生先估一估,再测量,进一步提升他们的估算素养,初步建立量感。在估测一个较长物体的长度后,学生再用米尺实际测量,在这样一次一次的"估计—调整—再估计"的数学活动过程中,学生对米的量感一点一点地建立起来,估测的准确度自然会提升,学生的数学思维得到逐步发展。

4. 在解决问题中淬炼应用思维

在交往教学中,学生在老师的引导、启发和鼓励下尝试从不同的角度思考问题,充分参与新问题的解决过程。关于"卷尺"的引入,随着学生在测量卧室、客厅的长和宽的过程中遇到的新问题,如何更加方便地测量物体,学生在认识厘米的过程中,具有制作直尺的学习经验,把1米不断地累加卷起来,做成卷尺,化曲为直的数学思想在数学活动中得以体现。学生在制作卷尺的数学活动中,不仅经历了数学观察、数学思考,也感悟了数学与现实世界的联系,应用了数学思维。

总之,我们强调数学教学以思维为根基,借助数学活动中大量的动手做提升学生的抽象思维、逻辑思维等。多样化的交流与合作活动,使学生在积累数学活动经验的同时发展数学思维,学会与同伴交往。

(二) 科学:以创新为导向的探究交往

> 创新思维体现在:从不同角度分析、思考问题,提出新颖而有价值的观点和解决问题的方法。
> ——《义务教育科学课程标准(2022年版)》

《义务教育科学课程标准(2022年版)》的课程性质中提出:义务教育科学课程是一门体现科学本质的综合性基础课程,具有实践性。课堂教学既是儿童学习的重要形式,也是师生交往的重要方式,它增进了成人与儿童之间的感情,在互动中打开了孩童世界通向成人世界的窗口。学生在学习中积累知识,通过知识与自己经验体系的互动、连接、构建、迁移、重组,在感受人类昔日的积累与创造之辉煌的同时,发现自我存在的价值以及自我的责任,从而萌生创造的热情、探索创造的方法、习得创造的能力。基于此,学校提出了"以创新为导向的探究交往"的新时代科学教学主张:教师要重视在科学课堂中培养学生的交往素养,紧紧围绕"自我认同""价值认同""互动能力"和"反思建构能力",采用有针对性的探究实证交往的教学策略,保证学科核心素养的有效提升。

案例

抽丝剥茧寻真相,探究交往提素养
——以《推与拉》教学为例

师:老师今天带大家来到一个熟悉的地方,这是哪儿?

生:列车上。

师:列车上我们有时需要找售货员购买一些物品,需要在狭窄的过道里完成商品的售卖。这可不是一件容易的事,大家愿意接受挑战吗?

生:愿意!

活动一:情境表演,挑战现实困难

师:看你是不是一个合格的列车售货员(出示小推车)。注意,你的小车不能超越地上的红线哦。

学生上台表演。

师:前方的乘客需要饮料,你要怎么做?(生做向前推的动作)后面的乘客现在又需要零食了,你又怎么做呢?(生做往后拉的动作)

师:像刚才这样让小推车向前的动作是"推",让小推车向后的动作是"拉",今天让我们一起走进《推与拉》。

活动二:深入讨论,构建规范知识

师:在生活中,做什么事情的时候需要推,什么时候需要拉?

学生小组讨论。

师:(出示"拉箱子"图片)提问:这幅图表示的是哪一个动作,推还是拉?

师引导学生用准确的语言讲清楚谁在推、谁在拉。

师:你们还知道我们做什么事情的时候需要推,什么时候需要拉吗?

学生小组讨论。

活动三:小组合作,体验推拉本质

师:你们想不想体验一下推和拉?看,这是什么?(出示拉力器、打气筒、橡皮泥)想不想玩一玩它们?用它们做出推和拉的动作。

师(布置任务):一会儿告诉老师和同学们,在这个过程中:(1)你是怎么玩的,你的感受是什么?(2)画一画,把推和拉之前、之后物体的样子画在表格中。

物品	原来的样子	推或拉之后的样子

学生体验活动。

交流汇报:说一说你们的感受。用力怎么样?不用力又会怎样?

小结:要用力,才能完成推和拉的动作。能不能给这两个力取个名字?(板书:推力、拉力)推力和拉力是生活中常见的两种力。

活动四:寻找证据,树立实证意识

师:你能直接看得见拉力和推力吗?它们存在吗?哪些现象能证明推力和拉力的存在呢?

学生讨论。

师:大家找到的证据可真多。看来拉力和推力真的存在。老师也想知道我们班同学谁的拉力最大,谁能现场证明一下?

谈话:我们请出几位同学,到讲台前来参加"拉力大比拼",其他同学要认真观察拉力器的变化哦。

学生参加比拼。

师:你观察到了什么?你是怎么判断出他的拉力比较大?你的根据是什么?

学生交流。

师(总结):拉力有大小(出示板书)。

师:控制推力,利用打气筒和橡皮泥看谁能自如地控制推力的大和小,注意要通过具体的现象向大家证明你能控制推力。

下面请大家讨论:(1)你要怎样做?(2)什么现象说明推力大?什么现象说明

159

推力小？在小组内演示你对推力大小的控制。

小组讨论、汇报。

师（总结提问）：推力和拉力虽然看不见，但是为什么我们知道它们存在？物体变化程度不同说明了推力和拉力还有大小。

师：除此之外推力和拉力的大小还可以用数字表示哦！比如燃料把火箭推上太空，推力的单位可以是"千牛"，你们能给这几个火箭受到的推力排排序吗？

师（总结）：数字越大，物体受到的推力越大。通过刚才的学习，我们发现拉力和推力真实存在，并且都有大小。

活动五：反思建构，深化实证探究

师过渡：老师也想试试自己的力气大小，老师推讲台，推不动，谁来帮帮老师呢？

学生帮忙推讲台。

师：讲台受到了什么力？它发生什么变化了？

学生汇报发现。

师：讲台向右移动，说明我们的推力也向哪个方向？说明推力有方向。那么我们可以在这里标记一个箭头表示桌子移动的方向（教师演示）。

师：这两组小朋友分别向哪个方向用力呢？你能画一画吗？

学生上台画图。

师：这两组小朋友拔河，你们能辨别出哪一组的力气大吗？（中心线向左边移动，所以左边小朋友力气大。）

师（总结）：原来推和拉不仅有大小，还有方向。（板书：方向）

【案例反思】

"探究实践"是《义务教育科学课程标准（2022年版）》提出的要培养学生的核心素养之一，既是一种能力，也是科学教育的主要学习方式。教师与学生在经历探究实践的一系列活动过程中，达成思维的连接和真理的验证，提升学生学以致用的能力，重视在科学课堂中培养学生的交往素养，采用有针对性的教学策略，优化教学设计，实施有效教学，让学生对科学本质的理解能够更加显性化地呈现，从而提升学科核心素养。

1. 巧妙创设情境，提升儿童对教学内容的自我认同

课堂上总有些学生不能做到专心听讲，那是因为他们对老师讲的东西不感兴趣，无法从老师的授课中得到快乐。好的情境创设要充分分析问题，将问题和解决问题所需要的信息蕴含其中，激发他们的问题意识，为引发学生主动参与思维活动提供信息支撑。作为纸质媒介，教材呈现教学情境的方式仅限于图片与文字，教师要能够在教材的引导下，创设更加直观的学习情境，领会教材意图。

如：在导入环节，教师和学生一起表演推和拉，就售货员需要在狭窄的过道里完成商品的售卖——"这可不是一件容易的事，大家愿意接受挑战吗？"这样一个有趣的生活情境，让学生感受生活中用到推和拉的场景。沉浸式的情境吸引儿童对教学过程的参与。我们要营造快乐的研究氛围，而不是制造沉重的学习任务。这样才能充分调动学生探究科学的积极性和主动性，有助于学生保持对科学现象的好奇心，产生更多的探究热情，培养学生良好的科学学习的情感。

2. 用心探究实践，提升儿童对课堂活动的价值认同

体验是一种主动参与的实践过程，只有让学生亲历其中，亲身经历体验，才会获得深刻而有效的理解。《义务教育科学课程标准（2022版）》也指出："探究实践主要指在了解和探索自然、获得科学知识、解决科学问题，以及技术与工程实践过程中，形成的科学探究能力、技术与工程实践能力和自主学习能力。"

如：在课中，教师让孩子们体验推和拉。"看，这是什么？（出示拉力器、打气筒、橡皮泥）想不想玩一玩它们？用它们做出推和拉的动作。"布置小组合作任务：（1）你是怎么玩的，你的感受是什么？（2）画一画，把推和拉之前、之后物体的样子画在表格中。学生在丰富的体验活动中，对推和拉的概念有了深刻的理解。所以，教师应该给学生提供大量动手操作、动手实践、动手探究的机会，活跃他们的思维，鼓励学生利用已有的知识经验去探索和重建新的科学知识。

3. 真实呈现思维，提升儿童对本体知识的深入认知

我们发现新版教材的文字相对之前更加少而精，很多时候就几个问题贯穿全文，这些问题却是我们备课的主旨提纲，它们大多是指向探究活动核心的关键问题，是指向深度思维的问题，学生要经过仔细观察后，结合自己思维加工才能回答。如课中，教师出示"拉箱子"图片并提问：这幅图表示的是哪一个动作，推还是拉？过程中引导学生用准确的语言讲清楚谁在推、谁在拉。在学生弄清楚后，又继续提问："在生活中，做什么事情的时候需要推，什么时候需要拉？"持续激发学生对"推拉本体知识"的深入认知，引导学生的思维在情境的推动下不断发展，让学生在情境中展现出完整的思维过程，在这种元认知思维状态下，教师就能精准定位探究起点，无缝衔接学生的前概念和教授概念。

4. 发散科学思维,提升儿童对思维方法的运用能力

《义务教育科学课程标准(2022版)》指出:"能对不同观点、结论和方案进行质疑、批判、检验和修正,进而提出创造性见解和方案,具有初步的创新思维能力。"

将思维方法的运用融入情境创设、探究活动的教学设计中,精心设计教学各环节,教师的引导提问尤为重要。例如在教学中,引导观察时,"你看到……了吗?你注意到……了吗?";引导探究时,"你认为这是怎么运作的?你认为正在发生什么?";有关比较的问题,"这些是相同颜色的吗?它们在哪些方面不同/相同?";有关行动的问题,"如果你做……会发生什么?你能怎么改变……?";等等。教师尽可能用一些引导孩子探究活动与思考活动的话语,避免直接给出结论。我们要鼓励学生间多多互动交往,教师尽量少说或者不说,将时间和空间留给学生,让孩子们互相交流,多对他人的观点进行质疑、批判、补充,并提出创造性见解,使儿童的科学思维能力得到提升。在本课教学中,教师提问:"你能直接看得见拉力和推力吗?它们存在吗?哪些现象能证明推力和拉力的存在呢?"不断地追问,引导学生探寻更多证据。"看来拉力和推力真的存在。老师也想知道我们班同学谁的拉力最大,谁能现场证明一下?"通过实证让全班学生不仅知道结论,还看到了变化。"你观察到了什么?你是怎么判断出他的拉力比较大?你的根据是什么?"一次次质疑,一次次探寻,教师不是授之以鱼,而是授之以渔,不断引导学生深入挖掘知识背后所蕴含的科学思维方法,培养学生搜寻实证的意识。

总之,为落实课程标准核心素养目标达成,促进科学课程以创新为导向的探究交往,我们需要在掌握科学本质的基础上,深度把握其内涵,努力做到各维度的"全面"而"均衡",巧布趣味情境,聚焦阶梯式问题,构建科学知识,通过真正的探究实证活动,帮助学生搭建起科学课程内容与科学本质间的联结,发展学生的思维,培养反思建构能力,逐步提升学生的创新意识和创新能力。

三、身心素养学科:一起探究幸福之旅

身心素养学科包括体育、心理、音乐、美术等。教师通过这些学科关注学生的身

体和心理健康,培养学生良好的身心素养,让学生在互动活动中感受到快乐和幸福。

(一) 体育:以运动为途径的健康交往

> 通过体育与健康课程的学习,学生能理解参与体育学练、展示或比赛对个人品德塑造的重要性;积极参与体育活动,在遇到困难或挑战自身身体极限且保证安全的情况下能克服困难、坚持到底,与同伴一起顽强拼搏;遵守体育游戏、展示或比赛规则,相互尊重,诚实守信,具有公平竞争的意识和行为;充满自信,乐于助人,表现出良好的礼仪,承担不同角色并认真履行职责,正确对待成败;能将体育运动中养成的良好体育品德迁移到日常学习和生活中。
> ——《义务教育体育与健康课程标准(2022年版)》

随着社会的不断发展,我们发现体育运动是培养和发展自信的重要手段。学生会在一项运动中时常鼓励和肯定自己,不断地克服困难,在体验成功中产生自信。通过参加运动负荷和难度大的体育运动,如游泳、长跑、登山等,学生不断与困难做斗争,从而锻炼意志的坚韧性,形成坚强的意志品质。体育运动还可以教会我们合作,这既是运动项目本身的需要,更是同学之间相互沟通、联系感情,加强人际交往,融洽人与人之间关系的重要途径。体育活动和比赛中的合作,可以提高人际交往能力,让学生学会主动帮助别人;能够与同伴一起分享体育活动的快乐,共同解决在学习和锻炼中遇到的问题;可以加深彼此间的了解、理解,使人心胸开朗、豁达并学会宽容,共同享受健康的生活。

案例

一起运动,跑出成长加速度
——以《体育游戏:捕鱼》教学为例

我任教的班级中有一个特殊的班级,这个班级里有很多个"小团体",每个"小团体"都有一个"领导者",这些"小团体"平日里独立存在着,一旦遇到事儿了就会私下谋划,希望自己的"小团体"是独一无二的存在,其他"小团体"都能分崩离析。有一天,有个学生告诉我,"1号团体"和"2号团体"矛盾越来越深了,我暗下决心:是时候整顿一下了。

于是，我准备这节体育课带领他们进行"捕鱼"游戏，"渔夫"很快就确定下来了，很显然是几个"小团体"的领导者。游戏要求在规定的5分钟时间内，"渔夫"手拉手组成渔网，如果能抓捕到10条"鱼"，则"渔夫"获胜；如果在抓捕过程中"渔网"破裂，则抓捕无效；如果没有抓到10条"鱼"，则"鱼"获胜。第一次抓捕开始，几位"渔夫"迅速向自己熟悉的"团体成员"冲过去，一时间，操场上乱作一团，"鱼儿们"四处逃窜，有几位"渔夫"顺利捕到"鱼"，但由于"渔网"已破，本次抓捕无效。我知道，该我出现了。

师：同学们，如果想成功抓捕到"鱼"，我们必须怎么做呢？

生："渔夫"必须拉成网进行抓捕，所以"渔夫"一定要团结。

师：团结一心才能抓捕到"鱼"，有什么抓捕的好方法吗？

生："渔夫"可以悄悄探讨要抓捕哪一条"鱼"，然后齐心协力去抓捕，不能每个"渔夫"都往不同的方向抓捕，这样是抓不到"鱼"的。

学生们总结得很好，于是又一轮抓捕开始了，"渔夫"的问题解决了，新的问题又出现了：被抓捕到的"鱼"只愿意和自己的团体成员牵手。

师：同学们，如果这个游戏不牵手的话会怎么样呢？

生：不牵手就是拒绝与同学们合作，那"渔夫们"赢的可能性就会大打折扣。

生：我希望我们这些"渔夫"能通力合作起来，尽力抓捕到最多的"鱼"，我们一起加油吧！

第三轮开始了，"渔夫们"开始步入正轨，不一会儿就抓到了三条"鱼"。"小鱼们"也不甘示弱，想尽办法寻找逃脱的时机或缝隙，试图钻出"渔网"，两分钟过去了，"渔夫"和"鱼儿们"的脑门上都挂满了汗珠。突然，一条"鱼"在努力挣脱"渔网"时不小心摔倒了，好在只是轻伤，手掌擦破点皮。

生：老师，我带他去医务室消毒。

消毒完毕的"鱼"回来了，同学们都建议他休息一下。

生：不用休息，这就是一点小伤。多我一个人，我们"小鱼"就多一份赢的机会。

那些孩子们注视着受伤的同学，看着他的伤口，微笑着说："那不管我们是'渔夫'还是'小鱼'，都一起加油，最后无论谁赢，都是赢！"掌声不仅回荡在操场，更回荡在同学们的心里，经久不息。

哨声响起，同学们又开始齐心协力玩游戏，"小团体"之间的矛盾烟消云散了。

【案例反思】

　　《义务教育体育与健康课程标准（2022年版）》指出，体育与健康教育是实现儿童青少年全面发展的重要途径，对于促进学生积极参与体育运动、养成健康生活方式、健全人格品质，提升国民综合素质，推动社会文明进步，建设健康中国和体育强国，实现中华民族伟大复兴具有重要的现实和长远意义。体育是以身体运动为基本手段促进身心发展的活动。根据课标，小学体育不仅要授予学生健康的知识与技能，增强学生的体质，还要培养学生健康生活的习惯和自信自强、意志坚定、情绪稳定等良好的人格品质。这节课因班级出现的实际问题而设计，让学生在体育游戏中形成正确的交往观，在体育竞赛中享受运动带来的喜悦，习得竞技技巧，增强体质，磨炼意志，同时提升交往能力，健康成长。

1. 团队精神：在体育游戏交往中理解规则

　　文中的班级是个"散沙"式的班级，孩子们也习惯了这样的班风，根据这样的情况，老师通过一节体育游戏课来引导学生打破隔阂，从相互对立到相互合作。让所有同学都加入体育游戏中，在这里只有遵循规则下的共同成功，没有"小团体"，一段时间下来，同学们逐步了解自己在集体活动中的价值，获得了快乐，从此每个同学都愿意加入游戏，也愿意配合团队的决定，提高了与人交往的能力，增强了社会适应能力。在游戏中出现矛盾和分歧的时候，老师及时干预，引导学生走出矛盾，分析游戏规则的意义，由此可以进一步培养学生的集体意识，更是加深了同学之间的情谊。孩子们在游戏中思考，发现问题，逐渐破冰，收获成长。

2. 情绪管理：在体育活动交往中正向引导

　　学生经常参加体育活动不仅能促进身体健康，还能获得积极的心理品质，如增强自信心、改善认知功能、降低抑郁和焦虑。当发现学生有消极情绪的时候，教师可以组织学生做游戏、足球射门、百米冲刺等，让学生在体育运动中将消极情绪发泄出来。面对害羞、胆怯的学生时，教师可以组织学生参加健美操、啦啦操等团体运动，有助于学生增强集体意识，获得成功感，从而变得更加自信。这种运动中产生的成功经验也会渐渐渗入学生的日常生活和学习中。

3. 身心平衡：在体育竞争交往中磨炼意志

　　三年级的孩子无论是生理还是心理上都很脆弱，如果在集体活动中感受到被否定、被忽视，就会厌弃集体活动，最后可能会产生抵触情绪甚至是讨厌学习和学校的想法。教师需要做的就是呵护孩子脆弱的心灵，在学生进步时及时进行表扬，或者引导同学们一起思索失败的原因，一起总结失败的经验和教训，并鼓励孩子们坚定意志，一起克服困难，争取赢得胜利。文中的学生在受伤后没有产生恐惧和退缩的心理，而是选择克服疼痛和困难,迎难而上,正是意志力提升的表现。体育活动让孩子们在一起运动中感受快乐,同时也学会担负起责任,这是交往教育理念下的体育课堂的重要价值追求。

运动场上通常以一个动作、一个表情来传达信息,这种特殊的交往形式使同学间的交往不会因身材、长相、身高等原因而存在戒心,这种健康的交往关系还会随着运动次数的增加而得到更深的强化,在之后的学习生活中,这种被强化的关系会成为一种经验和习惯,对促进学生人格健全和提高社会适应能力都有着极大的作用,为他们未来的健康生活打下坚实的基础。

(二)心理健康:以情感为纽带的生命交往

> 注重学生心理和谐健康,加强人文关怀和心理疏导,根据中小学生生理、心理发展特点和规律,把握不同年龄阶段学生的心理发展任务,运用心理健康教育的知识理论和方法技能,培养中小学生良好的心理素质,促进其身心全面和谐发展。
>
> ——《中小学心理健康教育指导纲要(2012年修订)》

以情感为纽带的生命交往契合儿童个体认知、情感发展的节律以及个体间的差异性,在活动中使每个儿童的生命状态都能得到关注与照料,每个儿童的心理困惑都能引起重视并得到处理。这就要求在心理活动与辅导过程中着眼于儿童的成长,以情感为纽带,通过建构良好的人际关系来提升生命品质。

学校以情感为纽带的生命交往努力营造顺性生长的活动场域,以儿童的心理感受和心理体验为核心。教育实践中,我们面向全体,以解决不同成长阶段中的问题为主线确立目标,以儿童的整体发展为目的,以儿童的心理需要和关注热点组织活动内容。

通过心理健康活动,构建和谐安全的氛围以激发儿童参与活动的积极性,学生在交往中感受师生、生生间情感的流动,实现生命的成长。儿童的智力潜能、兴趣爱好、个性特征、情感价值倾向有更多的机会得以自由展现,每一个儿童在活动中感受到被尊重,良好的心理素质为幸福人生奠定基础。

案例

生命因交往绽放独特的光彩
——以《接纳生命不完美》教学为例

师:请大家看这一组图片。你发现了什么?(依次出示三张图片)

图片1:很多绿色的树叶中有一片红树叶。

图片2:一窝可爱的小猫中有一只小猫头上长了黑毛,其他的都是白色的。

图片3:很多西红柿中只有一个绿色的西红柿,其他的都是红色的。

师:如果世界上所有人的样子都差不多,性格也差不多呢?

生:那就太可怕了,走在大街上都不认识谁了。

生:那太没个性了,世界也太单一了。

师:我们每个人都有着不同于其他人的地方,比如有的人脾气特别急,有的人长得胖,有的人头发是自然卷的……自然界因为存在着各种各样的生物才变得丰富多彩,人也是一样,不同脾气、不同长相、不同性格的人组成了我们这个复杂多样又丰富多彩的大家庭。

活动一:小故事,大道理

教师讲述海伦·凯勒的故事。

师:读了海伦·凯勒的经历,你对"生命不完美"这个话题有了哪些新的思考呢?

生:月有阴晴圆缺,生命也不可能处处圆满。海伦·凯勒以乐观的态度面对自己的不完美,并不断地努力,充盈自己的内心。

活动二:小游戏,探"冰山"

师:接下来,我们做一个小游戏,游戏的名字叫"吹画",先在一张白纸上滴上墨水,接着用嘴吹气,直到吹出一幅自己满意的画为止,也可以进行适当的创作,并为自己的画命名。

学生活动:做吹画,并进行分享。

生:我的作品名字叫《绽放》,看到这朵含苞待放的花儿,我似乎看到在春暖花开的花园里,美丽的花儿在迎着太阳怒放,还有几只蝴蝶在翩翩起舞呢!

生:一开始我想把它吹成一个大苹果,但是怎么也吹不成,我就吹成了一条漂亮的连衣裙,是不是很多女孩子都很喜欢?

生：我和宁宁真是不谋而合，都吹成了美丽的红梅树，在杨柳拂堤的2月开出了美丽的花朵。

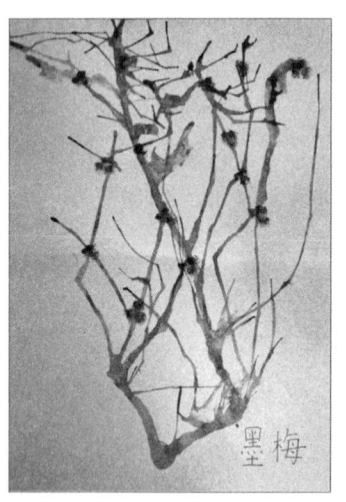

生：我在吹出的画上进行适当的创作。看！一个神奇的蜘蛛网展现在我们面前，我还画上了蜘蛛进行点缀。

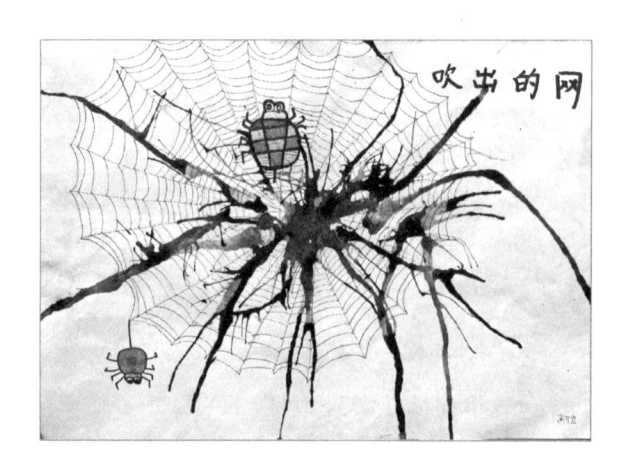

师：在吹的过程中你有什么样的感受呢？听听同学们是怎么说的。

生：当吹不圆的时候，我们可以吹成其他形状，生命也是这样，坦然接受生命的不完美，并非要你没有任何作为，就像海伦·凯勒一样，通过积极的努力，让不完美的生命也能开出别样美丽的花。

活动三：小分享，心感悟

小组合作：在你的生命中有哪些不完美，让你感觉遗憾的地方呢？

生：很遗憾，我的眼睛长得特别小。

生：很遗憾，我不会跳舞。

生：很遗憾，我的力气太小了。

师：接下来我们来做冥想：请选择一个舒服的坐姿，闭上眼睛。感受一下你的呼吸，是深还是浅，思考一下，面对生命中的不完美，有没有办法弥补？想想你正感到遗憾的事，也想你拥有的可能有助于减少遗憾的资源。请仔细想一想，想好了，就请睁开眼睛回到课堂。

师：让我们拿起笔把刚才想的写下来吧！

很遗憾，_____，幸好_____。

师：我们看看同学们是怎么写的吧！

生：很遗憾，当我做不出题目的时候，我经常没法控制情绪而发脾气。幸好我有爸爸，他每次耐心地开导我。

生：很遗憾，我长得有点胖。幸好我家养着狗狗，让它每天陪我跑步减肥。

生：很遗憾，我五音不全，唱不好歌。幸好我有妹妹，我可以唱歌给她听，她喜欢听我唱。

师：同学们，把你写的大声读一遍吧，并给自己一个大大的赞！

师：其实只要我们以积极的心态接纳生命中的不完美，就会发现，总有一些方法能帮助你减少遗憾。接纳生命中的不完美，是自信的表现。弥补生命中的不完美，是智慧的表现。每个人都是在这不断的接纳与弥补中成长。

【案例反思】

这是一节"有理、有据、有效、有度"的心理课，对学生来说是一次难忘的心灵沟通、情感共鸣、相互砥砺的生命交往之旅，在这过程中学会接纳自己不是很完美的身体和外在；对于别人的负面评价，能够客观地去面对，不会因此陷入自卑的阴影；能够接纳自己的缺点，对自己的能力怀有积极乐观的想法，在任何情况下都能够向阳生长，让生命得到滋养。

1. 有理：基于标准开展教学

《中小学心理健康教育指导纲要（2012年修订）》要求小学高年级任务之一是帮助学生正确认识自己的优缺点和兴趣爱好，在各种活动中悦纳自己。高年级是一个关键的人生阶段，这时候的学生身心急剧变化，自我意识增强，更加关注自己的外表、性格、智力等方面，关于生命中的不完美，需要合理引导。本节课，教师紧扣课程纲要，并结合小学六年级学生普遍存在的困惑，从认知、情感、行为三方面设置教学目标。通过精心设计的体验活动，学生明白生命不可能处处圆满，要不断地接纳和弥补成长中的不足，正确接纳自身缺点，悦纳自己，并通过积极努力的形式展示更加自信的自己，从而更好地适应学习和生活。

2. 有据：按照规律策划活动

课程的设置要符合学生身心发展的规律，符合学生的认知水平。六年级是童年期向青春期的过渡阶段，这一阶段的学生自我意识飞速发展，相比中低年级的学生，有了更多的烦恼。很多学生面对自己身体和心理的变化时更加敏感，开始否定自己。这本质上是学生无法接纳自己的不完美，无法正确认识自身的优点和缺点。本节课以活动体验贯穿其中，面对纸上到处乱跑的那一滴或大或小的墨水，学生内心的"冰山"不断地晃动，在经历内心的挣扎、彷徨后，最后惊奇地发现吹不圆的时候，吹成其他形状也是非常理想的状态。在这过程中，教师引导学生不断觉察自己的内心感受、情绪状态，正视并接纳自己的不足，并获得积极的能量。在这过程中，学生感悟到：其实生命也是这样，坦然接受生命中的不完美，并非没有任何作为，只要积极努力，生命一定会开出别样、美丽的花。

3. 有效：锚定目标设计流程

整节课通过"初识不完美""感悟不完美""理解不完美""接纳不完美"等活动抓住学生的内心情感体验，让学生在活动中亲身去感悟、去觉察，从而更好地认知、接纳自己。本节心理课的一大亮点是通过借助吹画这一方式探索学生内心的真实想法。吹画是绘画的一种，绘画在心理学方面的价值已得到了普遍认可，并且被广泛应用于心理咨询及治疗领域。绘画本质上是心理活动状态，是气质性格、情绪情感、社会文化潜在影响等的表征，学生通过绘画这种非言语的形式将内心投射出来，反映出内在的、潜意识层面的信息。对于小学生来说，有图画的地方就有故事。当吹画游戏遇到创意故事，心灵之中隐秘的情绪就会透过隐喻表达。这是一种独特的对自我生命探索、觉察的方法。学生在表达、整理和感悟过程中使隐藏在"水面"之下的"冰山"慢慢显露，从而产生有价值的感悟，获得心灵的成长。

4. 有度：情感互动贯穿始终

有温度的课堂必定能让学生心理上产生安全感和自由感。整节课通过师生、生生间的情感互动，创设了和谐、尊重、有温度的氛围。心理学家罗杰斯指出，学生只有在心理安全和心理自由的条件下，才会进行创造性的、个性化的发挥。当一个人在心理上感觉安全时，他就不会害怕表现自身个性化的思维和认识，可以在进行思维时无须处于防御状态，从而保持"心理自由"，充分表达自己的思想。一开始教师通过热身小游戏营造和谐、自由的氛围，瞬间拉近师生之间的距离，为整节课奠定基础。"小游戏，探'冰山'"是整节课的重要环节，学生在这一环节中通过沉浸式体验活动不断觉察自我、了解自己、触碰内心。

四、实践素养学科：一起创造生活之趣

实践素养学科是一种注重实践性和综合性的学科，它强调培养学生的创新精神和实践能力，以适应现代社会和科技发展的需要。实践素养学科的教学内容通常包括实验、实践、研究等多种形式，旨在帮助学生通过合作互助、亲身体验和实际操作等创新趣味活动，提高解决实际问题的能力和素质，让学生更加积极、愉悦地面对生活。

（一）综合实践：以融通为旨归的创意交往

> 综合实践活动是从学生的真实生活和发展需要出发，从生活情境中发现问题，转化为活动主题，通过探究、服务、制作、体验等方式，培养学生综合素质的跨学科实践性课程。
> ——《中小学综合实践活动课程指导纲要》

新课标指出要开展跨学科主题学习，强化课程协同育人功能。综合实践活动课程是基于儿童的直接经验，密切联系儿童自身生活和社会生活，体现对知识的综合运用的一种新的课程形态，具有很强的跨学科性。

我们发现，在综合实践活动课程中设计有效的创意交往活动，创设真实情境，有利于引导儿童把知识转化为智慧，在交往中打破常规，有所创新，迸发创意思维的火花。

综合实践活动涉及范围十分广泛，以学生已有的经验、社会实际和发展需要等问题为中心，以主题的形式融通各门课程资源。综合实践活动课程超越严密的知识体系和技能体系的学科界限，强调学生的亲历、体验、感悟和理解，强调学生与自然、

与社会、与生活的联系,需要儿童具备一定的交往能力和实践能力。因此,在教学中,教师要构建促进儿童交往、激发儿童创意思维的真实情境。儿童在与他人交往实践的过程中,通过个性化的知识建构,谋求与自我、与他人、与社会、与自然的和谐,从而实现课程的发展价值,实现儿童的创意交往。

案例

融会贯通,共品生活的奇妙
——以《奇妙的绳结》教学为例

活动一:自主探究,认识生活中的绳结

播放生命绳救援视频。

师:视频里出现了"生命绳",生命绳顾名思义就是在关键时刻能够挽救生命的绳子。绳结在我们生活中能解决很多的问题,让我们一起走进《奇妙的绳结》这一课。

师:同学们,课前请大家观察了身边的绳结,我们一起欣赏。(展示绳结图片,依次请拍照片的学生上台介绍绳结的名称和作用。)

师(总结):绳结在日常生活中起到装饰、固定、逃生等作用。

活动二:小组合作,了解常见的绳结

师:你们遇到过与绳结有关的麻烦吗?这几位同学有话要说。(播放视频)

情景一:两位同学搬书时捆书的绳子断了,两根短绳子不够长,无法重新捆书。

(探究要求)将两根不同材质的绳子通过打结的方式连在一起,看看是越拉越紧还是越拉越松,探究背后的原因。

小组合作探究,代表发言。

师(总结):影响接绳结的效果的因素除了绳子的长短、粗细、材质之外,绳结的系法也非常重要。(教师分享不松散的绳结结法示意图。)

情景二:两位同学回到家中后解开红领巾,发现抽开后仍然有结。

(探究要求)红领巾结:小组内每人系好红领巾,探究抽开后不留结的红领巾结结法。

　　小组合作探究,代表发言。

　　教师分享抽开后不留结的红领巾结结法:左角压右角,左角转一圈,岔上拉左角,左角穿过圈。

　　情景三:体育课上,几位同学在进行跑步比赛,其中一位同学的鞋带突然松开了,只能蹲下系鞋带。

　　(探究要求)鞋带结:小组内每人系鞋带,探究不松散的鞋带结结法。

　　小组合作探究,学生上台演示:有打两个结的,有打成死结的……

　　出示不容易松散又很容易解开的系鞋带方法视频。学生观看完视频后尝试用新方法系鞋带。

　　一同出示三个探究活动,让学生汇报交流,从分享中收获知识。

　　活动三:动手实践,制作有趣的绳结

　　师:生活中绳结的种类各种各样。今天主要给大家介绍一下平结。(课件出示)你想不想拥有一个平结手绳呢,一起看看视频,特别注意平结手绳的制作步骤和要点。(播放平结法手绳制作的视频)

　　教师利用视频展台演示平结编织法。

　　师:同学们,在观看完平结法手绳的制作视频后,谁能总结一下制作步骤? 有哪些细节和技巧?

　　生(总结):我们的制作步骤可以概括为:交叉、穿插、拉紧、反向重复。

　　师:在整个操作步骤中,你觉得哪些要点是需要提醒同学们注意的?

　　生:要控制好力度,拉得过紧或过松绳子都不好看。

　　……

　　师(总结):其中最重要的一点就是要弄清两根绳的方向。

　　出示制作提示,学生动手制作。

　　活动四:交流评价,感受巧妙的绳结

　　师:请同学们互相评价彼此的作品,上台展示,互说优缺点。小组讨论:在制作手绳的过程中,有哪些要点需要特别注意? 哪里还需要改进? 有没有新的小技巧?

　　学生上台展示自己的作品,边展示边说制作技巧。

　　师:这节课你们都有哪些收获呢?

　　生:我们要留心观察生活中的事物,并积极探究其中的奥秘。

　　……

　　师:是啊,绳结看似不起眼,实则奇妙无比。希望同学们从生活中发现问题,探索问题,做一个既爱思考也会解决问题的人,将今日所学付诸实践!

【案例反思】

小学综合实践课强调过程,强调学生探索新知的经历和获取新知的体验。它是一门跨学科的课程,具有很强的融通性。因此,教师需融通各门学科,以儿童的直接经验或体验为基础,将儿童的需要、动机和兴趣置于核心地位,充分发挥儿童的主动性和积极性,积极开展各种创意交往活动。在《奇妙的绳结》这一课中,教师鼓励儿童针对生活中常见的绳结提出问题,尝试独立解决这些问题。整节课创设了真实的生活情境,融通各门学科知识,开展多项创意交往活动和实践活动,在交往中发展儿童的创新精神和实践能力,提高儿童的综合素质。教师引导儿童积极参与情境创设、活动探究、具体实践、交流总结、拓展创新等环节,在参与中学会融通。

1. 融入生活,唤起共同兴趣

课堂中,教师选取生活中的常见情境,通过观看视频、儿童自主分享等形式,引起儿童对生活中的绳结的好奇,给儿童真实的生活情境感,激发探究欲望。

比如,在导入环节,教师引导儿童联系生活中的绳结,自我发现、自我寻找、自我研讨,自我介绍生活中常见的绳结及其作用。将课堂充分交给儿童,让儿童在交往中认识到绳结在生活中的重要性。给儿童真实的情感体验,唤起儿童兴趣,吸引儿童积极参与教学过程。

2. 分组探究,加深知识认知

综合实践课倡导教师带领儿童开展体验式、问题解决式、主题研究式学习活动,这些活动使儿童掌握多样的学习方法、思维方法,养成积极地、创造性地解决问题的态度,使各门学科所学的知识和技能等相互融通和深化,在实践中得到综合运用。

比如,在活动探究环节中,教师通过三个来源于生活中的真实的情景,即绳子断了利用结绳结连接、红领巾抽开后不留结、系鞋带不松散,引导儿童探究背后隐藏的关于绳结的各种知识,让儿童在小组合作中互相交流。通过引导提示,儿童产生更多样化的想法。分组活动既锻炼了儿童的交往能力,也充分探究了各类绳结在生活中的作用,感受绳结的奇妙,提升儿童解决问题的能力。

3. 动手动脑,提升综合能力

综合实践活动的实施强调儿童乐于探究、勤于动手和勇于实践,注重儿童在实践性学习活动过程中的感受和体验。它要求儿童超越单一的接受学习,亲身经历实践过程,实现学习方式的变革。我们在课堂中要充分开展实践活动,确保每一个儿童都能在课堂中有动手实践的体验。在实践活动中不仅强调自身的动手,更要强调彼此之间的交往,激发儿童创意思维的迸发。

比如,在动手实践环节,教师选择与本节课绳结相关的平结手绳作为制作项目,结合当时即将到来的端午节,充分贴近真实的生活情境,符合儿童的认知。通过观看视频、教师实际操作指导等各种方法,引导儿童动手制作平结手绳,超越单纯的书本学习和被动式接受学习。在实际动手操作中鼓励儿童调动各种感官,融通各门学科知识,与他人积极沟通合作,创意交往,提高儿童各方面的综合能力。

4. 展示交流,促进自我反思

综合实践课程面向儿童的"生活世界",为密切儿童与生活、儿童与社会的联系架起一座桥梁。综合实践活动让儿童尤其是学习困难的儿童有表现的机会,让他们在与同伴的交往中获得少有的成就感,从中找到自信。

如在交流评价环节,通过小组合作交流,儿童既关注到他人平结手绳作品的优缺点,正确评价他人,也能及时发现自身作品的问题,进一步促进自己对本节课重点"奇妙的绳结"的了解,在展示交流中提升自我、增强自信心,促进全方位成长发展。

总之,综合实践活动课程是一门开放性课程,我们强调综合实践活动的教学以各门学科知识的融通为根基,从儿童生活实际和真实需要出发,创设真实的生活情境。多样化实践活动促进了儿童的交往,迸发了儿童的创意思维,使儿童在实践中提升了综合能力,培养了儿童的综合素质。

(二) 劳动:以技能为要义的实践交往

> 劳动课程要培养的核心素养,即劳动素养,主要是指学生在学习与劳动实践过程中逐步形成的适应个人终身发展和社会发展需要的正确价值观、必备品格和关键能力,是劳动课程育人价值的集中体现,主要包括劳动观念、劳动能力、劳动习惯和品质、劳动精神。
> ——《义务教育劳动课程标准(2022年版)》

劳动教育秉承平等、包容、信任的原则,使学生在劳动中进行言说以培养表达能力,进行体验以培养感知能力,进行互助以培养合作能力,进而培养由表达能力、感知能力、合作能力构成的同伴交往能力。

同时,劳动教育为学生同伴交往能力的培养提供了实践平台,为学生交往能力的培养提供了现实路径。基于交往教育理念的劳动教育,学生要在劳力又劳心的劳动中提升核心素养,为将来成为一名合格的社会劳动者奠定基础。

案例

端午粽情,共承传统
——以《包粽子》教学为例

师:同学们,每到端午节,家家户户都要包粽子、吃粽子,你知道粽子的起源吗?请你说一说搜集到的资料。

生:我知道包粽子是纪念屈原的。

师:我们通过一个视频了解一下吧。(播放视频)

师:同学们,原来包粽子是为了纪念屈原,怪不得这一个粽子寓意这么深刻。粽子的深刻寓意你们知道吗?

生:青色的粽叶寓意屈原文化青史长存;雪白的糯米表示屈原纯洁如玉的精神;棱角分明的形状象征屈原刚正不阿的品质;包在其中的红枣寓含屈原赤诚如火的一片丹心。

师:今天老师带来了一个粽子,大家观察一下,它像什么?

生:像圆锥。

师:给大家一个提示,今年是什么年?这是一个牛角粽,你想不想尝一尝这个粽子?好吃吗?什么味道?(学生品尝粽子)

生:好吃,味道甜甜的、糯糯的。

师:那你想不想自己动手做出这美味的粽子?

生:想!

师:今天我们就来一起学包牛角粽。

活动一:准备材料,示范操作

师:在正式包粽子之前,老师想问一下,包粽子需要准备哪些材料?

生:准备粽叶、糯米、棉线、蜜枣、面盆、碗勺。

师:准备好这些材料还要做哪些准备工作呢?

生:(1)糯米洗净后泡大约3个小时,更黏且不易沾手。

(2)粽叶用热水烫过洗净沥干,煮过之后更有韧性,避免脆断。

师:看来大家懂得还挺多,有了这些材料,到底该怎么包好一个粽子呢?

师:我们通过视频了解一下。

师:谁来说说,包粽子有哪几个步骤?学生交流包粽子的步骤。(出示板书)

生:成形、装米、包裹、捆扎。

师:那包粽子的每个步骤需要注意什么呢?我们再看一遍视频。

生:成形旋转,装米适量,包裹压紧,捆扎牢固。

师:看来大家刚才学得都很认真,注意到了很多小细节,我看到很多同学已经跃跃欲试了,是不是已经迫不及待地想要亲自动手了啊?

活动二:实践体验,合作挑战

师:包之前有几个温馨提示:

(1)漏斗不能有缝隙;(2)粽子装馅要正好;(3)封口粽叶要盖紧;(4)捆扎粽子要牢固。

师:我们接下来看小组内谁包得又快又好又多,颁发"最佳粽艺奖",又好又多的小组颁发"最佳团队奖"。

活动三:多元评价,激发兴趣

师:老师看到好多包粽子小能手已经完成了,我们一起来欣赏一下吧。

师:你能说一说包粽子时遇到什么问题,又是如何解决的吗?

生:我在包的时候容易漏米,同伴提醒我要少放一点米。于是我就减少了放入的分量,包得又快又好。

师:同学们真棒,这么快就学会了包粽子,把掌声送给这些包粽小能手和最佳团队。

师:同学们,在刚才的环节中,我们动手又动脑,体会到了劳动的乐趣,看到了自己包好的粽子一定非常有成就感,老师也觉得你们特别棒,老师奖励你们各式各样的粽子,想看吗?

生:想!

师:原来粽子还有这么多种类,真是让人大开眼界。

师:你们想知道这些粽子是怎么包出来的吗?我们一起去看一看职业粽艺师是怎么包的。

师:看了之后,你有怎样的感受?

生:我觉得粽子要想包好很不容易,传统文化得以传承正是因为有这种工匠精神。

师:是啊,这些年轻的粽艺师用工匠精神打造每一个粽子,用巧手呵护传统美食的温度,传递着温馨的祝福,寄托着美好的情感。它不仅仅是舌尖上的美食,它里面承载的,其实更是中国的情怀,一种文化的传承。

师:包好了是不是就要煮了,大家可以把包好的粽子带回家试着煮一煮,煮粽子还大有学问呢!下节课我们继续研究。

【案例反思】

劳动教育为学生提供了实践的平台,将学生的劳动课堂学习和生活紧密联系起来,充分利用儿童的心理特点,激发了学生的学习兴趣。通过实践,学生的表达能力、感知能力和合作能力等得到了一定的提高,也获得了合作学习的愉快体验。学生在说、学、练的过程中掌握了包粽子的基本方法和步骤,大部分学生都学会了包粽子,不仅体会到了劳动的快乐,还收获了对中国传统文化的兴趣。本次课堂教学体现了劳动的育人价值。

1. 互动交流,提升表达能力

表达是交往的基础,是以语言为载体的对话行为。劳动教育为学生提供了交流互动的平台,使小学生以语言作为媒介,形成与他人的交往行为。在表达系统的运作中探索人际规则,建构交往意识。通过语言信息的相互传达,实现学生社会人格的规范化,从而培养自身的同伴交往能力。

比如,课前教师让学生搜集大量关于端午节的资料,上课伊始也让同学们分享了关于端午节来源和粽子的深刻寓意,给学生充分的表达机会。这一环节激发了学生的学习兴趣,加强了学生对中华传统文化的认知。

在合作包粽子环节,当学生遇到困难时,教师引导学生组员间相互帮助,既锻炼了学生的交际能力,又培养了口语表达能力。我们也欣赏到了学生丰富有趣的成果,可以说是大有收获。教师为学生提供交往互动的机会,使学生在集体劳动中感受到社会氛围。在社会化集体的影响下,建构学生的社会意识,促使学生在具有社会意识的先决条件下形成表达动机,在同伴的彼此配合中向社会化层面深入发展。

2. 动手实践,提升感知能力

感知是交往的内核,是在体验中对接收信息的处理。感知能力的形成离不开体验,体验是感知的先决条件,能够将学生的注意力引向需要感知的视角。劳动教育为学生的集体实践提供了场域,促使学生在劳动中进行互动,在交往中体验共情,学会遵循人际规则,从而促进感知能力的形成。

比如,在探究的过程中,教师通过视频以及亲身示范,让学生归纳总结包粽子的步骤,在这一过程中学生遇到了许多困难,也获得与他人互动的机会,当学生接收到同伴的请求信号时,会形成设身处地为同伴着想的心理趋势,在劳动情景中代入同伴角色,帮助同学解决困难,使同理心在彼此互助中彰显出来。

为了让学生学会包粽子,教师用视频示范引领,走到学生中间亲自指导,学生有充足的时间实践,因此在评价展示环节,学生非常有成就感。教师让学生互评并颁发了"最佳粽艺奖"和"最佳团队奖",让获奖小组说一说包粽子时遇到的问题,交流是如何合作解决困难的。通过这一环节,学生进行自我总结,感受到是组内互助合作才取得了成功。这样的实践体验促进了学生在互动中学会共情、遵循规则,从而培养学生对人际交往的感知能力。

3. 同伴互助,提升合作能力

复杂的劳动作为由多元因素组成的集体任务,需要学生的共同合作方可完成。劳动教育以劳动为内容核心,为学生提供合作机会,发展其与同伴交往的可能性。合作与交往是互为因果的关系,学生在合作中走向交往,在交往中实现进一步合作。

比如,在动手包粽子环节,学生以小组为单位,组内每个成员任务明确,互助包出尽可能多的粽子,在分组的过程中教师保证了组内成员的数量值与多样化,实现与多元任务的有效对接,从而提升任务的完成度,确保组内成员均能融入其中且保持互动,同时避免同组学生在合作中对于相同任务的竞争。学生在劳动中培养了相互协作与沟通交流的能力以及相互分享的品德,习得包粽子这种劳动技能。他们通过包粽子感悟的分享,体会到劳动的艰辛与快乐,进而珍惜劳动成果。劳动教育通过多元合理的教学方式,为学生提供了良好的合作平台,有效培养了学生的合作能力。

总之,劳动教育对于学生交往能力的培养具有重要意义,它赋予学生的基本内涵是使其在具体劳动技能的习得中发展交往能力。劳动教育为学生同伴交往能力的培养提供了实践平台,同时,学生交往能力的培养为劳动教育的价值作出了实证。

/ 走向理解与共生:交往教育的理论意蕴与实践境脉 /

基于交往教育理念的劳动教育,学生的劳动实践活动并不是一盘散沙,而是有磁性存在的场域,学生以不规则的状态在有规则的活动中实现综合素养的提升。

(三)信息科技:以讯息为载体的数字交往

> 能遵循信息科技领域的伦理道德规范,明确科技活动中应遵循的价值观念、道德责任和行为准则。按照法律法规与信息伦理道德进行自我约束,积极维护信息社会秩序,养成在信息社会中学习、生活的良好习惯,能安全、自信、积极主动地融入信息社会。
> ——《义务教育信息科技课程标准(2022 年版)》

随着数字信息技术的飞速发展和互联网平台对公共生活全方位的渗透,人类社会进入新的阶段——数字媒介时代。在数字媒介时代的浪潮下,涌现出多元化的社交关系和交往空间,催生出了全新的社会交往文化——数字化交往。

信息科技教育将学生的核心素养培养空间从传统的线下环境扩展到线上,借助于数字交往这一基于数字媒介技术的交往形式,有效地促进了学生的信息意识、计算思维、数字化学习与创新能力和信息社会责任等核心素养的发展。数字交往的主体去中心化、交往时空无界化以及交往关系个性化等特点,使得学生能在更加多元化的学习环境中锻炼和提升自我。

案例

数字交往:让责任在网络中生长
——以《初识网络世界》教学为例

"同学们,我们都会去动物园里游玩,观赏动物。在南京,我们有着远近闻名的红山森林动物园,你们都去过这个动物园吗?"我向大家抛出了一个问题。

"去过!"同学们异口同声地说道。

"那你们知道南京红山森林动物园之前遇到了一个很大的难题吗?"

"好像是动物们没有食物吃了。"班级里知识量最丰富的小仔说道。

其他同学好像都略有耳闻,开始低声讨论起来,但有的同学并不知情,疑惑地抬起小脑袋向我求助。

"因为 2020 年春节的疫情,园长说出了这样一句话:'为优先动物,发不出员工工资。'疫情造成了动物园的困境,自收自支的动物园为了养活我们喜爱的小动物,都发不起员工的工资了。"我认真地向同学们解释道。

"红山森林动物园是非常温暖的动物园,在老师小的时候门票价格和你们现在的是差不多的,这么多年都没有大幅度地涨价。红山森林动物园从来不搞动物表演。"我又向他们介绍了一些关于红山森林动物园的知识,并且给他们播放了当时的纪录片。

看着疫情时期动物园的纪录片,我看见有的孩子眼里闪烁着泪光。

"这个动物园也太可怜了吧!"

"是呀,是呀,真想帮帮他们!"

同学们知道后都忍不住想施以援手,奉献自己的爱心。

"老师,我们能做什么吗?"作为班长的小彤忍不住发问。

看见同学们一个个都充满爱心,小小的人儿却仍旧想去帮助身边的弱小,我感到十分欣慰,宣布今天的课程:"学习了今天的知识,我们就可以利用网络去帮助我们喜爱的动物朋友了!甚至可以领养动物!"

听到"领养动物"这个词后,全班瞬间炸开了锅。

"老师,我可以领养小熊猫吗!"

"大象!大象!我要领养大象!"

……

同学们瞬间兴致高昂起来,想要领养自己的动物。

"那答案就由你们自己去南京红山森林动物园的官网上寻找吧!"利用他们热爱探索的好奇心,我引导他们自己去寻找答案。

我用巩固拓展的方法让他们自己去搜索南京红山森林动物园的网站,并且引导他们查找了网上领养动物的方法。

"领养过后,你们还可以给自己的小动物们命名哦!"我笑着补充道。

"我回家就和爸爸妈妈说!"

"我都想好给自己的熊猫取名小小花了!"

"今天能用学到的知识去帮助动物们,真是太好了!"

……

听见同学们热情的反馈,我欣慰地笑了。

一周后,当我走进教室,目光灼灼的同学们都在期待着我的到来,我感到了疑惑。

"老师,我们都去动物园领养动物了!"急性子的小瑞忍不住立马说了出来。

我感到了惊讶和欣喜,还没来得及开口,就有同学向我递来了他们与动物的合照。照片上他们露出的笑容,仿佛一轮轮初春的太阳,温暖而又充满希望。

"'学以致用',是我国经典的成语,意思是把学会的知识运用到生活中,现在你们每个人都做到了!老师要为你们点赞,你们的动物朋友们也会因为你们的帮助而生活得更好,我也替小动物们谢谢你们!"作为老师,我也由衷地感谢这些富有爱心和行动力的孩子们,每个小小的身体里都有着一颗叫"爱"的种子,相信在未来,他们必将长成为人庇荫的大树。

【案例反思】

在网络时代,数字交往已经成为一种主流的交往方式。数字交往具有信息传播迅速、交流广泛、可以跨越地域和文化限制的特点,从而扩大了学生之间的交往视野和交流空间。因此,我们应该加强培养学生的信息社会责任意识,注重提高学生的网络素养和信息素养,使其成为数字交往时代具有社会责任感和公民素养的优秀人才。

1. 联结当下:数字交往的切入点

以讯息为载体的交往活动,可以采用多种方式。

活动策划:利用各种媒体和信息平台,如电视、报纸、社交媒体、短信、邮件等,策划一系列有趣、有意义、有影响力的交往活动,吸引更多的人参与其中。

聚会和交流:通过社交媒体或短信等方式,邀请朋友、同学等一起聚会,进行交流、分享、互动等活动,增强彼此之间的情感联系和互信。

公益活动:以讯息为载体,策划和组织一些有益于社会、有意义的公益活动,如志愿者服务、环保行动、慈善募捐等,通过共同的行动和目标,促进人与人之间的交往和合作。

知识分享:利用社交媒体、博客等平台,分享自己的知识和经验,与他人进行交流和讨论,促进彼此之间的学习和成长。

信息交流:通过短信、邮件、社交媒体等方式,与他人进行信息交流和沟通,分享感受、经验和见解,促进彼此之间的理解和认知。

为了引导学生利用信息化手段去解决生活中的实际问题,借助学生熟悉的南京红山森林动物园遇到的困境,结合本节课的教学内容,抓住学生热爱探索、善良纯真的心理特点,引导学生自己去探索网站并且利用学习到的网络知识去帮助动物。在此过程中,增强了学生的网络社交能力,帮助了学生更好地理解他人,继而促进了他们在现实生活中的社交能力的提升和交际技巧的习得。

```
                          ┌── 活动策划
                          ├── 聚会和交流
        以讯息为载体的交往活动 ──┼── 公益活动
                          ├── 知识分享
                          └── 信息交流
```

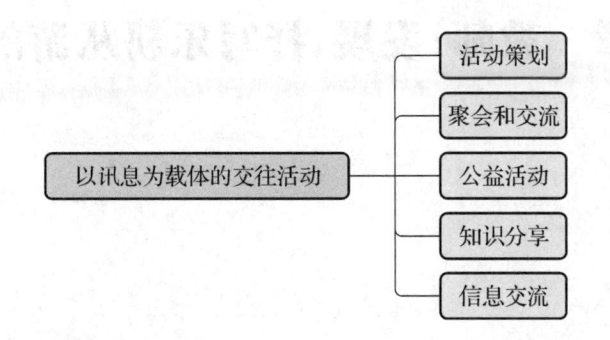

2. 联结未来:数字交往的关键点

《义务教育信息科技课程标准(2022年版)》指出,信息科技的发展创造了全新的数字化环境。它在改变人们信息交流与分享方式的同时,也改变着人们的思维方式。教师要帮助学生认识信息交流与分享内容、方式、方法的丰富性、便捷性和独特性,并了解与之相适应的行为规范。在课堂中,教师顺应学生对动物的喜爱,让他们用所学的知识和本领去了解各种各样的动物,去探寻解决动物园困境的办法,通过线上与线下的交往,最终达成帮助动物的目标。此过程不仅加深了学生对学科知识的深度理解,提高了学生的知识迁移能力,还促进了学生文明交流、积极分享的意识提升,培养了学生通过网络讯息关注生活、关注社会的习惯,促使其为未来的学习与生活做准备。

总之,在信息时代,讯息已成为人类数字交往的重要载体。讯息的传递和利用,不仅是人类社会发展的重要推动力,也是促进社会互动和交流的重要途径。交往理念下的信息科技课堂整合各种资源,创造性地策划和组织以讯息为载体的数字交往活动,充分利用现代科技手段,增强人与人之间的联系和合作,帮助学生更好地理解与应对数字生活和现实生活中的各种挑战。

第六章 教师:发展,抒写乐耕从游的生活

乐耕,教育者在教育的沃土上辛勤耕耘,师者乐教善导,学生乐学善思,师生共生共长。

从游,源于清华大学终身校长梅贻琦:"学校犹水也,师生犹鱼也,其行动犹游泳也,大鱼前导,小鱼尾随,是从游也,从游既久,其濡染观摩之效,自不求而至,不为而成。""从游"中的"从"由两个人组成,既指生生,又指师生,也指师师,还可以理解为家长和孩子,多向交往,人人力争上游,共同建立学习、生活共同体,在从游的过程中达到人人共生共长、共学共赢的境界。

"濡染观摩,不求而至"是"从游"应该达到的理想效果,这种"不求而至"对教师也有着极高的要求。一个人在求学时期如果能遇到好老师,那是这个人一生的幸运;一个学校如果拥有一批好老师,那就是这个学校最了不起的"资本"。好老师的重要标准,是有能力建立良好的、和谐的、向上的师生关系、师师关系,是有能力在学习共同体中逐步完善自我。

"乐耕从游"是交往教育生长出的教师发展新主张,旨在建构以"和实文化"为核心的教师成长联盟。"乐耕从游"期望借助专业对话,培根铸魂,引领教师乐做教育沃土的耕耘者,重现从游育人的经典盛景,为教师的职业幸福摆渡。

第一节 朴实四点半:老师一起学

教师们也要听课学习,这就是"朴实四点半"课堂,一种接地气的论坛式学习。在这间课堂里,没有师生身份之分,只有多样的知识;没有高深的理论,更多的是参与式体验。在这里,教师可以学习最新的知识技能,可以诉说最美的教育情怀,可以讲述自己的教育故事,或是欣赏佳作、陶冶身心,或是亲身体验、感受生活。

一、"朴实四点半"之缘来如此

"南京江北新区浦口实验小学"是老百姓中家喻户晓的老牌实验小学,由"浦实"二字,我们也自诩是一块"璞石",要做"朴实人",寓意着对自己的要求——做质朴诚实的朴素教育人。

璞石,藏有玉的石头,也蕴含淳朴之意。"璞石"是"浦实"的谐音。教师如璞石般内修外敛,学生如璞石般淳朴天真。浦口实验小学,教师"教人求真",学生"学做真人",力行"真教育"。又因"朴实"更简约、更接近教师团队追求的质朴本质,我们保有对"璞石"的追求,留名"朴实"。

"四点半"原是义务教育阶段小学生在校时间的结束,意味着这个时候教师基本处理完了一天的各项课务。学校把"四点半"后的时间留给教师去充实自身,是"朴实四点半"的初衷。有张有弛才是稳健的步态,我们希望在送走学生、处理完案头工作后,教师能享有独立思考、发散学习和谋求发展的机会。在"双减"落地后,随着"课后服务"的实施,"四点半"时还有不少老师坚守在一线,陪伴着学生。但正是因为教育发展向前不止、教育需求万象更新,教师的学习才永不能止步。因此,时段可能略有调整,但"四点半"学习的初心不改,课堂名称沿用至今。

以上,是为"朴实四点半"的缘起。

二、"朴实四点半"之精彩点滴

"朴实四点半"的学习主题视教师们的需求而定,大家需要学习的、大家愿意体验的,各种主题的论坛活动依次走入大家的视线,留在大家心中。下面择取其中的点滴做分享。

案例

未雨绸缪

> 在心脏骤停的黄金 4 分钟内,心肺复苏术抢救成功率高达 60%。
> ——我们身边的急诊科医生

从幼儿园、小学、初中、高中到大学,孩子们从 3 岁开启了求学之路。平日里,老师们授业解惑,同时也是在校期间孩子们最亲近的人。谁都不希望意外发生,但往往意外会猝然而至。在校园中,教师的专长是教学,缺乏一些应对突发情况的应急能力。但意外无处不在,一旦发生,时间就是生命。因此,急救知识应当成为教师"必修课"。运动时不小心扭伤了脚该怎么办？吃东西被噎住怎样处理最为有效？发生碰撞流鼻血时应该怎么处理？被小动物或昆虫咬伤该怎么急救？这些意外伤害时常发生,如何运用正确且有效的施救方法显得尤为重要。

教师团队齐聚"相约四点半"课堂,邀请南京医科大学第四附属医院经验丰富的急诊科团队,共同学习急救知识。团队医师从心肺复苏的生存链、有效指征以及现场模拟心肺复苏的操作方法等方面为全体教师讲解心肺复苏的相关知识。

针对学校特定的急救对象,医师们详细讲解小学生常用急救知识,包括怎样正确使用海姆立克急救法为气道异物梗阻的儿童施救,对于开放性外伤、出血、触电、灼烫伤、脱臼和骨折怎样处理等。

观摩结束后,教师们都很认真地在模拟人上进行心肺复苏练习:观察周围环境,判断意识和呼吸、呼救,将"患者"放在平整的硬地面上,开始进行心肺复苏……手指微微翘起,手掌用力,手肘不弯曲,90 度垂直下压,1、2、3、4、5…30 次胸外心脏按压、2 次人工呼吸为一个循环。所有的细节,在场的教师们都认真听、仔细学。

学习中，教师代表现场体验心肺复苏操作方法，急诊科医师们耐心指导，全体教师真切体会到掌握专业急救知识在危急关头的重要性。

学生健康快乐成长是每位家长、教师最大的心愿，安全是学校工作的重中之重。在工作和生活中会遇见突发事件，太多的不确定因素会使得生命稍纵即逝，急救成为现代人必不可少的基本技能。未雨绸缪的急救知识学习让我们在面对紧急情况时，能做的不再只是无奈和等待。时间就是生命，因此，更需要我们每一个人都实际行动起来，掌握急救知识，为抢救生命赢得宝贵时间。

案例

聆听故事

> 教师从事实践性研究的最好方法，就是说出和不断说出一个个真实的教育故事。
>
> ——马克斯·范梅南

教育里正在发生的那些或幸福或辛酸的事儿，就像一颗颗珍珠，如果不刻意收拾、珍藏，便会散落一地，埋入黄沙或者泥土里，直到再也寻不见。而如果，我们有心地把它们捡起来，珍藏着，穿成串，我们拥有的将是生命中最美丽的项链。

教师生活里的琐碎一旦有了故事的串缀，就变得生动起来。在不断的讲述与反思中，教师的心态开始变得平和，教师的行为开始得以改变，教师的精神世界开始慢慢丰盈，教师的整个生命都会变得清澈澄明。所以，我们一直相信故事的力量。

为了那份教师特有的使命感，为了教师团队更加关注教育点滴，在细节中反思，在反思中感悟，"相约四点半"教育故事分享会上，六位青年教师围绕真实鲜活的教育事件和发人深省的动人故事，讲述在教育教学实践中的亲身经历、内心体验和教育感悟。

小脚丫大脚丫相伴成长，成为生命中最美的回忆。张立羽老师分享《听见你的声音》，张老师用爱与规则呵护孩子的成长，严慈相济中叩开孩子的心扉。

教师们对于学生的成长总是满含期待，但有时候期待对慢热的孩子来说却是负担。秦玥老师分享的《蜗牛牵我去散步》，让教师们深切感受到教育的路上不妨慢下来、蹲下来，牵着蜗牛去散步，感受别样的风景。

潘雅雯老师分享《别样的"伤痕实验"》，为我们带来的教育启示是：我们往往花

大力气去了解别人、认识别人,却很少花精力反思自己。潘老师通过别样的"伤痕实验"告诉孩子——只有你自己,才能决定别人看你的眼光。

生命的话题永远是庄严的、神圣的,而对于小学中年级的学生来说却是懵懂的。马志芳老师分享《落叶归根,生命延续》的教育故事。她从疫情的角度切入,从绿植的养护铺开,让生命教育那么生动、那么触手可及,视角独特,贴近童心,感人至深。

有人说前行源于感动,感动于孩子的成长,感动于教育的幸福。谭梦婷老师分享教育故事《架起情感的桥梁》,她用师爱温暖心灵,用情感架起桥梁,在教育路上收获一份"微小而确定的幸福"。

王娅婷老师带来故事《我们班"X姑"》,她用耐心和责任心构筑教育的殿堂,正如王老师所说:"教育不是教材、不是课堂,而是人点亮人。"

因为爱,因为奉献,因为责任,才有了那么多美丽的故事,才成就了我们美好的事业。三尺讲台讲述感人的教育故事,静悟最美的教育情怀,半个多小时的聆听,教师团队收获满满,大家在聆听中不断反思,在反思中不断成长。

不仅学生们可以通过相互之间的交流来互相学习,教师与教师之间同样存在着彼此交流学习的过程,这一过程也同样起着提高教师自我修养的作用。老师们在日常教学之余会就某一教学问题进行即兴的讨论交流,这会无形中扩大教师自身在教育教学活动中多样化的考虑和选择,所以交流这种方式在教师职业道德自我修养中不可忽视。

每个人都会出错,有发展潜力的人善于从自己的错误中获得发展的资源。没有发展潜力的人拒绝思考自己的做事经历,拒绝从自己的错误中积累经验。教师讲述自己的故事的意义首先并不在于这个故事多么精彩,而在于讲述故事已经成为教师思考自己教育生活的一种形式。讲故事的重要意义在于,教师在思考自己的教育生活,让讲故事点亮了交往教育之路。

> **案例**

强身健体

> 故天将降大任于是人也,必先苦其心志,劳其筋骨,饿其体肤。
> ——《孟子》

教书育人乃国之大事,教育工作者承担教育责任,就得做好时刻锤炼肉体的打算。看今日之运动,不正是磨炼意志、训练肌肉、克制食欲的过程吗?在强调"五育并举"的今天,教师当好体育锻炼的先行者,势必有效带动学生的训练积极性。

"振兴民族的希望在教育,振兴教育的希望在教师。"然而,教师群体的健康能否胜任其肩负的历史重任?北京一所中学的体育教师对该校100多名教师做过体质调查,结果显示,有22%的教师患有肩周炎,18%的教师患有颈椎增生,8%的教师患有下肢静脉曲张,身患各种病症的教师加在一起占了约50%,而仅有1%的人有过运动健身的经历。

目前中小学教师的教育任务比较繁重,工作压力大,同时体育锻炼又太少,这导致他们的健康状况非常令人担忧。教师们对体育锻炼重视不够,是造成他们健康状况低下的重要原因。

人生什么最可贵?许多人回答是健康与快乐。怎样使自己健康、快乐?答案很多,但形成共识的是:锻炼才能健康。古希腊名医希波克拉底说,阳光、空气、水和运动是生命和健康的源泉。这句话的精辟之处在于它把运动和阳光、空气、水摆到了同等重要的地位,不可一日缺少。常言说得好:"身体就是本钱。"如果没有了健康,丧失了生命,金钱、荣誉、地位还有什么意义?

教师平时就要加强体育锻炼,体育锻炼和我们的教学工作并不冲突。教师在紧张的课间,花几分钟踢踢腿、伸伸腰,既可消除疲劳,又能活血提神。早操、课间操,教师和学生一起跑跑步、做做操,既强健了身体,又增进了师生之间的感情。课外活动,教师到操场上,到大自然中,打打球、散散步,人会感到很洒脱,心旷神怡,一天的疲劳都消失了。学校也有针对性地组织、引导教师健身,在长江拉练、陆地冰壶、趣味运动会等体育活动中,促使教师逐步重视体育锻炼。

中华武术,历史悠久,源远流长。历史上,武术不仅是我国国民强身健体的重要

方式，也是中华绚烂文化的重要组成部分。武术操的锻炼不仅能够增强学生的身体抵抗力，培养毅力，也能让学生在体验武术的精、气、神、韵的同时，感知中国传统文化的魅力。

"朴实四点半"之教职工武术操培训活动，由工会主办、体育组协办，全体教职工于 4 点 30 分齐聚操场进行武术操《旭日东升》的学习。大华校区由杜家琳老师指导教学，迎江路校区由庆晨老师示范、梁姗姗老师讲解，一起规范学习武术操动作。

武术操学习中，教职工们积极认真，每一个动作都能反复练习、积极适应，传播了"以武强身、以武修心、以武养德"的健康理念。教师有示范，学生有规范，师生共同学习武术操便于在后续的大课间活动中更好地利用武术特色，打造学校师生交往的校园文化氛围，做到师生同运动、共发展。

"师者，所以传道受业解惑也。"古人的"传道"或许集中于精神层面，而我们今人的"传道"却不仅限于此。教师有更强健的体格，更能鼓励学生们学会锻炼，成为祖国健康的接班人。教育事业的振兴，个人事业的成功，需要教师有良好的体魄；教育改革的不断深入，竞争压力的逐渐增大，更需要教师拥有良好的身体素质。

鼓励教师健身，目标人群并不拘泥于年轻教师。学校鼓励不同性别、不同年龄、不同专业的教师群体根据自身健康需求和社交需求，参与多样化的体育锻炼活动，同时加入学生的集体运动，以专业的训练素养支援学生们的体育锻炼，并将自己的教学内容融入体育锻炼，拓展学生们的视野，让强身健体成为与智力进步对等的成长营养。

案例

外塑形象

——"你为什么觉得她是你最满意的老师？"
——"因为她最有风度，最让我喜欢。"

学校每年考评学生对教师的满意度，每个学生都会给老师打分，选出自己最满意的老师。"你为什么觉得她是你最满意的老师？"学生的回答令人意外："因为她最有风度,最让我喜欢。"其实,这种情况在学生中普遍存在,风度是学生非常看重的特质。

教师职业形象是教师群体或个体在其职业生活中的形象,是其精神风貌和生存状态与行为方式的整体反映。它既是社会对教师职业及其日常行为的一种总体性评价与概括性认识,也是教师群体内部或个体自身对其职业所持有的价值认识与情感认同。教师职业形象是通过其内在精神和外在事物显现出来的,其内在精神包括职业的精神风貌,工作态度、敬业精神、创新精神等;外在事物表现为教师节日、教师组织、教师着装等。

黑格尔说过,教师是孩子们心目中最完美的偶像。教师是学生的"偶像",其风度仪表、言谈举止、音容笑貌、兴趣爱好,甚至一颦一笑,学生都会观察得细致入微,甚至会进行模仿。因此,作为教师,我们应该关注自身的仪表、风度,慎重地把自己的仪表、风度调整到符合受教育者的欣赏水平上来,对他们施以美的熏陶,产生积极的影响,这样才不辜负学生心中"偶像"的美誉。

"师者,人之模范也",教师良好的职业形象对学生有着极好的示范作用,会像一面镜子一样影响到学生。为增强教师团队对于自身形象管理的重视,"朴实四点半"课堂又开课啦!

这次课堂围绕"教师职业形象管理"展开,全体教职工齐聚迎江路报告厅学习,邀请美妆品牌创始人万飞老师作为主讲嘉宾。万飞老师是资深整体化妆造型讲师,她结合教师教态,从"服装搭配""皮肤护理""发型""美妆"等方面,帮助老师们全面绽放个人形象魅力。

面对化妆造型出身的专业人士,很多教师就穿搭和发型的一些常见问题向万飞老师进行咨询,比如:服装穿搭如何配色?如何通过发型展示利索干练的形象?如何打理短发?怎么用丝巾或者围巾来点亮整体形象?面对这些提问,万飞老师没有讲空洞的知识,而是用超级实用的小技巧一一解答了老师们的疑问,服装穿搭以黑白灰为主基调、全身配色不超过三种、推荐短发定型技巧、丝巾作发带提升优雅气质等知识让大家茅塞顿开。

学习后大家纷纷表示,这次学习的技巧可以立即运用到日常生活中来,效果真是立竿见影。吐辞为经,举足为法,美以润心,美美与共。"朴实四点半"课堂将继续为乐耕从游的浦实人建构美丽生活。

教师个人形象不仅代表了职业的社会形象,也会像一面镜子一样影响到学生。当学生说起某个老师时,其精神气质与外在形象是一并印刻在学生脑海里的,所以老师的形象管理其实很重要。

古语有云:"不学礼,无以立。"良好的礼仪修养不仅仅是教师个人素质的体现,更是对学生的榜样示范。教师举手投足间的一颦一笑、言谈举止间的一举一动,无不刻画着他们在学生心中的形象。师者之风,在于"学为人师、行为世范"。在育人道路上,教师不仅通过语言向学生传授知识,同时以潜移默化的方式,影响着学生的审美取向与行为习惯。因此,要不断提升教师团队形象礼仪修养,强化教师的形象意识,助力教师在工作和生活中塑造美丽、自信、充满魅力的个人形象,以更饱满的热情投身到乐耕从游的教育生活中。

案例

内练修养

> 才知源海文始为,腹有诗书气自华。
>
> ——苏轼

读书是教师自我修养的首要途径。培根说过"读史使人明智,读诗使人灵秀,数学使人周密,科学使人深刻,伦理学使人庄重,逻辑修辞使人善辩"。塞缪尔有一句话说"人如其所读"。通过对先贤有关读书意义阐述的解读,可见读书和自我修养关系之大。

思想来自实践,为了不断提高自我道德修养,教师需要参与到实践中去。道德修养是不能脱离社会实践的,实践是认识的基础,同时也是道德修养的基础。如果只是"闭门思过""坐而论道",脱离实践去修养,那么教师道德修养就会成为一句空话。教师在学习关于师德修养的科学理论的同时,也要积极参加社会实践,不断地学习摸索,不断地锤炼升华,良好教师职业道德在实践中生成、巩固和发展。参加社会实践,投身于教育和教学工作中,坚持理论与实践相结合的原则现已成为教师道德修养的有效途径。实践过程能使教师从中感悟到哪些是我们应该坚持的、哪些是我们需要加以调整的。只有这样，才能为做好内外兼修的好教师打下基石。

在当下信息大爆炸的时代，教师这一职业也必须与时俱进。教师可以通过各种电子信息技术，与全国乃至全世界的教师进行交流。在交流中了解不同的教师自我修养途径，从中加以借鉴、吸收。因此，教师间的讨论交流并不是可有可无的过程，而是教师自我修养学习中一个不可或缺的环节。

为了提高教师教学素质与能力，营造浓厚的书香校园氛围，全体教职工齐聚迎江路报告厅参加朗读朗诵技能学习，"朴实四点半"课堂由梁公立老师主讲。

梁公立老师的讲座题目是《你读起来真好听》，他首先从"用力读、用气读、用情读、用技读"四个方面入手，由浅入深，围绕朗诵的要求、语气、语速、语调、节奏，朗诵艺术在生活中的运用以及适合朗诵的文学作品类型等内容展开，阐述了朗诵相关的理论知识。

接着，梁老师邀请沈越老师上台一起朗诵舒婷的《致橡树》，两位老师配合默契，坚定有力，深情满满，读出了诗人坚毅而又执着的爱情观。接下来梁老师又邀请了王庆能、岳征宇、夏雪三位老师进行情境朗诵《一直跟党走》，在梁老师逐字逐句的指导下，三位老师最终为大家呈现出语调饱满、感情激昂的朗诵。最后，梁老师以一首慷慨激昂的《将进酒》朗诵，为交流活动画上了圆满的句号。

学习中，梁老师采取理论教学与互动交流相结合的模式，内容丰富，实用性和针对性强，那极具磁性和穿透力的声音、幽默风趣的谈吐、对作品的深刻解读，深深地感染了在座的每一位教师。在轻松舒畅的氛围中，大家领略了朗诵之美，课堂中响起一阵又一阵热烈的掌声。

"三分文章七分读"，声情并茂地朗读，可以使文字变得生动、变得有感情，可以触动人的灵魂，"相约四点半"的修养课堂学习使老师们受益匪浅。

人们说："美丽的皮囊千篇一律，有趣的灵魂万里挑一。"我们每一个人只有外在的美丽是远远不够的，更重要的是要有内涵、思想、灵魂。而这些需要用经历、阅历，需要时间静下来好好习得、沉淀、内化，才能成为有内涵、有思想、有灵魂的独特个体，形成自己生命的特质和精神长相。

教师要想让自己的灵魂有趣，要有精、气、神，要有自己独特的个性，去成为学生人生的导师,成为学生的"大先生"。除去上面谈到的方法,其实还有很多其他办法来练内功:看高品质的画展,听高品质的跨界讲座或演讲、高品质的音乐会,观高品质、经典的戏剧或话剧,与认可的欣赏的人一起前行……结合自己的实际特长和爱好,练字、习画、跳舞、唱戏、手工等方式,只要是自己有兴趣且有益的,好好规划,细细筛选,都可以慢慢形成个人成长的方式、修炼的方式。

长此以往,经过内塑灵魂,我们接触过的人、走过的路、读过的书、经历过的事,都会从灵魂深处散发出来,慢慢就形成了自己的精神长相,去赋能个人的职业形象。

三、"朴实四点半"之美好愿景

最后,回到最初,教师团队的学习,是为了实现我们乐耕从游的教育理想——做"真教育"。

在"朴实四点半"中做"真教育"就是返璞归真,亦是返朴归真,"返璞"就是"返朴""抱朴",《道德经》说"见素抱朴,少私寡欲",即要抱道守真,怡养生命的真元,使之不为物欲所诱惑、不为私心杂念所困扰。我们教育学生尽量少一些私心和欲念,做人要淳厚,行事遵守公德,生活要俭朴,使本性慢慢返回淳朴的状态。

在"朴实四点半"中做"真教育"就是要"不戚戚于贫贱,不汲汲于富贵"。教师淡泊名利、热爱教育。"真教育"对浦实人来说是一种责任、一种良知,教育是崇高而神圣的事业,容不得半点懈怠和玷污,教育应当出淤泥而不染,回归本真的简单与朴实。

百年大计,教育为本。教育的重要性不言而喻,在以人为本、和谐发展的社会大主题下,素质教育的提出为我国的教育确立了根本的方向。而作为素质教育的实践者,教师只有努力提高自身素质、强化自我修养,才能适应日益发展的教育事业的需要,才能无愧于教书育人的神圣使命。

优秀的教师团队不仅要专业,更要"志业",乐耕从游的浦实人在"朴实四点半"充电加油,努力保持自身的思想活力。美以润心,文以化人,"朴实四点半"为每一位乐耕从游的好教师构筑美好的精神家园。

浦实人恪守璞石之质朴灵性,相信经过"朴实四点半"的精雕细琢,终将璞石成器。

第二节　成长共同体：成长每一个，成就每一个

　　高质量教师是教育高质量发展的中坚力量。学校目前在岗教师308人，教师平均年龄32.2岁，其中35周岁以下教师204人，近三年新进教师114人，学校教师队伍呈现出年轻化的态势。青年教师富有活力和创造力，发散性思维强；有激情、有勇气、有强烈的求知欲，成长意识强。但是，这支年轻的教师队伍也存在突出的成长困境：缺乏教育教学经验，专业水平和综合素养亟待提升。

　　基于此，学校在教师队伍建设方面旗帜鲜明地提出"成长每一个，成就每一个"，构建青年教师成长共同体。探讨共同体的基本内涵，是研究教师成长共同体的前提条件。著名社会学家斐迪南滕尼斯将"共同体"定义为"忠诚的关系和稳定的社会结构"。博耶尔将社会学观点引入教育领域，将"学习"与"共同体"首次结合，提出了有效的学校教育即"学习共同体"这一观点。[①] 近年来，国内众多学者尝试从不同角度对"学习共同体"进行界定，我们更为肯定郑葳等学者的观点。他们提出，学习共同体是一群有着共同目标、信念、信仰的人，在相互协商形成的规则的规范和分工下，采取适宜的活动方式相互协作，运用各种学习工具和资源共同建构知识，解决共同面临的复杂问题，由此构成的一种学习的生态系统。

　　在此基础上，我们尝试提出"成长共同体"的概念。之所以用"成长"，而没有用"学习"这个概念，是因为"成长"比"学习"的范围更加广泛，更注重过程，更涉及教师全人发展的完整性和整合性。我们认为共同体必须建立在自觉、自愿、积极主动的基础上，必须有共同的愿景和理想。因此，我们的青年教师成长共同体是一种合作型组织，旨在通过合作对话与分享性活动促进教师专业成长，基于新教师共同的目标和兴趣自愿，紧扣"三个点"——"读写一体化工程""三课一体化工程""青年教师反思论坛"，以细实的抓手推进青年教师发展，使得入职初期的教师更好更快地适应与成长，帮助其积极应对新的挑战。

---

① 许锋华、吴璇：《教师读书会建设：学习共同体的视角》，《教师教育论坛（普教版）》2018年第3期。

一、共赴书香茶会

最是书香能致远。读书、写作是青年教师共同体成长的基石。然而,由于种种主客观因素的影响,当前广大青年教师开展专业阅读依然面临诸多困境:阅读量和阅读时间较少,学科间阅读不均衡;局限于个人阅读,缺少交流和对话等。

书香茶会是我校"读写一体化工程"的重要抓手,由"静读一小时"和"读书分享会"两部分构成,具有"随性、自由、宽松、开放"等特性。我们认为,这样的共同体读书对话活动可以积极营造一种平等、包容、真诚的情感氛围,让参与者直面自己的内心,结合书籍带给自己的思考,进行积极主动的自我分析、反思与总结,在彼此间温暖接纳、积极鼓励的对话中最终收获成长与进步。

案例

品读诗词,迈向诗意人生
——《诗意人生》书香茶会活动实录

开场:梁公立老师诵读《诗意人生》

"中华民族有着悠久的历史、灿烂的文化,中华文化与诗意共存。当西方人把希望寄托于天上的神灵,咱们中华的先民却对自身的力量充满了自信,以人为本是中华文化的核心精神,以抒情为基本功的诗歌成为中华文化最耀眼的一道光彩,赤县神州注定成为中华文化先民的诗意人生的乐土。诗意生存是人生的最高境界,是真正的幸福人生。"

一、走进《诗意人生》,领会书中真谛

主持人:诗歌是人们认识世界的有效方式,是人们表达意旨的有效方式,诗意生存是中华文化最为耀眼的精华。在中华先民的生活中,对诗意的追求就是最显著的民族特征,正是在这种文化土壤中,"诗言志"成为中国诗歌的开山纲领。此处的"志"就是情,"言志"就是抒情。浓郁的抒情色彩是《诗经》最显著的优点,也是它流传千古、深入人心的根本原因。让我们诵读"蒹葭苍苍,白露为霜。所谓伊人,在水一方。溯洄从之,道阻且长。溯游从之,宛在水中央",走进《诗意人生》。这本书向我们介绍六位在人生态度和作品境界两方面对后人有巨大影响的诗人,他们分别是:屈原、陶渊明、李白、杜甫、苏轼、辛弃疾。

二、走进《诗意人生》，认识伟大的诗人

教师代表分享六位诗人的生平事迹，诵读经典名篇。王庆能副校长介绍了烈士——屈原："屈原是诗国中绝无仅有一位烈士，也是中国历史上最早出现的大诗人，他的作品与《诗经》并称，被誉为中国诗歌的两源头，他高尚伟岸的人格精神和至死不渝的爱国情怀已经成为永久的典范。"卢春梅老师介绍了躬耕陇亩的隐士——陶渊明："他，一生平淡无奇，不但没有名垂青史的功业建树，而且没有激动人心的复杂经历。他，曾做过几任小官，后来便在家乡浔阳隐居终老。他，留下的作品只有一百二十多首诗歌和十二篇辞赋、散文，这些作品内容朴实，风格平淡，并不以奇情壮采见长，当时几乎没有受到文坛的注意。但是身后的声名却与日俱增，最终成为后代士人无比敬仰的文化伟人。他就是躬耕陇亩的隐士——陶渊明。"白丽老师介绍了豪士——李白："他天性真率，狂放不羁，充分体现了浪漫乐观、豪迈积极的盛唐精神。李白的思想无拘无束，自由自在，绝不局限于某年某派。李白决不盲从任何权威，一生追求自由的思想和独立的意志。李白的诗歌热情洋溢，风格豪放，像滔滔黄河般倾泻奔流，创造了超凡脱俗的神奇境界，包蕴着上天入地的探索精神。"金雯老师介绍了儒士——杜甫："杜甫，与李白合称'李杜'。杜甫在中国古典诗歌中的影响非常深远，被后人称为'诗圣'，他的诗被称为'诗史'。杜甫创作的《春望》《北征》《三吏》《三别》等，均是流传千古的名作。公元759年，杜甫弃官入川，虽然躲避了战乱，生活相对安定，但仍然心系苍生，胸怀国事。杜甫是个不折不扣的现实主义诗人。"李莹莹老师介绍了居士——苏轼："苏轼是宋代伟大的文学家，在文、诗、词三方面都达到了极高的造诣，堪称宋代文学最高成就的代表。苏轼的创造性活动不局限于文学，他在书法、绘画等领域的成就都很突出，对医药、烹饪、水利等技艺也有所贡献。苏轼典型地体现着宋代的文化精神，称得上雅俗共赏、妇孺皆知。"费春燕老师介绍了侠士——辛弃疾："他本是智勇双全的良将，年轻时曾驰骋疆场，南渡后曾向朝廷提出全面的抗金方略，雄才大略，盖世无双。可惜南宋小朝廷以偏安为国策，又对'归来人'充满疑惑，辛弃疾报国无门，最后赍志而殁。辛弃疾的词作充满着捐躯报国的壮烈情怀，洋溢着气吞骄虏的英风豪气。他以军旅词人的身份把英武之气融入诗词雅境，遂在词坛上开创了雄壮豪放的流派。"

三、走近苏轼,品味经典

青年教师交流苏轼生平,而后在梁公立老师的指导下诵读苏轼的经典诗作。

念奴娇·赤壁怀古
宋　苏轼

大江东去,浪淘尽,千古风流人物。故垒西边,人道是,三国周郎赤壁。乱石穿空,惊涛拍岸,卷起千堆雪。江山如画,一时多少豪杰。

遥想公瑾当年,小乔初嫁了,雄姿英发。羽扇纶巾,谈笑间、樯橹灰飞烟灭。故国神游,多情应笑我,早生华发。人生如梦,一尊还酹江月。

水调歌头·明月几时有
宋　苏轼

丙辰中秋,欢饮达旦,大醉,作此篇,兼怀子由。

明月几时有?把酒问青天。不知天上宫阙,今夕是何年。我欲乘风归去,又恐琼楼玉宇,高处不胜寒。起舞弄清影,何似在人间。

转朱阁,低绮户,照无眠。不应有恨,何事长向别时圆?人有悲欢离合,月有阴晴圆缺,此事古难全。但愿人长久,千里共婵娟。

结束语:苏轼的人生,既充满了苦难,也洋溢着诗意。苏轼一生历尽坎坷,阅尽沧桑,既遭遇了宦海中的大起大落,也经历了人世的悲欢离合。他以宠辱不惊、从容淡定的心态对待人生中的一切变故,以坚忍不拔、乐观旷达的精神对待人生中的一切苦难。苏轼既以文采风流流芳百世,也以人格精神光耀青史。苏轼面折廷争的凛然风节、勤政爱民的仁爱胸怀受到后人的高度崇敬,他在艰难处境中所凸现的坚强刚毅、乐观潇洒的精神使后人由衷钦佩。人生在世,谁都难免面临不期而遇的风风雨雨。让我们像苏轼一样"一蓑烟雨任平生"吧!

教师工作的育人特点决定了他们要始终保持一种学习的状态,而推进"读写一体化工程"是促进教师持续学习、彼此分享的重要方式。[1] 为保证书香茶会活动取得实效,一方面,学校定期为教师推荐教育教学领域的前沿书目,如在过去的一学年先后推荐了《可见的学习》《人是如何学习的》《学习的本质》等教育教学类书籍。另一方面,学校面向全校教师发布招募令,每位教师可以根据个人兴趣专长选择喜欢研读的书目,加入品读某本书的书香茶会,组成相应的读书小组,每组还会配备一名在该领域有一定研究和造诣的骨干教师负责领读工作,定期召集小组成员开展读书研

---

[1] 赵继红、周劢:《北京十一学校:依托教育家书院促进教师育人能力进阶》,《中小学管理》2022年第9期。

讨,分享书中理论在日常工作中的应用心得。

二、共研交往课堂

　　学校立足交往教育,将交往教育理念渗透进课堂教学,围绕学校交往课题,建立并完善与交往教育理念相适应的高效课堂教学策略,探索交往教育理念下新型的师生共进的理想课堂,以此对青年教师提出课堂、课题、课程相融合的"三课一体化"目标要求,把课堂中的问题作为课题研究,把课题研究的成果转化为课程,课程再反哺课堂。引领青年教师立足教学,主动研究,让"教学即研究,研究即行动"的理念深入青年教师的教学生活,让研究成为他们日常工作的常态。

　　学校还经常通过各种专题培训和基本功展示活动,提升青年教师的教学实践能力:通过素养展示,提升青年教师交流能力,锻炼其思维能力和反应能力;通过微课制作比赛,提升青年教师的教学设计以及信息技术与学科融合能力。多种形式的上课展示,为青年教师提供了各种锻炼的机会。整合性的素养专题培训和基本功比武,引领青年教师加强相关素养的学习,促使他们炼化自我,获得潜能发掘与素养提升。

📖 案例

原来,我不是一个人
——记青年教师赛课带来的成长

王　玉

　　光阴似箭,岁月荏苒。一回首,我已经在浦口实验小学度过了近四个春秋。这四年来,有风雨亦有阳光,有泪水亦有欢乐,当然,有付出亦有回报。我从刚入校时的茫然不知所措到慢慢熟悉了解,从被动到主动,每一天都过得忙碌且充实。如今我仍在英语教师的成长道路上不断行进着。

　　当然,身为一名年轻的英语教师,我深知自身学习的重要性,也知道坚持学习是多么的珍贵且难得,重在成长,难在其源。因此,当得知学校要举办青年教师赛课时,我既紧张又期待。紧张是因为担心自己能不能有好的表现,期待是因为知道这样的比赛会给自己带来很大的成长和进步,同时这也是一次难得的检验,可以让我知道如何去调整今后学习的方向。

尽力,不留遗憾

　　第一次赛课是在校内的青年教师之间进行比赛,通过选拔的教师会继续参加集团校青年教师之间的赛课。当然,在准备校内赛课时,我还没有想那么远,心里想的仅仅是认真准备好自己的这节课,尽己之力,不留遗憾就好。

按照比赛要求,比赛题目提前两天公布,准备时间只有两天,因此整个准备过程相当紧张。一得知赛题是二下 Unit 5 Summer,我就立刻向二年级老师借了英语教参来研读,首先要了解文本,确定教学内容、教学目标、教学重难点等。定了基调,才能在这个基础上来思考整节课的思路。这之后我不断在网络上搜索资料和视频等资源,希望不断丰富自己对这个单元的认识以及了解教法的多样性。因此在第一天不上课的时间里,就一直思考这节课该怎么上,课件又该从何着手进行制作。很快,要开始做课件了,两天的倒计时,课件的制作又是一场不断思考、不断内化、不断怀疑和推翻的体验,因此绝不能说这是一个轻松的过程。

不过,在这两天里,我们组有一个很有趣的现象,现在想起来我还忍不住嘴角微笑起来。由于我们组青年教师多,三位老师同时参赛,比赛时间也是同一天。还有一位青年教师在紧张地准备着区公开课事宜,所以办公室里时常见到我们忙着做课件或者做板书的身影,还时不时传来课件背景的音乐声。偶然吐槽一声:"来不及啦,来不及啦!"又经常听到给彼此的打气声:"没事!没事!加油!加油啊!"

果不其然,在这样特殊的时刻,加班是避免不了的。我们不约而同地在最后一晚留在了学校,继续做最后的准备。最后,当我和元媛老师穿过操场,离开学校时,已经快九点了,学校也是一片寂静。也因此,我大胆地在操场上唱起了我的导入环节的 chant 部分,请元媛老师听一听我的节奏。我俩还一起唱了起来,结果我俩都忍不住大笑出声。我记得那一刻的快乐,一天的疲惫似乎都消失了。

比赛当天,由于我是第一节课,所以我六点多就到了学校,提前去录播教室试课件,同时也留出时间把整个课的流程及板书的生成多练习几遍,尽力做到万无一失,也尽力做到不留遗憾。很幸运,我通过了校内青年教师赛课选拔。

用心,温暖相助

参加第二次集团校赛课,这是一个更有压力也更有挑战的过程。但也是在这个过程中,让我知道在前行的道路上我从来不只是一个人,因为我遇到了很多善良热情的老师们。魏主任和李老师主动帮助我思考赛题的思路;当我制作课件需要借班级孩子们的照片时,班主任张老师热情地给予了帮助,还非常细致地给孩子们都标注了姓名;英语诸老师、王老师也带着孩子们提前做好了预习工作。组内的小伙伴们、搭班的老师们在我需要调课时,都热情洋溢地帮助了我,而且总会鼓励我一下:"加油啊!"还有可爱的朱老师,当我有困惑时,也一直不厌其烦地为我解答。

这一次,是我用心去准备赛课的过程,也是让我用心去感受身边这个温暖集体的过程。

回首,获益匪浅

我回顾这两次赛课的过程,时间不长,满打满算只有6天,但是实在是非常充实的6天。在这短暂的时间里,大脑不断地思考,不断地接收新的信息,整合已知的信息,实在有点儿在极限挑战的感觉了。但也正是因为这样,自身也有了很多成长和收获。首先是我制作课件的技巧丰富了很多,其次是理论与实践的结合。在听了市教研员张海燕老师的讲座之后,我了解到在分析语篇时,要提炼出主题,同时还要找到对应的主题意义,避免说空话;学科育人要贯穿和落实在整个教学环节中,在教学时,要将文化知识和语言知识融合在一起,将语篇和生活紧密联系,这样才能达到育人的目的。平时在校内教研时,我学习到了一些建议和理论知识,在这次赛课时,我就一直在思考怎样将这些在平时的讲座和教研中学习到的信息和赛题结合起来。也许成果并不明显,但是我想:思考了,实践了,那么就一定会有进步和收获。

很庆幸自己前行的路上有陪伴、有引领、有激励。道阻且长,行则将至,行而不辍,未来可期。我会不断学习充电,努力提高自身的综合业务水平,以梦为马,不负韶华!

三、共话反思心得

波斯纳提出"教师专业成长=经验+反思"。经验需要经历实践,不断积淀。反思需要个体勤勉,善于捕捉"灵感"。[①] 学校举办"青年教师反思论坛",鼓励青年教师积极思考教育教学中遇到的问题,为他们提供一个随时随地可以进行交流、思想碰撞的"硅谷"。通过反思,教师思得、思失与思改,有效进行自评、自查、自省、自改,达到自主提高的目的。

---

① 马佳:《基于行动学习法的中小学校长培训模式研究》,首都师范大学硕士学位论文,2014年。

案例

新教师成长感悟
——江边无线电训练是什么颜色呢?

张静波

我有幸和师傅刘茂兰老师成为无线电校队的指导老师,三年来,我们带着队员们在江边两百多次训练,酸甜苦辣,五彩斑斓。

绿色

江边是滨江公园,风景优美,草木繁盛,无线电江边训练就在这样的环境中进行。队员们亲近自然,在绿色中奔跑,根据测向机中的信号找发射信号台。他们宛若森林中的狐狸、草原上的猎豹、大海中的鲨鱼,敏捷快速。指导教师要管理好他们,别偷懒,别犯糊涂,热情训练。

金色

这项训练是阳光下的运动,我们与太阳结伴而行。队员们的皮肤在训练时被染成了金色,回家后颜色沉淀到骨子里,成为坚强的血液。金色的阳光下,队员们进行体能训练,围绕公园跑操,拉伸。我们总是让不爱说话的"小不点儿"领操。腼腆羞涩的少女拥有了金色的力量,变得大方活泼。我们还会让超爱说话的小凯领操,稚拙的男孩在大家金色的目光中,变得沉稳靠谱。

蓝色

外聘的教练和刘老师是训练的底色——蓝色。他们对训练充满想法,训练内容安排得当,训练方法多种多样。无线电江边训练内容是短距训练,对训练技术要求很高。哑点是利用测向机找到发射信号台所在位置的条线。外聘教练教授方法,而刘老师发挥多年的教育教学经验,迅速找到此项技术的重难点,并创新训练方法。在跑步时拿测向机找哑点,最后揭秘。游戏化的设计,种种细节的考虑,不仅队员们的训练热情提高了,训练技术也提高了不少。从一头雾水的无线电短距测向训练到有计划、有重点、有突破的训练中,蓝色的他们有智慧,更有方法。

白色

　　江边变成一片白茫茫的世界。下周末市比赛,今天坚持最后一次江边训练,无奈天公不作美,训练中下起了大雨。收台、集合、撤退。雨太大了,终于将队员们都安全送到家长手中。我整理电台发现少了两个,因急着参加孩子家长会,打电话告诉了刘老师。

　　那时她正在江边,大雨瓢泼,闪电加持,她让布台的我告知江边电台的位置。那时的江边我已看不清,雨水已经盖过路面,镜头前模糊,支支吾吾,貌似没有一句有用的话。天知道,她是怎么找到电台的,中间又经历了什么。我记得视频画面中她的头发湿哒哒的,但眼神坚定。

　　开完会,我在办公室找寻她的身影,那个全身湿透、正拿着吹风机的人是她吗?白色的江边,湿透的老师。

　　江边无线电训练是什么颜色呢?上面是我粗浅的回答。

　　专业引领、同伴互助和自我反思是教师专业发展的必由之路,而教师成长共同体可以集三位于一体。

　　如叶澜教授所说,一个教师写一辈子教案不一定成为名师,如果一个教师写三年的反思,则有可能成为名师。[①] 新教师对自己教育教学行为的反思,可以促使新教师自我觉察能力的提高,进而提高其教育教学的水平。这种反思融入教师的教育教学过程的行动之中,是一种对教育教学过程中产生的问题的分析、监控和解决过程,助力新教师更快地入门、成型、成才,尽早跨入学科名师行列,尽享专业发展带给自己的快乐。

　　互动是成长共同体运行的核心特征之一,青年教师可以通过共同体中的信息和经验交流、资源共享等方式更好地解决教学创新过程中的问题和困惑。在成长共同体中,青年教师心灵自由、乐于分享,围绕各项任务与安排,阅读、分享、合作、研究,相互支持、相互鼓励、相互肯定,形成了合作成长的教育生态文化。

　　青年教师在成长共同体中可以围绕教育教学实践中的心得、困惑进行坦诚的交流,在贡献自己经验、思考与智慧的同时,不断引发思维碰撞,分享彼此的教育实践、思考与智慧,从而实现教育实践、思考与智慧的重组。随着青年教师成长共同体构建的深入开展,青年教师通过同读一本书、教学基本功比赛、上研究课、师带徒等活动,教育教学观念得到进一步转变,教育教学能力得到提高。

　　水尝无华,相荡乃成涟漪;石本无火,相击而发灵光。我们的青年教师们始终在奔赴理想的路上,追光而遇,沐光而行,今天我们是"追光者",未来愿我们都能成为"发光者"。

---

　　① 赵秀花:《积极探索务实的校本教研之路》,《青海教育》2008年第6期。

第三节　班主任工作室：璞石能成玉

> 团队中的个人也许不是完美的,但是关系和谐、默契协作,可以打造一个完美的团队,有效提升团队和个人的绩效。
> ——贝尔宾团队的"角色理论"

班主任是班集体的组织者、教育者和领导者,是学校领导者实施教育、教学工作计划的得力助手。班主任是学生健康成长道路上的领路人,并负有协调各种教育资源和力量的责任。拥有一支能力突出的班主任队伍,是学校正常开展教育教学工作的基础。因此,班主任的成长与发展变得尤为重要。基于对"璞石"的教育追求,在学校的大力支持下,浦口实验小学"璞石"班主任工作室成立了。

工作室的发展,需要一支勤奋上进、刻苦钻研的班主任队伍。工作室的成员大多是一线班主任,有各自擅长的学科方向,有擅长道德与法治学科的,有擅长心理健康教育的,有擅长综合实践和劳动学科的,涵盖班主任工作的各个方面。工作室成员是学校德育工作的骨干教师,注重自身工作能力的提升,积极参与学校德育课题和个人课题的研究,积极参与班主任各方面的竞赛磨炼自己,不断提高自己的工作能力。工作室成员在各种竞赛活动中相互配合、共同成长。

"一花独放不是春,万紫千红春满园。"工作室的成立就是为了带动全体班主任队伍的成长,"璞石"班主任工作室在学校整体班主任队伍培养的基础上发挥示范引领作用。工作室每年邀请市区各级班主任工作方面的专家到学校传经送宝。工作室组织开展"草根论坛"活动,邀请学校工作突出的班主任代表向全体班主任传授经验。工作室成员带头在集团校内开设班会、心理健康、道德与法治、综合实践等示范课,真正起到了示范引领的作用。工作室还组织开展教育好故事、班主任基本功、班会课等竞赛活动,切实在活动中提升全体班主任的工作能力。为了让新入职的老师尽快适应班主任的工作,工作室牵头,发挥骨干班主任的力量,编写了《班主任工作100问》。新班主任们能够在这个工作锦囊中迅速找到解决工作中问题的方法,大大提高了新班主任工作的实效。

一、三人同行,必有我师:"三人行"班主任成长行动

> 子曰:"三人行,必有我师焉;择其善者而从之,其不善者而改之。"

班主任日常工作千头万绪,班级的常规管理、学生的习惯养成、学生心理健康辅导、班集体的建设、家校协同育人、科任教师间的协调、自身专业发展……面对复杂烦琐的工作,有的班主任游刃有余,有的班主任战战兢兢,有的班主任焦虑不安……为了让全校班主任互相学习,进一步提升所有班主任的工作能力,建设一支师德高尚、业务精良、热爱教育工作的高素质的班主任队伍,适应全面推进教育现代化工程、全面实施素质教育的要求,"南京江北新区浦口实验小学'三人行'班主任成长行动"应运而生。

案例

南京江北新区浦口实验小学"三人行"成长行动

一、困境

"师傅,你现在方便吗? 如果有时间的话,我能不能和你聊一聊?"电话里传来徒弟哽咽的声音,"师傅,开学一个多星期了,我每天都很累。我刚进咱们学校,自己要适应学校的环境,适应各项工作,这些还好。可是,班级常规管理、学生教育工作让我每天心力交瘁。我每天待在班上,刚把这个学生问题处理好,那边检查卫生反馈教室脏。第二天,把卫生处理好了,放学路队又被扣分。每天各种状况,我不知道忙哪一头才好。"

二、思考

对于刚走上工作岗位的新教师而言,班主任工作烦琐复杂,怎样才能快速有效地开展班级工作、抓好学生常规管理、培养学生良好的习惯呢? 我们现行的师徒结对,能够在一定程度上帮助年轻教师适应学校的工作。可是,在徒弟遇到困难的时候,师傅是不是能最快速地指导徒弟解决问题? 有没有更好的方法,帮助新教师快速成长呢?

"三人行,必有我师焉。择其善者而从之,其不善者而改之。"这句话,给了我们改进的思路。互相学习,共同成长,并不一定发生在师徒之间,每一个人的身上都有

值得他人学习的地方。

三、革新

"三人行"成长行动这个想法因此诞生。"三人行"成长行动由三个"三"构成。第一个"三":三人成组。学校根据班主任工作实际情况,将班主任分为领航、护航、起航三类,三类班主任成组配对,领航人指导起航人的班主任工作,护航人协同帮助,实现互助成长。第二个"三":锻炼三大能力。以竞赛提升专业素养,以交流提升问题解决能力,以团建提升团队凝聚力。第三个"三":开展三项竞赛。班主任理论知识竞赛、班会课设计竞赛、情境问答竞赛。通过三项竞赛提升班主任的专业素养,夯实班主任基本功,为区市级班主任基本功竞赛选能纳贤。

四、运用

"三人行"班主任成长行动的实施,通过组内成员日常交流,解决班级棘手问题,学会和学生、家长、同事沟通。通过团建活动,凝聚班主任的向心力、协作力和领导力,也为班主任舒压解困。通过"三人行"成长行动,凝聚班主任的集体智慧,从理论到实践,切实提升学校班主任素养。

例如,浦口实验小学"三人行"之"和光共育"家校沟通经验分享活动中,全体班主任按照"三人行"成长行动班主任分组,领航教师收集本小组成员的家校沟通困惑和问题。小组成员在约定时间内进行1—2次小组集中,由领航教师主导,针对前期搜集的组内家校沟通困惑进行问题解决。小组成员在领航教师的指导下进行家校沟通活动就事半功倍了。

"三人行"成长行动分组

第一组		
领航人	护航人	起航人
马志芳、叶文娇	白丽、胡晓茜、于瑞	俞淑婷、张媛(大)、黄婕、杨颖、唐亚玲、侯阳阳
第二组		
领航人	护航人	起航人
刘绪梅、李雯	刘春秀、王俊、王娅婷	贾倩倩、胡影秋、韦贺婷、张媛(小)、许明霞、田新月
第三组		
领航人	护航人	起航人
崔金捷、徐望	蔡会雪、窦红、吴晓东、夏梦璐	郑子宜、汪雅歆、王胜男、朱婷婷、叶涵

(续　表)

第四组		
领航人	护航人	起航人
周晓俊、张立羽	丁庆慧、陈晓婷、金雯	宋欣岭、王喆好、徐晶、梁可奕、孙丽莎
第五组		
领航人	护航人	起航人
徐春达、杨丽萍	朱海梅、张云、胡文秀	丁晶晶、张婕冉、张颜莺、张沁、胡梦玉
第六组		
领航人	护航人	起航人
徐洁、鹿静静	夏莹、张奥、姜宇	叶骁凡、曹爽、王玥
第七组		
领航人	护航人	起航人
卢春梅、潘雅雯	吴颖颖、姜丽娟	王笑薇、朱淑瑶、蒋文雯
第八组		
领航人	护航人	起航人
李林聪、李莹莹	黄娟、李嫚	徐青、凌晨、黄礼华
第九组		
领航人	护航人	起航人
朱金华、潘元方	徐燕、孙潍佳	卜璐、苏莹、龚志培
第十组		
领航人	护航人	起航人
夏红芳、刘晓露	郭婷	吕桃、廖晓好
第十一组		
领航人	护航人	起航人
费春燕、安长春	陈欣、丁玉俊	黄利洁、赵颖、秦玥、王华
第十二组		
领航人	护航人	起航人
沐桂梅、姚晓科	周盼盼、朱颖	曹玉莹、谭梦婷、侍沈媛

(续　表)

第十三组		
领航人	护航人	起航人
都曦薇、蔡元山	刘威、王丽平	沈越、王沁、王志璇

南京江北新区浦口实验小学德育处
2022 年 8 月

二、有效沟通,共助成长:相约四季"朴实"家长向上读书会

> 读书,这个我们习以为常的平凡过程,实际上是人们心灵和上下古今一切民族的伟大智慧相结合的过程。
> ——高尔基

家校沟通是班主任工作不可或缺的环节,班主任通过面谈、电话、网络等各种途径加强与家长的沟通,与家长达成一致的教育目的,为每一位孩子的成长共同努力。

疫情来袭,"双减"政策落地,学生学习与生活的变化带来种种新的家庭教育问题,此种情形下,家校合作需要变革方式发挥更大效能。在学校的支持下,相约四季——"朴实"家长向上读书会项目应运而生。我们定期在线上会议室进行家长读书心得分享和教育经验交流,针对亲子沟通、习惯养成、时间管理、情绪管理等热点问题开展探讨。读书会现已开设十余场,阅读书籍五十余本,惠及千余个家庭,缓解了家长的教育焦虑,增强了教育合力。家校携手云端,树立了正确的家庭教育观念,营造了浓厚的阅读氛围,与书本相约四季,在四季流转中品味绵长书香,以阅读赋能学生健康成长。

案例

家校携手云端　阅读赋能成长
——疫情与"双减"背景下的线上家校共读项目

2021年秋,相约四季——"朴实"家长向上读书会项目正式启动。读书会的规划基于"相约四季"理念,计划以四季阅读活动贯穿整年。"朴实"为校名谐音。"向上"是家校共育、家长学习与学生进步的美好愿景。

一、项目目标:穷则变

项目旨在探索家校共育、家长互助的新路径、新模式,通过在家长群体中开启经验互助之路,实践家长抱团、互帮互助、共同成长,最终实现共进,即通过网络第三空间中家长群体的共读活动,普及家庭教育知识,提升家庭教育质量,预防和解决家庭教育中的一些问题。

读书会进行分年段的活动主题建议,项目组提供推荐书目以备家长参考(见表1)。

表1　相约四季——"朴实"家长向上读书会主题建议及推荐书目

年段	主题建议	书目建议(部分)
低年段	适应校园生活 养成良好习惯 学会居家学习	《你就是孩子最好的玩具》《思考世界的孩子》 《遇见孩子,遇见更好的自己》《给孩子自由》 《和孩子一起面对减负时代》《跟上孩子的脚步》
中年段	时间管理 情绪管理 居家活动安排	《孩子:挑战》《父母的觉醒》《孩子,你慢慢来》 《成为孩子的合作者》《学习哪有那么难》 《孩子好接受的辅导法》《不管教的勇气》 《园丁与木匠》《从出生到独立》《斯波克父母经》
高年段	青春期身心变化 青春期亲子沟通 居家自我管理	《正面管教》《家庭教育》《和时间赛跑》 《阅读力:未来小公民的阅读培养计划》 《发现孩子》《把话说到孩子的心里去》 《陪孩子走过小学六年》《成长比成功更重要》

/走向理解与共生:交往教育的理论意蕴与实践境脉/

二、项目形式:变则通

读书会前,每一季的活动先由读书会项目组给出当期主题建议并发布活动方案,再由六个年级的活动主持教师邀请家长、选定分享书目,之后,家长进行好书阅读与经验分享的准备,教师制作活动海报并发布在班级群邀请全体家长参会(如图)。

读书会在周末举行,由班主任主持,三位家长依次基于好书分享进行阅读心得和家庭教育经验介绍,班主任进行总结后也进行自己的收获分享,实现家校云端合作共同育人。

读书会结束后,听众家长进一步参与,在班级群交流活动感受,或以文字形式发表感想,部分家长与教师的活动心得已发表在学校校刊。

每一次的读书会活动后,项目组进行活动总结,完成材料整理的复盘工作,在学校网站进行宣传,并继续为下一季活动做准备(如图)。

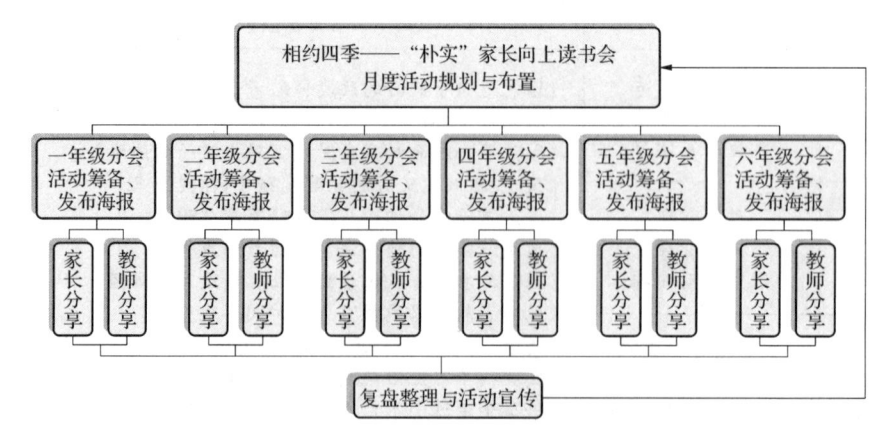

相约四季——"朴实"家长向上读书会活动形式

210

三、项目现状：通则久

线上家长读书会开展以来，家长学习方式发生了线下到线上的改变，发言交流者也不再局限于外请的专家，而是拓展为校内优秀学生家长。从此，家长间的交流学习不再受时间、空间甚至是经费的影响，我们以班级为单位，在读书会项目组整体规划与布置、班主任的主持下，以网络沙龙形式邀请家长进行读书分享、开展家庭教育微讲座（如图）。

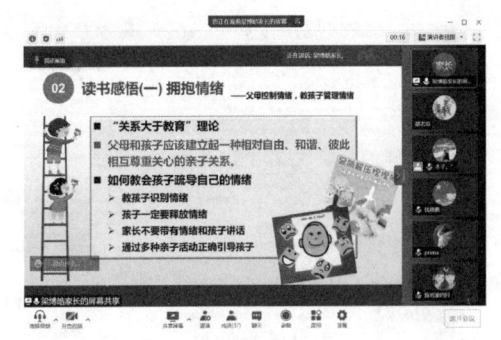

第一季活动于2021年秋季开展，活动以习惯养成、亲子沟通、兴趣培养为关键词，倡导"阅读分享与互助交流"，将线上家长读书会的新形式展现在家长面前。第二季活动于2021年冬季开展，以"书房——'双减'下的另一方课堂"为主题，成为家长们的"双减"经验交流会。第三季活动于2022年春季开展，主题是"读书抗疫你我他，灿烂春日再出发"，重点讨论居家学习、时间管理、亲子共处等问题。目前，相约四季——"朴实"家长向上读书会已运行三季，共开展读书会18场，累计时长20小时左右，近60名家长进行读书经验交流，数十名家长写下千字心得体会，受益家庭数量已经破千。

四、项目收效：久则新

（一）缓解教育焦虑，更新家长观念

中国人自古有"望子成龙"的梦想，人口与就业压力在过去的许多年里造就了"应试"教育。而今，兴趣爱好要培养，作业难题要攻克，一些家长在焦虑中攀比，在攀比中把孩子的日程表填满，于是孩子日渐忙碌，家长却也愈发焦虑。

经历读书会，家长在阅读中学习和思考，在交流与分享中学会处理家庭教育中的问题，比如时间管理、情绪管理、习惯养成、特长培养……以家庭教育中最使家长焦虑的热点话题——亲子关系举例来谈：每一代人面临的世界是不同的，成人要试图与儿童在"共同世界"里对话，才能实现亲子正向有效沟通。亲历过读书会活动后，家长具备了"共同世界"的理念，尝试用相对好接受的沟通方式和孩子交流，家庭

就离构建"共同世界"更近了一步,这也是相约四季"朴实"家长向上读书会的初衷之一。

决定孩子未来的,不是学区房和补习班,而是父母的眼界和格局;决定父母眼界和格局的,不是职业和出身,而是他们读过的书、交过的朋友、形成的观念和做出的选择、付出的行动。用积累保存养分,用书籍积蓄能量,戒除焦虑,更新观念,家里的书房便是"双减"下的另一方课堂!

(二) 形成教育合力,改善家校关系

《礼记·学记》云:独学而无友,则孤陋而寡闻。家长们以书会友,三季活动中,五十余本教育书籍使得读书会异彩纷呈。家长读书会项目带动了更多家庭开展读书活动,爱读书、善读书、读好书的良好氛围形成了,书香家庭、书香校园的建设才更加有力。

传统的家长会和家长学校中,主办方是学校,发言权在专家,家长难免有"被教育"之感,活动难免有"说教"之嫌。由于多种社会因素,现阶段的基础教育中,家校关系有时陷入紧张状态。相约四季"朴实"家长向上读书会的持续运行中,家长做主讲人,教师做主持人,学校只是提供活动形式与组织平台。在一场场网络会议中,来自各行各业的家长拿出自己的阅读经验去解决所有家长共同的教育问题,容易引起共鸣,是最接地气的真"专家",对其他家长起到了示范引领作用。活动后的教师访谈中,83%的教师表示通过活动认识到了家长们积极向上的另一面:他们关心孩子、有一定的教育方法、愿意与老师配合。近60%的教师认为活动在短期内对家长处理家庭教育问题起到了积极作用。

截至3月底,历次读书会活动辐射到的受益家庭总数破千。读书会中家校携手云端共建了新的学习空间,为家庭教育知识的学习打开了一扇新的窗,让家庭教育的可借鉴性更强,形成了教育合力,改善了家校关系。

(三) 把握教育契机,赋能学生成长

读书抗疫是陪伴孩子度过居家学习生活的好方法,活动中家长和教师合作默契,捕捉孩子的生长点。如何做好居家学习时间管理,如何解决居家学习中的亲子共处问题,家长们在读书会中学到了经验、找到了方法。

"双减"着眼于未来的发展,要求更高的课堂效率,也需要家长更高质量的陪伴。家长通过阅读增值自己,做孩子榜样的同时学会更好地与孩子交流。孩子在耳濡目染中养成阅读习惯,在阅读中充实生活,在阅读中武装自己。家庭形成爱读书的氛围,朝建设学习型家庭的道路前进。

在疫情与"双减"的背景下,家校携手云端,以书为镜,有声有色,实现了家校合作,传播了家庭教育新理念,促进了家长自我教育和子女教育的融合,让家校共读赋能学生成长。

读书会中家校携手云端共建了新的学习空间,为家庭教育知识的学习打开了一扇新的窗,让家庭教育的可借鉴性更强,形成了教育合力,改善了家校关系。承担任务的班主任,在组织活动的过程中提升了活动组织以及家校沟通等方面的能力。

三、思想碰撞,携手前行:"璞石成玉"班主任沙龙

> 一个人走得快,一群人走得远。
> ——非洲谚语

在班主任工作中,也许一个人的勤奋努力能够很快提升个人能力,但是,往往一群人同行才能让你走得更远。成长来自大家的相互鼓励,成功来自集体的团结协作。为了让班主任这个集体的成员都能够成长、成功,"璞石"班主任工作室组织开展了"璞石成玉"班主任沙龙活动。

班主任沙龙是班主任交流的平台。班主任工作繁重而辛苦,所遇到的学生往往个性鲜明,遇到的问题也各种各样。班主任沙龙就是这样一个平台,能够让班主任们集思广益,交流分享工作中的经典案例与实战经验,促进班主任工作的开展,提高班级工作质量。

案例

"有效评价的策略"班主任沙龙

好的教育评价应能促进和激励学生更多、更好地投入学习,帮助教师不断地反思和改进其教学,促进教师在专业上不断地得到成长与进步。浦口实验小学教育集团开展了"有效评价的策略"班主任沙龙。

活动以轻松愉快的交流形式展开,三所学校的班主任们根据自己的成功经验与做法娓娓道来。白丽老师说起班干部选举的故事,她说"认可自己"就值得称赞,向大家介绍了自己的综合表现分的管理方法,让每个孩子正确认识自己。杨梦颖老师说班主任是每个孩子的"贵人",给有困难的孩子特殊的正面评价,以网络的各种形式让特殊的孩子处于C位,让他们感受到老师的关爱。郑子宜和王志璇是两位青年教师,她们说让教师教给孩子评价标准,关注过程评价,让孩子为同伴鼓掌,才可能实现由一个人的成功到一群人的成功。

老班主任们的经验之谈让新班主任们听得茅塞顿开,似有所得。

新班主任们也积极分享了自己的教学感悟:有的说正面的积极引导与评价让孩子有成就感;有的说我们要给每个孩子一个公正的平台,不要只着眼于学习,要为每个孩子喝彩;有的提出让孩子感受到你的真心,除了鼓励,及时指出不足也很关键,把责任告诉孩子。年轻班主任的创新之举、妙手偶得也让人眼前一亮,拍手称快。

在班主任们交流之后,潘继承校长进行精彩点评:最重要的是自我评价,教师要用发展的眼光去看孩子。一切的评价都出于爱。张月玲主任在最后的互动环节中提出,教师在儿童行为过程中的评价才是有效的,要基于儿童视角来评价。富有激情的刘祖银老师用班上的实例说起学校七彩童星运用的有效性。万江分校的陆华明校长说评价要按照孩子的需要,谈起班主任用小名拉近孩子与老师的距离,促进家校沟通。找到孩子身上的特有属性,给予孩子正面的影响,找到孩子身上的闪光点。

江北新区教育和社会保障局教育办副主任史炳松为沙龙活动总结,感动于所有参与活动教师们的感悟,他提出:评价要基于学校的综合性评价体系;要基于年段和班级进行灵活的变化;要基于正面性的评价,慎用负面性评价;有效评价一定要实施多元性评价,把评价与展示相结合,提供更广阔的平台,让班上的每一个孩子展示自我的能力。

班主任沙龙活动为班主任们提供了一个平等对话交流的平台,通过专家的引领、前辈的解惑,成功拓宽了班主任们工作的视野,对年轻班主任的成长起到激励作用。

一次次的班主任沙龙,让教师们在活动中畅所欲言,新教师向老教师请教,老教师向新教师传授经验,大家共同讨论、共同成长。

四、温馨团聚,遇"建"美好:班主任队伍团建活动

> 夫乘众人之智,则无不任也;用众人之力,则无不胜也。
> ——《淮南子·主术训》

为了增强班主任职业归属感和幸福感,进一步提升学校班主任团队的凝聚力及协作意识,锤炼一支更具协作精神与发展潜力的班主任队伍,在学校的支持下,工作室还与德育部门共同开展班主任队伍的团建活动,开阔教师的眼界,放松身心,为更好地工作加油。

案例

职业能力提升专项培训

"班主任要不断优化教育理念,做到知行合一;积极反思班级管理中的问题与不足,加强班风班集体建设。"在何雅玲书记的殷切关怀下浦口实验小学班主任职业能力提升培训团建活动开始了。

"教育首先是人的教育,人是最高的价值,教育学是人学。"南京市芳草园小学郭文红老师为浦口实验小学教育集团的所有班主任带来了主题报告《"双减"背景下的德育思考》,以家长的质疑以及班主任的烦恼作为问题切口,通过具体案例分享描述了家长和教师在教育中可能陷入的误区,指出目前大多家长缺乏家庭教育知识的

现状。

针对"双减"背景下的家校合作,本次活动还邀请到南京市金陵小学校长林慧敏作《借力双减,巧绘家校共育同新圆》的主题报告。她从创立新理念、解读新政策、构建新机制、打造新课程、拓展新场域及激活新功能六个方面和大家分享金陵小学"双减"政策下的新路径和新对策。

江北新区教育发展中心潘月俊部长为全体班主任带来以"学生问题行为的解读与应对"为主题的专题讲座。潘部长从问题行为解读的积极视角、系统视角、探索视角三个方面详细讲述学生问题行为产生背后的原因。他倡导班主任们"自我察觉,与生共舞",扬长是可以避短的,要去了解学生优秀的方面,点燃学生上进的火苗。

"班主任草根论坛"环节邀请了学校两位资深班主任蔡元山老师和徐春达老师向大家分享班主任工作的智慧。蔡元山老师以诙谐的口吻讲述了对待特殊学生,班主任要端正心态、智慧教育,同时为全体班主任分享应对学生发生矛盾时的方法与策略。徐春达老师就后进生转化工作为各位班主任带来解决方法。他通过班级具体案例为大家分享冷、热、巧三种处理方法,在坚定转化原则的基础上,为学生成长传递正能量。

为提高班主任应急救护意识和能力,进一步增强青少年儿童在校期间的生命安全防范意识,学校还特别邀请到中大医院急诊科护士长惠晓芳为大家普及急救知识。她结合图片、场景及生动的案例系统讲解了心肺救护技能的原理与方法,并亲自示范操作徒手心肺复苏、人工呼吸等专业技巧。在实操训练环节,医师们运用人体模型,手把手地指导老师们开展徒手心肺复苏现场急救、人工呼吸急救、气道异物哽咽急救技巧等。惠护士长带来的心肺复苏急救知识、急救包扎知识、伤口处理知识,为大家上了一堂生动的应急救护科普知识课。

凝心聚力乘风起,携手并肩踏浪行。"璞石"班主任工作室是为学校班主任搭建多层次、多形式的学习、研修、实践的专业成长平台和学习型组织,帮助班主任教师提升理论素养,克服"职业倦怠",丰富生命体验,激发生命灵性和创造性,焕发教师的个体生命活力。我们有一个心愿,让工作室成为班主任专业化发展的共同体、发挥作用的辐射场、优秀人才的聚集地。

第四节 朴实党建：那一群红色教育人

> 朴实是大爱无私的人生态度。每一位英雄模范都是在平凡的岗位上做出了不平凡的功绩，无私奉献，璞玉浑金，不计个人得失，不慕虚名浮华，以赤诚真挚之心，坚守职责、追求卓越、突破进取。哪怕隐姓埋名，哪怕青山忠骨，只要做的是对国家和人民有益的事，就是自己最快乐、最幸福的事。伟大的风范树立伟大的丰碑。
> ——习近平总书记在国家勋章和国家荣誉称号颁授仪式上的讲话

2023年，学校现有教职工308人，其中党员74人，学校党总支积极打造"朴实党建"文化品牌，彰显了党总支的凝聚力、号召力、战斗力和组织力，提升了党组织的服务能力和组织形象。团队的目标为借力"朴实党建"，让交往教育培养的儿童，现在能主动、热情、乐于分享，具有社会参与能力，未来能成为担当民族复兴大任的建设者和接班人；让教师能够通过交往教育的研修，形成优秀的团队风范，努力将团队建设成为"学科育人的先锋、创新发展的榜样、团队引领的标兵"，以团队的示范标杆和文化价值，推动全校教师成为"党执政的坚定支持者、先进思想文化的传播者、学生健康成长的指导者"；让浦口实验小学的交往教育的"行走"更科学、更有内涵，"走"得更远、"走"得更坚实。

在"朴实党建"品牌的引领下，诞生了一批又一批朴实党员，他们在党中央的坚强领导下，在"红色朴实文化"的紧密交往中，淡泊名利、热爱教育，力做廉洁之师、力为清正之人，一辈子清廉自守，持大义而不移。

"语"你约定，共赴红色之旅

王 华

语文是一场浪漫的旅行，是我们中华民族历史的缩影，是五千年古文明的文化积淀。作为一名语文教师、中共党员，在这趟旅行中，我带着学生以文载道、以歌咏志、以行致远，共同奔赴一场红色之旅。

"语"你初识，文以载道

伴着暖阳，微风轻拂，书页悄然翻动。在一篇篇课文中，一个个生动的故事串成了我们最初的红色印记。它们就像无声的历史，默默讲述着那段峥嵘岁月，涌动着永不褪色的红色精神。

清晨，一缕阳光洒入校园。当我漫步至走廊时，便听到了你们琅琅的读书声。"故今日之责任，不在他人，而全在我少年……"原来是在诵读梁启超先生的名篇《少年中国说（节选）》。其实，你们还未正式学习这篇课文，但慷慨激昂的读书声却透着一份信心、藏着一份信念。

课堂上，我们翻开课本，一起走进了这篇文章。通过课前预习与交流，你们对梁启超先生已经有了比较全面的了解。作为中国近代维新派代表人物，在国家面临内忧外患的境遇时，梁启超先生用他手中的笔向人们描绘了未来中国的美好蓝图。那未来的中国是什么样的呢？随着问题的抛出，你们纷纷表达了自己的想法。"是像初升的太阳一般，有着无限的希望。""如幼小的老虎，但是其咆哮声却可令百兽震惊惶恐。""还像尝试飞翔的雄鹰，含苞待放的花朵，都充满了生机。"……说得太棒了，未来的少年中国一定会像这些新生事物般，充满了朝气，充满了生命力！

带着这样的感悟，你们伴着音乐，再一次齐声诵读。文字无声似有声，这犹如一场穿越古今的对话，在激情昂扬的诵读声中，我看到了你们坚定的目光，感受到了你们心中那份少年的责任与担当。征途漫漫，唯有奋斗。《少年中国说》似一粒种子，在初识之时，便在你们的心中埋下了属于中国少年的使命与担当；似一座桥梁，引领着我们追忆往昔，共同开启了红色之旅。

"语"你相遇，歌以咏志

金秋十月，秋风拂过桂花，浦实校园里红歌飘扬。一曲曲脍炙人口的红色经典歌曲，引领着我们重温革命历史情怀，重拾峥嵘岁月记忆。

为迎接党的二十大胜利召开，学校开展"喜迎二十大"主题红歌合唱比赛。红旗飘扬，你们在艳阳中歌唱，在暮色中歌唱，你们用嘹亮的歌声、赤忱的真心，向党诉说着,不忘初心,砥砺前行。

比赛临近,在学习之余,你们紧锣密鼓地排练着,一遍遍地练习,一遍遍地调整,所有人都坚持了下来。你们齐聚一堂,歌声嘹亮,唱出了浦实学子的拳拳爱国情。

歌声绕梁,余音袅袅,这是一首信仰坚定的歌。朝气蓬勃的你们,是它的音符;激情澎湃的演唱,是它的曲调。自始至终的热情、持之以恒的训练,是它的序章;排练时高昂的歌声、有力的手势,是它的正篇。

红歌如诗,我们在红色之旅中相遇。"五星红旗,你是我的骄傲……"当歌声响起,你们自信地站在舞台上,以青春的朝气献歌祖国,以铿锵的旋律唱响百年。百年前,一群风华正茂的青年,用生命践行信仰,照亮民族前进之路;百年后,一颗颗火热的心向着党,一个个红色梦想在起航。此时的你们,将对党的热爱融入歌声中,唱出热情,唱出团结。悠扬的歌声在风中飘荡,仿佛一面面旗帜,引领着我们奋进的方向。

"语"你约定,行以致远

古人有云,读万卷书,行万里路。除了我们的课本,语文更是一趟远行,在生活点滴中,在与人交往中,其随处可见。实践是最好的老师,研学是最美的相遇。

伴着和煦的微风,踏着轻快的脚步,我们走出校园,共同追寻红色足迹。

一桥飞架南北,天堑变通途。我们来到了长江边,气势雄伟的南京长江大桥横跨江面。作为南京娃儿,南京长江大桥一直陪伴着你们的成长。它建成于1968年,距今已跨越半个世纪,是新中国的两大奇迹之一。登上大桥,威严耸立的工农兵塑像令人敬仰,它们代表着我国人民、工农兵团结一心。漫步桥边,气势恢宏的风景浮雕画映入眼帘,包括大庆油田、边防战士等,描绘了新中国各个领域的光辉成就,为中国人不畏艰险、自力

更生的伟大精神所感动。

沿着先辈的红色足迹，我们来到了老山脚下。一块纪念碑静静地竖立在这里，无数为解放南京而冲锋陷阵的革命烈士长眠于此。在我们身后的便是浦口烈士纪念碑。1995年，为了纪念三浦战役和其他在浦口斗争中牺牲的革命烈士，全区党员干部组织捐赠了这座纪念碑。陵区内，群山环绕，周围青松翠柏，林木葱郁，象征着革命烈士永垂不朽、红色精神代代相传。为了纪念革命烈士，我们要以史为鉴，以少年之力量，复兴祖国之未来。

红色是中国共产党最鲜亮的底色，现在我们来到了南京江北新区红色文化展陈馆。场馆内，通过一张张历史照片、一件件珍贵的历史文物，我们真切地感受到南京地区第一位党员王荷波同志对党忠贞不渝的政治品格、宁死不屈的英雄气概、英勇斗争的革命精神、品重柱石的崇高精神。英魂虽逝，精神犹存，王荷波烈士的事迹将永远烙印在我们心中。

如果说历史是最好的教科书，那么开启一段红色旅程，就是重温初心使命的最好体验。我们借此红色之旅与未来立下约定，踔厉奋发，笃行不怠，用爱国情、报国志谱写新时代少年的风采。

你好，标兵！

衡星宇

"标兵怎么不在办公室？"
"应该在班级辅导学生吧。"
"下班了，标兵的包怎么还在？"
"估计还在班级批作业。"

办公室里这样的对话几乎每天都在发生，而众人口中的标兵正是我今天要讲述的老党员——梁少玮老师。

一年前,我被安排教六年级数学,毕业班经验为零的我深感压力。"别担心,有什么困难就告诉我,我帮你一起解决。"温柔的话语与和蔼的脸庞,是我对前辈党员教师梁老师的初印象。在之后的一年中,她也用实际行动教会了我很多很多……

你是塑造学生的"大先生"

开学一个月后,我主动请教了这位老党员。

"梁老师,我们班有个孩子成绩不行。不仅仅是数学,语文和英语也不好,三门总分加起来也不超过100。她爸妈很着急,我们也很着急,给她单独辅导了也没什么用。这才六年级,她以后可怎么办呀?"

"师妹,你是一名教师,还是一名年轻党员,应该时刻牢记自己的初心和使命。"

"我知道,时刻谨记为党育人、为国育才,培养担当民族复兴大任的时代新人。"

"是啊,为国育才,当前社会的人才可不是唯成绩论。现在的孩子因为成绩问题变得自卑、抑郁的比比皆是。成绩好的孩子,性格品德上存在缺陷的也有不少。家长要求他们成绩好,无外乎希望他们能有一个光明的未来。既然是为了孩子好,那为什么不把心思和精力更多地放在他们的心理健康、道德素质上呢?我建议你和班主任再去家访一次,跟孩子父母好好谈谈,'三百六十行,行行出状元',打听打听孩子有什么兴趣,学习上差那么一点,说不定在兴趣爱好上会有实质的突破。"

我和家长交流后发现孩子很爱画画,甚至在几个媒体平台上有不少的粉丝,俨然一个小画家,这样的天赋埋没了实在可惜。这一次的家访,我们为孩子争取到了去美术兴趣班的机会。而在后面学校党建的绘画主题中,她也不负众望地获得了一等奖。我再次想起梁老师的话,只觉得自己对于"初心"和"使命"的理解更加深刻了。传播知识,引导学生健康成长,为社会培养有用的人才,这才是一位老师最重要的角色定位。

你说"没有爱就没有教育"

陶行知曾经说过:"爱是一种伟大的力量,没有爱就没有教育。"这句话在梁老师的行动上体现得淋漓尽致。

有天放学,我回到办公室,看见一个穿校服的孩子坐在梁老师桌前,这个男生应该是她班的学生。我刚出办公室的门,就听见楼梯口传来一阵哭泣和安慰声,是梁老师,她们在谈论孩子,另外一个声音应该来自办公室里那个孩子的母亲。请家长到校交流孩子的学习情况也很正常,可是这位母亲的反应有些奇怪。后来一连几天,我每次放学回到办公室都能看见那个男孩,他坐在梁老师桌前安静地订正作业,

梁老师则站在一旁细心地辅导,孩子写完了就跟着她一起下班。我以为她是把孩子送到正在等待的父母手中,可当我骑着车在路上碰见了他们,才知道梁老师每天都会把孩子送回家,想到那天听见的哭泣声,我好奇地询问:"梁老师,孩子的父母呢,为什么不来接他呀?"

"家里有些特殊情况,只能我接送他上下学。"孩子坐在后座,她显然不好多说什么。

我心里很惊讶,上学也是梁老师接吗?

经过了解,孩子父母离婚,他跟爸爸一起生活,但是爸爸酗酒,对儿子不管不问。家里还有奶奶,但腿脚不便,只能照顾他饮食。母亲在外地工作,一周才有空回来看儿子一次,所以孩子的学习,甚至上下学接送问题都得不到解决,这就是那天我听到哭泣声的原因。我没有听见内容,但结果就是梁老师愿意接送孩子,还留孩子在办公室给他辅导。办公室老师劝她,她承担着两个毕业班的教学任务,而且自己的孩子还很年幼,这样太辛苦了。但她却很坚持,一个月又一个月,直到孩子不久前毕业。

前些日子和她闲聊,我又夸她不愧是师德标兵。她开玩笑地说:"因为这个孩子说他很喜欢上数学课。"后来又感慨道:"这个孩子的童年不幸福,缺少父母的关爱,但直到现在依然是一个正直善良的人,我真的非常欣慰,所以想尽自己的可能去帮助他。如果我不做,也没有人去做,那他怎么在生活中找到希望?哪怕能够让他产生一点对未来的期待,我所做的就很有意义。"

我大为感动,她是一名普通的人民教师,一位普通的党员,却用朴实的言行践行着自己的初心和使命。她是我的榜样,是学校教师的楷模,也是千千万万个人民教师的缩影。

我又想起习近平总书记说的话,教师的工作是塑造灵魂、塑造生命、塑造人的工作。一个人遇到好老师是人生的幸运,一个学校拥有好老师是学校的光荣,一个民族源源不断涌现出一批又一批好老师则是民族的希望。在今后的教育教学中,我将向梁老师这样的党员学习,不断锤炼自己,提升自己,成为名副其实的人之模范,做有理想信念、有道德情操、有扎实学识、有仁爱之心的四有好教师。

/第六章 教师：发展，抒写乐耕从游的生活/

　　无论是党建与学科教学相融合的成功交往案例，还是优秀党员对其他党员、对全体教师的辐射引领作用，无不在交往中体现出"朴实党建"的红色力量。学校党总支以铸就师生幸福人生为目标，坚持走科学发展之路，为学校教育教学水平的提升提供强有力的保障，让浦实教师在浦口实验小学这片沃土上"乐耕"且"从游"。

第七章 空间：文化，涌现交往品格的氛围

"在复杂的自适应系统中，'涌现'现象俯拾皆是：蚂蚁社群、神经网络、免疫系统、互联网乃至世界经济等。但凡一个过程的整体的行为远比构成它的部分复杂，皆可称为'涌现'。"[①]

回到教育上，它是指一种突变的过程，是通过无数微小的积累，自然地营造出一种不断生发的模式。交往品格在时空、课程、活动和教学中的涌现是我们的建设目标，也是检验的标准：通过大量微观的人、时、空、物相互作用，体现对交往的倡导、支持、呼唤，形成具有全新属性、规律、模式的交往文化，也使得师生可以自然自发地塑造出交往品格的行为模式。

我们以交往品格为线索，贯穿学校教育最本质的问题，随处联结起校园中的人共同相处、共同分享、共同担当和共同成长的意愿，并使之可以在更多领域中发展，实现更广泛的目的，构建一所真正教会儿童学会交往的成长家园。

---

① ［美］约翰·霍兰：《涌现——从混沌到有序》，陈禹等译，上海科学技术出版社，2006年，第10页。

第一节 儿童组织的交往学院

"儿童交往学院"指整个校园,强调以学校为场域,打造由交往文化润泽的空间环境,培养儿童的交往品格,引导儿童在其间过高品质的交往生活。"成长家园"则是对学校的一种整体性隐喻,注重更加亲密的人与人的关系。两者之间,具有内在一致的品性以及"一体两面"的辩证统一性:从理性层面来说,是无处不在的交往空间;从感性层面来说,是儿童的成长家园,这为不同领域的育人模式分工与对话提供了更多可能。

一、背景

现象一——成人化:没有充分考虑儿童需求

学校的主体是儿童,一些学校空间建设的实际操作中,过于看重形式而忽略主体需求:晦涩难懂的励志标语、抽象随意的雕塑造型、缺乏安全意识的水池喷泉……既不包含普遍的儿童特质,也不包括"每一个"儿童的独特需求。

反思:我们希望学校的空间建设在审美结构上避免零散、同质,而是能够与学校的"精神力系统"相契合,设计一条主线,让校园空间建设与人、与文化、与自然之间彼此交织,形成交往审美关联,绽放出独特形式的视觉美、内涵美。

现象二——形式化:没有充分彰显育人功能

建筑外墙、走道和门厅等处能利用的空间都布置上标语或宣传画,以为能体现"让墙壁说话"的教育原则,其实造成了视觉污染。所有的环境设计,只把目标或功能定位在"有"而不是"有用",无法发挥应有的作用。

反思:我们希望校园的每个角落都充满激发学习欲望的创意因子,能够将儿童的常规学习需求列为服务对象,规划有助于儿童发展的多样态空间,让有趣、平等的学习游戏空间散落在校园内。行走校园,就是一次次的发现之旅,让环境空间教育成为顺应时代发展的、具有深刻意义的行为。

现象三——旁观化:没有让儿童成为空间设计的参与者

空间建设多是设计公司的理念,缺乏亲近感和参与性;虽有休闲长椅,却锈迹斑斑、灰尘满满,徒成摆设;虽有校史陈列室,却设在偏僻楼宇的顶层角落,常年上锁,无人问津……

反思：我们希望建筑物体、物理空间不仅是作为盛装水泥、钢筋、原料的容器，还能盛下人本情怀、家乡山水和文化韵味。要将适用于"阳光自信的好儿童"和"教书育人的好老师"放在考量首位，将师生的"参与"体现在校园文化建设当中。利用多样化手段，将教育内容通过校园文化树立在我们周围，时时无言地提出一种"向优看齐""向美看齐"的敦请。

二、实践

（一）核心素养育人，厘清"交往教育"的发展愿景

教育的使命和目的是发展学生核心素养，素养应该以人为核心，以育人为根本任务。"学会交往"是学校校本化的育人方式，是学生学习成长的方式，是时代的命题，也是走向未来的阶梯。学校在"交往教育"内涵的基础上提炼发展愿景"让学生在文化家园中创造自己"，在交往中，学生自我成长，其实质是学生自己创造自己。

"儿童交往学院"围绕"交往教育"的发展愿景，以学校为核心场域，通过儿童参与学校空间态度、空间言行、空间环境的重构，打造设计感的细节，营造润泽的环境，设计以国家课程为主体，以拓展课程、特色课程为外延的课程体系，培养儿童的交往品格，引导儿童全面发展。

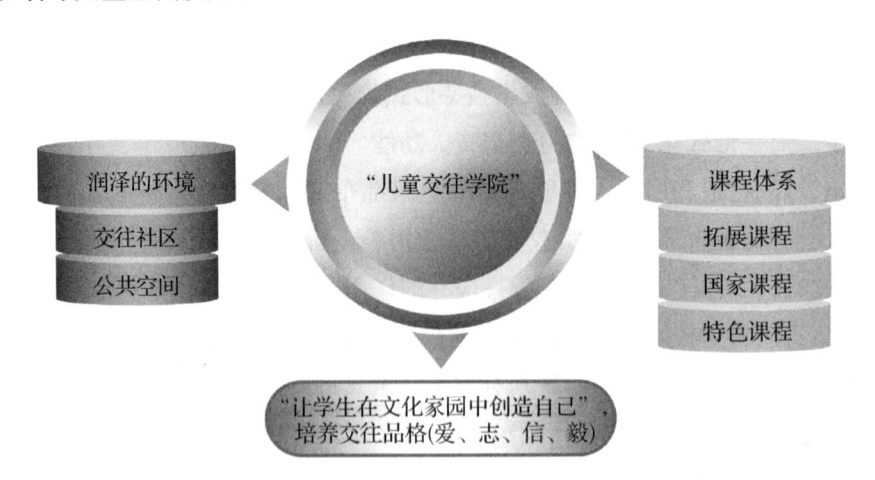

（二）全空间育人，浸润文化品格的环境规划设计

在学校空间的设计过程中，我们注重与校园发展和儿童成长的并行性，将设计参与延伸于空间本身发展过程中，并强调儿童在设计与发展中的全程参与。基于涌

现交往品格的学校空间规划,在"儿童策划中心",师生共同从"融入动线的整体建设"和"重复细节的元素设计"两大方面着手,营造八个体现友好、连续、涌现、寄情的设计特征,打造支持开展合作、个体、集体学习的泛在交往社区,让学校的空间资源具有与时空交往、与自然交往、与他者交往、与自我交往的无处不在的联结。

(三) 全课程育人,贯穿成长家园的交往学习活动

1. 创建全学科学习的支持性空间

我们在校园内以黄、蓝、白为主色调,进行支持学科或跨学科交往学习的空间一体化设计。教室内打破传统秧田式课桌椅布置,划分为学习区、资料查阅区、讨论区、办公区等,满足师生教学、讨论、研究、休闲等多元需求。在儿童的参与下,我们在校园内设计微笑港湾、研学工厂、探究空间、艺术走廊、大江风景线等公共空间,满足学生的国家基础课程、学校特色课程的多元学习需要。

例如:我们构想了一个属于"儿童交往学院"的标志性的物体,它是一棵交缠合抱的石榴树,它的身上是有交往故事的,是能感动学生的,让学生知道我们在一个人的时候,要成为一棵可靠可信的树,当与他人共融共通时,就是社会这棵树上的一片树叶,离开他人则无法生存。以这棵树为思维发散的起始点,我们又陆续以此为元素设计了一叶研学工厂、追寻脉络探究空间,等等。

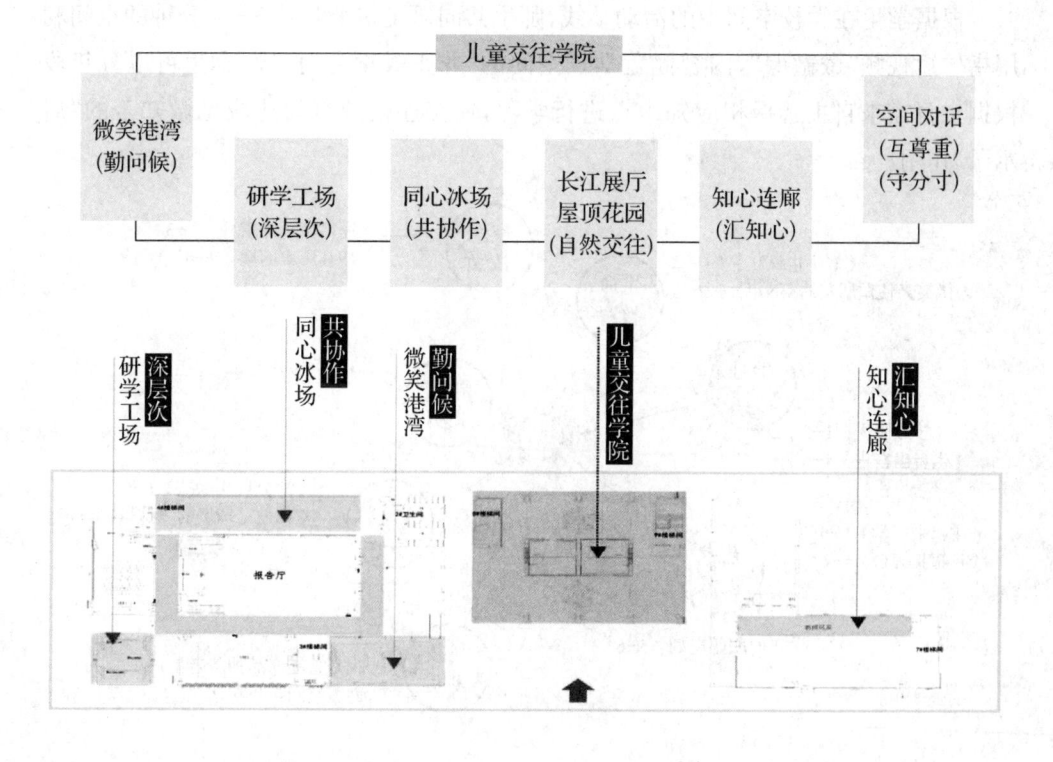

2. 营造混龄段学习的多样化活动

我们以学生经验和生活需要为原点,设置了融基础性活动、拓展性活动、定制性活动于一体的"空间交往"主题活动体系,提供学生丰富的内容选择,鼓励学生在实践中与自然交往、与他人交往、与自我交往。

例如:我们利用迎江路校区紧邻南京江豚自然保护区"东大门"的地理优势,在教学楼顶层开辟一片"智能空中观豚花园",营造一处集学习、休闲、互动于一身的科技"打卡点"。配备交互式电脑以及观察望远镜,学生通过长期的观察、记录,逐渐生成"江豚观察日志",培养学生尊重自然、尊重生命的人文使命感以及热爱科学、热爱自然的钻研者精神。

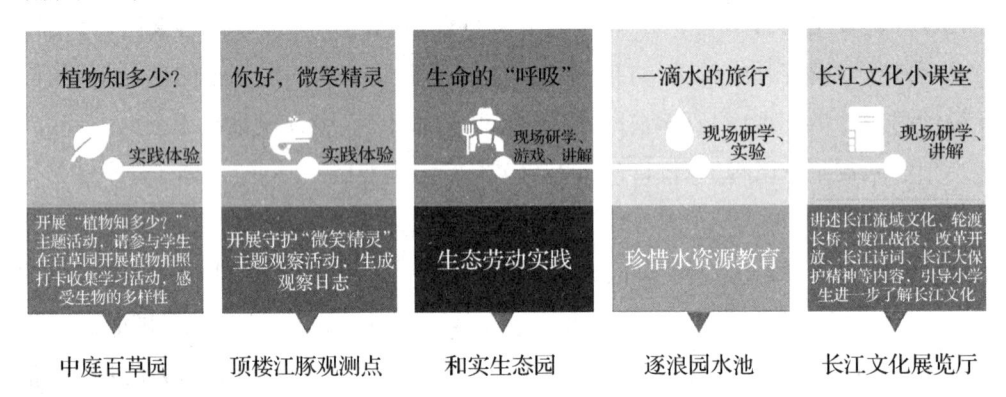

植物知多少？	你好，微笑精灵	生命的"呼吸"	一滴水的旅行	长江文化小课堂
实践体验	实践体验	现场研学、游戏、讲解	现场研学、实验	现场研学、讲解
开展"植物知多少？"主题活动,请参与学生在百草园开展植物拍照打卡收集学习活动,感受生物的多样性	开展守护"微笑精灵"主题观察活动、生成观察日志	生态劳动实践	珍惜水资源教育	讲述长江流域文化、轮渡长桥、渡江战役、改革开放、长江诗词、长江大保护精神等内容,引导小学生进一步了解长江文化
中庭百草园	顶楼江豚观测点	和实生态园	逐浪园水池	长江文化展览厅

3. 完善非正式学习的自由式菜单

根据学生在学校空间中的活动动线,师生共同研发多个时长3—5分钟的空间利用指导短视频"微微课",内容涵盖学校空间的"非正式学习"指导,学生可以分年段根据自身需求自主选择相应知识点进行学习,使交往校园空间达成见微知著的"启示录"作用。

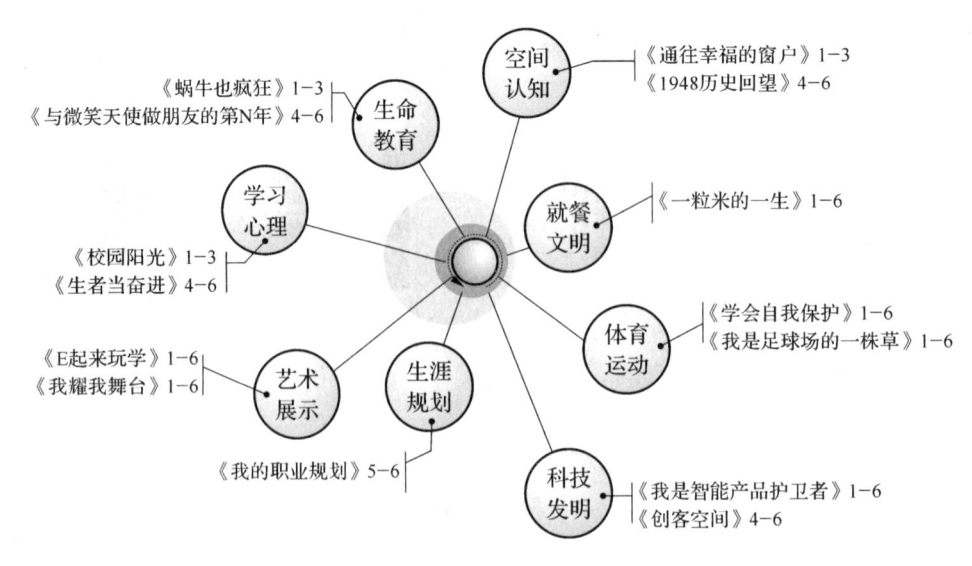

- 生命教育：《蜗牛也疯狂》1-3、《与微笑天使做朋友的第N年》4-6
- 空间认知：《通往幸福的窗户》1-3、《1948历史回望》4-6
- 学习心理：《校园阳光》1-3、《生者当奋进》4-6
- 就餐文明：《一粒米的一生》1-6
- 艺术展示：《E起来玩学》1-6、《我耀我舞台》1-6
- 生涯规划：《我的职业规划》5-6
- 体育运动：《学会自我保护》1-6、《我是足球场的一株草》1-6
- 科技发明：《我是智能产品护卫者》1-6、《创客空间》4-6

例如:图书馆项目的设计初衷就是充分体现"非正式学习"的友好性,由学生自己组织、策划、录制的图书馆使用方法"微课",在图书馆门口的大屏处播放,让孩子们在进入图书馆空间之前,就能以儿童视角进行"区域分割"和"功能读解",让图书馆成为每个孩子都期待到来的场所。

(四)全程育人,改革交往课堂的实践样态

"儿童交往学院"的"学习空间"颠覆了传统教室作为学习场所的封闭性和物化特征。教师则是要协调与儿童的关系,开展有效的教学指导。学校围绕项目开展校本研究,学习儿童交往与学习空间的理论,明确多样的学习空间对儿童身心发展的意义;邀请专家开展"儿童交往与空间文化"的研讨分享,提升研究层次,将项目交流推向纵深;在实际场域中开展研修活动,借助多样化的学习空间开展教学活动,实时反思,撰写心得,促进儿童交往的有效发生。

(五)全面育人,设计"儿童交往学院"评价体系

"儿童交往学院"评价体系由课程评价体系和环境评价体系组成。学生通过参观访问、网络投票等方式对校园空间设计进行评价,选出最佳打卡点。课程评价采用自我评鉴、教师赏评、生生互评、活动展评等形式开展,并借助空间文化予以展示评价成果,结合"交往小学士"评比活动进行环境评价。

例如:学校每学年初给每个儿童发放"童星存折",学期结束颁奖。每年获得一次"交往嘉奖令"卡片,同时,"童星存折"集满十种"交往童星章",即成为"交往小学士",最高级别为"六级交往小学士"证书,由校长亲自颁发证书。"一折一卡一证"都将装入"交往成长袋",校园大厅设有"我是交往小学士"笑脸墙,见证每一个乐于交往的儿童在校园里的成长,以实现从"育分"到"育人"的转变。

(六)全员育人,积极融入外部资源的交往平台建构

家长、社会、网络为"儿童交往学院"建构提供外部资源,协同助力儿童交往空间的建构和完善:家校合作"儿童交往学院"家长课程研发中心,围绕儿童交往素养对拓展课程、特色课程等课程进行研发,促进儿童交往能力的提升;地域资源是"儿童交往学院"的外延,打造"儿童交往学院"社会研学基地,设计社会实践体验性活动。与媒体平台构建"儿童交往学院"网络"慧"客厅,形成开放的智慧场域,让线上交往呈现广度、深度、力度。多媒体"慧"客厅吸收家长、同类研究学校、社区等优质资源,策划交往文化背景下的校园网、公众号、朋友圈,扎实推进项目研究,在区域集团校中切实起到示范和辐射带动作用,提升师生的交往质量。

例如:我们利用线上家长会、填写"问卷星"等多种渠道,向各班家长发出邀请,

广泛征集课程内容。从几百条热心家长的回复中,筛选出适合学生年龄段、认知水平、兴趣特点的优质课程。继而以学校空间资源为载体,开设家长小课堂。家长资源主要包括职业资源和特长资源,开设课程的方式也分为班级课程以及校级课程。

三、采撷

镜头一:"我们的学校是长江边的田园!"——营造生态空间,关注与自然之间的交往

学校努力将心中的美凝结在每一株花木之间,寻找与演绎具象和抽象之美的统一,使得人与自然之间互为联动,交融一体。我们借助江风、江水、阳光、空气,用自然耕作的方式,保持与自然的紧密联系,学习与了解生命和自然之间的互动交往,寄寓生命教育的多样可能性。

如此便收获了学生们"我们的学校是长江边的田园"的内发认可。

镜头二:"下节课去哪'玩'儿?"——创设游学空间,关注与他者之间的交往

空间的自由敞亮、细节的温润灵动、他者的交往魅力,相互交织,创生了学校空间微课程,孕育了"游中学"的美感。行走校园,就是一次次发现之旅,让儿童在游戏中发现自我、释放个性。

从孩子们口中说出"下节课去哪'玩'儿"便是对"边游边学"最好的诠释。

镜头三:"客人老师,让我来给你们介绍我们这所学校吧!"——聚焦人文空间,关注与精神之间的交往

首先,我们在空间建构中,体现所处时代与地域的珍贵价值观,充分尊重紧邻长江的地域特色、人文特色,打造长江文化一点、一站、一厅,让地域文化从校园四处渗透出来,构成和谐而不失张力的审美冲击,让学生在日复一日的精神交往中,寻找人文的亲近感与归属感。其次,我们将交往文化根植于与过去的联系之中,努力让"物"开口说话,用更开放、更立体、更细腻的方式述说学校发展轨迹,让师生通过"历史的回声",看到、悟到生命的制高点以及人格标杆,打开与时空交往的全新格局,充实、丰富、摹刻与交往相关的母校记忆。

于是,校园里便有了孩子们将校史校风、地域人文向来访者娓娓道来的镜头。

四、反思

教育的高质量,必定是"育人的高质量"。30多年的"交往学院"孕育着丰厚的文化气息,是儿童与自己、与他人、与自然、与社会对话的"四位一体"学习模式,它推动

"五育并举",提升育人质量,培养"人文底蕴、科学精神、学会学习、健康生活、责任担当、实践创新"六大核心素养,促进儿童的全面发展和充分发展。在漫长的求是之路上,学校将一如既往地遵循交往规律,通过儿童参与学校空间开发的一系列学习活动,在反复浸润中,培养儿童"爱、志、信、毅"等方面的交往品格,以优秀的、传统的、不断创新的交往文化提升这所与祖国同龄的学校的办学品位!

案例

石榴花开　籽籽同心
——以"花"为桥,用心换心的成长故事

班上有个学生叫 H,胖乎乎的,能说会道,是个挺可爱的男孩。可是,在学习方面他给人的感觉就没那么好了,上课时思想老是不能集中,做作业时动作很慢,老是磨蹭,而且不肯动脑筋,回家作业经常不做,即使做了,也做不完整,书写潦草,小组长每天都向我反映。

于是,我找他谈话,希望他能遵守学校的各项规章制度,以学习为重,按时完成作业,知错就改,争取进步,争取做一个人见人爱的好孩子。他口头上答应得好好的了。可他很快又忘记自己的承诺,我有时想想还是算了吧,但又觉得身为班主任,不能因一点困难就退缩,不能因一个学习有困难的学生无法转化而影响整个班集体,我们学校的校花是石榴花,石榴花有顽强、坚韧、热情、默默奉献的精神。我要有这种精神,我要尽最大的力量去转化他!他没有进步,或许是他没有明确学习目的,没有真正认识自己的错误,没有真正要做个他人喜欢的人的思想。

为了转化 H 同学我采取了以下措施:我先让他认识到自己的不足,树立做个好孩子的思想。于是,我再找他谈话:"你知道我们的校花是什么吗?它有怎样的品质?你从石榴花身上学到什么?你想做一个大家喜欢的孩子吗,你要怎样做才好呢?""我知道,学校中庭种的花就是石榴花,校歌里也有石榴花……我今后一定要向石榴花学习,因为我身边处处有石榴花的影子,我要遵守纪律,认真完成作业。""那你可要说到做到哟!""好!"后来,他无论是在纪律上,还是在学习上,都有了明显的进步。当他有一点进步时,我就及时给予表扬、激励他,使他处处感到老师在关心他。他也逐渐明确了学习的目的,端正了学习态度。

为了提高他的学习成绩,除了在思想上教育他、感化他,我特意安排一个责任心强、学习成绩好、乐于助人、耐心细致的女同学跟他同桌,目的是发挥同伴的力量。

事前，我先对这个女同学进行了一番谈话：为了班集体，你要尽自己最大的努力，耐心地帮助他，督促他，使其进步。女同学满口答应，并充分利用课余时间或课堂时间帮助他。有时，这个女同学也会显得不耐烦，说 H 不太听话，不太乐学……此时，我就跟这个女同学说：要有耐心，慢慢来。后来，H 同学取得进步时，除了表扬他，我还鼓励他们说，这也离不开同学们的帮助，特别是这个女同学的帮助。在同学们的帮助下，在自身的努力下，他各方面都取得了不小的进步。他学习上更努力了，更遵守纪律了，学习积极性提高了，成绩也有了很大的进步。为此，我感到由衷地高兴。我想，"没有教不好的学生，只有不会教的老师"这句话说得一点儿也没错，我们的孩子就需要用爱心和耐心去感化。

【案例反思】

1. 巧用校园文化，爱心感化

我们教育学生，要与学生之间建立一座心灵相通的爱心桥梁。这样，老师才会产生热爱之情。"爱是教育好学生的前提"。对于 H 这样的孩子，要敞开心扉，以关爱之心来触动他的心弦。动之以情，晓之以理，用师爱去温暖他，用情去感化他，用理去说服他，从而促使他主动地认识并改正错误。

2. 以校花——石榴花精神教育学生同伴相助，友情感化

同学的帮助对他来说，是必不可少的，同学的力量有时胜过老师的力量。同学之间一旦建立起友谊的桥梁，他们之间就会无话不说。让他感受到同学对他的信任，感受到同学是自己的益友。让他感受到同学给自己带来的快乐，让他在快乐中学习、生活，在学习、生活中感受到无穷的快乐！通过同学的教育、感染，促进了同学间的情感交流，这样在转化学困生工作中就能起到较好的效果。

常言道："一把钥匙开一把锁。"每位学生的实际情况是不同的，必然要求班主任深入了解学生的行为、习惯、爱好及其落后的原因，从而确定行之有效的对策，因材施教，因人而异，正确引导。因此，我就以爱心为媒，搭建师生心灵相通的桥梁。充分发挥学生的力量，安排一个责任心强、乐于助人的同学跟他同桌，给予学习和思想上的帮助，从而唤起他的自信心、进取心，使之改正缺点，然后，引导并激励他努力学习，取得进步。

身为教师，应以赏识的眼光和心态看待每一个学生和每一个孩子，善于利用无形中的校园文化作为切入点。由于有了老师和同学的信任、尊重、理解、激励、宽容和引导，才使学生找回了自信，获得了改变自我的力量。

案例

玩转服装谁最炫　我的设计我做主
——发生在走廊里的教育故事

【案例背景】

一、二年级班级走廊上有一个"百宝箱",里面盛满了孩子们在生活中收集到的"宝贝":塑料袋、报纸、彩带、光碟、羽毛、树叶、纸袋、纸杯、饮料瓶、纸牌、废旧布料……下课铃响,学生会进入到各种自主游戏中。一天,几个孩子围拢在百宝箱前,和里面的材料玩起了游戏:将大大的塑料桌布系在身上做披风;用小绳串着光盘挂在脖子上做项链……孩子们将这些宝贝安置在自己身体上,披披挂挂,系系戴戴。孩子们忙得开心极了,之后的自由活动时间里,这里成了孩子们开心装扮的小天地。

【案例描述】

1. 收集制作材料,绘制设计图纸

阳阳给大家带来了一段环保服装秀的视频,表演里丰富多彩的环保时装亮闪了孩子们的双眼,他们激动极了。小雨说:"光盘连起来可以做衣服呀,真有意思!"木兰说:"看,我们的百宝箱里就有许多做衣服的材料呢!"哈哈,孩子们知道了原来这些生活中的废旧材料都是做服装的宝贝。

孩子们第一次绘画的服装设计图,教师没有提供任何的范例与提示,对于孩子们自我表征给予了很大的自主空间。翻看大家的作品,无不充满着稚嫩的想象与个性。大部分孩子的设计其实都是简单的效果图,就是穿在娃娃身上服装正面的形象。穿上仙仙的公主裙是女孩子们的梦想。男孩子的服装则偏重功能奇妙:飞行服、防晒服等。在众多服装效果图之外,有三名孩子在家长的帮助下绘制了简单的服装设计图。

慢慢地,孩子们在反复的实践中,逐步了解了服装是由前片与后片组合起来的。所以在画设计图的时候,我们需要将服装的正反面样子分别设计绘画出来。服装正面的花纹复杂一些,背面的简单一些,但花纹、色彩的设计要有一些呼应。

2. 学习制作方法,寻找制作工具

孩子们对自己制作服装充满了更强烈的热情。可是跃跃欲试的他们又有了新的问题:我们没有缝纫机、卷尺、针这些设备,而且不会使用,该怎么做衣服呢?围绕这个问题,孩子们和设计师妈妈展开了新一轮的讨论:

(1) 不会用皮尺怎么测量？我们可以用毛线来替代吗？毛线一头开始，另一头比到测量的为一端，用剪刀剪断。(2) 有哪些材料可以代替布？孩子们通过操作实践，找到了海报纸、塑料布、无纺布等材料。(3) 不会用针，怎么黏合服装？制作用的废旧材料是纸的、塑料的，不用缝纫机，胶水、胶带、毛线等材料可以将它们"缝"起来。

在老师和设计师妈妈的启发下，孩子们在实践中得到了变通的好办法——寻找替代的新工具，将剪、贴、系、拧、穿、扎等技能齐展开，定能做出属于小朋友独一无二的服装来。

3. 合作制作服装，解决制作困难

孩子们自由结伴，两人一组开展制作活动。画画好的来当设计师，数学好的来测量，手工好的来裁剪制作。两个孩子分工明确，善用各自的专长。设计时，你画衣服的前片，我来画后片。测量时，你拉毛线的一头，我扯住另一端。"你量得不对。""我量不到。"测量的孩子发愁着。"我来帮你拉。"好朋友热情帮忙，确保数据的准确。两个孩子相互配合裁剪制作，穿上自己做的服装，现场向大家展示。

精美的衣服不是一天就能做出来的，总有这样那样的问题阻碍着孩子们的进程。没问题，大家开动脑筋一起努力解决它们。

困难1　衣服会扯坏——丰富材料：开始阶段孩子们使用一次性塑料桌布制作服装。这一材料轻薄且足够大，方便剪裁。但慢慢地孩子们发现也是因为桌布的轻薄，在黏合与装饰时容易拉扯坏；在使用海报纸制作时，纸质牢固，有漂亮的颜色。但海报纸不够大，做服装需要拼接，比较麻烦，而且纸没有韧性，上身穿着不方便。后期孩子们多半选用了泡泡膜，在坚固性和美观性上都收到较好的效果。

困难2　衣服不好做——更新工具：宽胶带使用时不容易撕拉，每次孩子们都要撕扯很久，耽误时间。于是老师选购了胶带切割器，孩子们使用时方便多了。在使用毛线连接的时候，怎么打洞呢？孩子们使用了纸质打洞的打孔机。但泡泡膜厚且软，打孔机在膜上无法实施，怎么办？经过多次实践，孩子们找到了合适的小工具——小木棒。用小木棒在膜上钻出小洞，再用毛线穿连。

困难3　衣服穿不上——准确测量：做好的衣服小伙伴穿不上。为什么照着测量的尺寸剪下的泡泡膜，做好的衣服嫌小套不上呢？大家经过反复实践，终于找到了答案：因为粘贴占用了一部分空间，裁剪时应该把这个尺寸"放一点"，衣服做大一些，问题就解决了！

即使遇到再大的困难都不怕，孩子们有亲密的小伙伴一起想办法解决一个又一个难题。即使他们自己解决不了，还可以找援助，请教老师、家长，还可以上网搜索收集资料，寻求更多的帮助。孩子们终于顺利地穿上了自己制作的服装。

【案例反思】

课间游戏趣味化是将游戏理念、游戏精神渗透到各类课间活动之中。它的最终目的是让低年段儿童的课间活动更有趣、更丰富、更健康。我们以"环保服装DIY"为主题设计了系列活动,开启了创意设计之旅。主题活动强调低年段儿童的操作,主张发挥他们的优势与同伴合作,促进低年段儿童的创新意识与能力的发展。

1. 顺应兴趣乐参与

低年段儿童乐于探索,对此感兴趣,在课程实践中,我们基于他们生活中已有的经验,寻找到其感兴趣的人和事。教师顺应他们的兴趣点进行开发和运用,使它成为探索体验的学习内容。

2. 操作实践重体验

课间活动的游戏化更强调低年段儿童的亲身参与和动手操作,激发每一个孩子都能投入游戏之中。孩子们的探索活动哪怕是失败了也不怕,难得的是他们获得的那份真实感受。实践体验中,低年段儿童将获得最直观、最直接的感性经验。

3. 分工合作勤互动

分工合作完成任务是该主题的主要形式。小组中的每个儿童都有自己的优势与特长,学习过程更加彰显同伴之间的积极互动。活动中他们一直专注地进行操作、观察、调整、交流、再操作,发挥各自的潜能,完成服装设计、制作任务。

案例

从"教室"到"百草园"
—— 挖掘学校中庭"百草园"的育人价值

学校迎江路校区的交往大厅后面,有一处"百草园"。我们利用这种得天独厚的资源优势,在学校开发了以"园艺课程游戏化"为主题的亲近自然园艺游戏活动,引导学生从各种花卉植被的生长、创意造型等阶段中体会园艺独有的节奏感和动态美,让学生更加亲近感知大自然的天然之美,同时感受家乡花卉独有的艺术之美,帮助学生在环境创设中获得发展,从而实现园艺文化的教育价值。

1. 自然物拼摆,塑造学生艺术美感

在美术创意活动的环节中,很多自然资源都可以成为手工制作的小素材,有些形状各异的自然材料在学生的丰富想象力之下,可以演变成各种意想不到的艺术作品。准备阶段,教师可以组织学生来到"百草园"中,搜集整理学生喜欢的各种自然物,如石头、花瓣、花朵、竹节、松果等,同时教师可以提供诸如瓶盖、绣球、彩色碎泡沫片等废旧材料作为辅助。准备完毕后,将班级中的学生分成不同的小组,鼓励每一个小组自由创意发挥。如第一组学生使用木棍搭建了"朴实山庄"的建筑物,并在建筑物周围装饰了小朋友、小树、小花、小鸟等元素。第二组学生搭建了美丽的"彩虹世界",他们用树叶做成蝴蝶,用小石子拼接成五颜六色的花,还用可乐瓶盖盖了一座城堡等。在学生手中,这些自然物就像被施了魔法一样,变成了各种新奇好玩的东西,学生也在随性的创作中提高了动手操作能力,并学会了认识、欣赏装饰的艺术之美,从而整体提高了艺术创作才能。

2. 自然界观察,培养学生科学能力

学生对世界万物有强烈的好奇心,对于他们而言,科学学习的核心就是探究意识。大自然中的植物生长、昆虫爬行、天气变化等都可以成为吸引学生科学探究的要素,所以教师可以利用自然界的因素引导学生观察、分析、操作和实验,培养学生的科学综合能力。

"百草园"中的各种花卉植被自然丰富,是一些小昆虫的小小乐园,比如小蚂蚁、蝴蝶、甲虫等,这些都是学生感兴趣的元素。所以,结合学生科学领域的教学目标,教师将科学探究的场地转移到户外,鼓励学生自己去观察发现大自然中的科学秘密。比如,在关于"蚂蚁从哪来"的科学探究活动中,组织学生利用梯子爬到树干上,用放大镜寻找小蚂蚁,组织在墙角和墙面上寻找小蚂蚁的踪迹,最终发现蚂蚁巢穴的位置。在这个探究活动中,学生可以近距离地观察蚂蚁的形态、动作、喜欢吃的食物、巢穴的样子等,增加他们对蚂蚁的科学认知。除此之外,教师还可以组织学生开展植物科学探究活动。在"百草园"正中间有一棵"交往树",那是小朋友非常喜欢的一棵大树。在学习"测量"的科学知识时,教师可以带领学生走到户外,鼓励他们自己动脑筋想一想"测量交往树"的方法。学生的测量方法有许多种,有的几个人手拉手进行测量,有的会用尺子进行测量,有的会用毛线辫子进行测量,有的用细线进行测量等。经过一系列的尝试,学生不仅知道了这棵树有多粗,还在触碰中发现了树干表面非常粗糙。利用这种自然探究的体验过程,有效提高了学生观察探究、主动操作、解决问题的能力。

3. 自然物制作,提高学生健康意识

身体健康是开展其他一切游戏活动的基础,小学生正处于身体成长的关键期,让学生养成营养均衡的正确认知,帮助他们形成健康的饮食习惯也是教育的重要内容。

"百草园"里除了美丽的花卉,还有一些果树,每年到了丰收的季节,果树上都会结满各种果子,这个时候教师可以组织学生一起采摘,并且结合"健康领域"的教育目标组织一些自然物制作的学习活动。比如，百花园中有一棵杨梅树，每年5月成熟之后小朋友会利用升降梯、竹梯、小椅子进行采摘。教师可以将采摘下来的杨梅清洗干净，举办"杨梅品尝会"的主题活动。学生一边品尝杨梅的美味一边观看教师提前制作的"杨梅科普知识"的PPT课件，从生动有趣的动画短片中了解杨梅的营养价值。通过这种参与采摘、制作、聆听科普知识传播的学习活动，可以有效提高学生对健康知识的了解。

4. 自然界探秘，锻炼学生语言表达

小学时期是学生口头表达发展的关键期。因此，教师应该积极为学生创设自由、宽松的语言交往环境，鼓励学生与同伴之间大胆交流，促使他们想说、敢说、喜欢说，同时还能获得同伴的积极回应。

"百草园"前有一处雕塑喷泉，雕塑上会不停流水，学生每次需要水的时候都会在雕塑这里接水，但是他们从来不关心"水从哪里来"这个问题。于是，趁着学生接水的时机，教师提出疑问引导学生进行语言交流："你们知道这里的水从哪里来的吗？"听了教师的话之后，学生也开始好奇，嘉宣说："这水是从洞里流出来的。"教师又问道："这里没有水源，洞里怎么可能有水呢？""你们接着猜这些水到底是从哪里来的。"嘉宣说："洞里肯定有水管，水是从墙壁里出来的。"还有学生说是大自然的水。虽然到最后学生都不知道水到底是从哪里来的，但是这个话题成功引起了他们的好奇心，学生之间也很自然地形成了一个语言互动交流的情境，每一个学生都自由表达内心的想法。

学校构建"亲自然"园艺游戏的目的是让学生在亲近大自然的过程中，激发他们的好奇心，让学生的核心素养在边玩边学的过程中获得全面提升。孩子们与自然的和谐相处，不仅是认识自然的一个途径，还可以培养他们爱护自然的环保意识。

第二节 儿童管理的研习基地

环境是教学的基础。"交往研习基地"研发中心聘请各级专家名师担任项目顾问，围绕儿童交往素养落实国家课程，对拓展课程、特色课程所需的校园环境建设进行研发，以有力的保障促进儿童交往能力的提升以及教师专业成长。

"交往研习基地"以儿童自治形式运营，分设"校园生活中心""社区生活中心"

"国际论坛中心"。"校园生活中心"一方面包含儿童的校园生活,为儿童在校园里的"八礼四仪"搭建支撑平台;另一方面是参与学校管理,对学校的基础建设、文化建设提出合理化建议,与校长对话,改善师生的工作学习条件,培养儿童学习适应"校园主人角色"。"社区生活中心"模拟社会生活,创立包括体育、阅读、音乐、艺术、游戏、讨论、美食、旅行等各种网络社区、休闲空间,让儿童共同围绕高品质的生活开展主题互动、交流,培养儿童学习适应"社会公民角色"。"国际论坛中心"从不同角度关注国际时事,开展活动。如,模拟联合国,通过阐述观点、政策辩论、投票表决、做出决议等亲身经历,开拓国际视野,锻炼儿童的组织能力、辩论能力、解决冲突能力、与他人沟通交往能力等多方面能力,培养儿童学习适应"世界公民角色"。

案例

上新了·书法

【案例背景】

5G时代,电子产品充斥着家庭的每个角落,小学生也开始用起了手机、电话手表。在这个提笔忘字的时代,如何让书法艺术走进我们的生活,如何让书法不再是老年人的喜好,而是走进大众的艺术,让小学生更好地去感受与接触书法,去传承和创新书法,是每一个人的责任,传统文化的复兴需要从小学生做起。

清代画家石涛说,笔墨当随时代。浦口实验小学将传统书法课改造与融合,打造了与时俱进的国风课堂,探索了一些文创视角下的新书法趣味课堂。

【案例描述】

作为一名练习十余年、爱好书法的美术老师,我担任九个班的美术老师之余,在学校开展了书法特色社团课程,也算是实现我书法老师的梦想。我尝试在书法课上开展传统文化教育。将学生带到原木古风的书法功能室教学,我努力将所学的书法艺术融入美育课程,提高学生的综合素质,在做中学,在学中玩,使书法课不再是单一的毛笔字课,而是一个融合美学教育、手工实践与创意营造的综合性启发课程。

以下是我开发文创"上新了·书法"课的一些经历和成果:

小杰是我的美术课上一个坐不住的男孩,非常爱动,而且爱说话。如果提醒了他,他还会说别人也在说话。他注意力常常不集中,还常常因为同桌"超线"的问题打小报告,和别人起争执。每次和他打交道,我都觉得他是个需要多关注的孩子。

新学期的书法社团正好开班了,课程是每周两次,一次90分钟。我在四、五、六年级进行了招生,本想着要招守纪律的学生,小杰特别激动地举起了手,他似乎对书法有兴趣。

他问:"老师,书法课在哪里上,是不是很有意思?"

我很认真地回答他:"在书法教室哦。学书法要有耐心,并且报了名,要坚持来上课,才有效果。"我以为他会打退堂鼓。

小杰想都没想,说:"哦,老师,我想报名。"

我内心一个灵光突然闪过,练书法可以修身养性,说不定小杰通过书法课的磨炼,在今后的美术课程中可以安静一些,能够耐得下性子学习画画。于是我接受了他的报名,期待他的改变。

小杰开心地说:"终于不用在教室里坐着了哦,太好了。"他似乎很兴奋,能够逃离这个板凳,逃离这个规规矩矩的教室。在这里我称他是"坐不住"同学。

这是刚开学不久的一节社团课。老社团学生有条不紊地在练习楷书、隶书,自己坐着临摹字帖,我在一边指导示范。上课十多分钟,一个身影离开了座位,打破了这个平静。很快有两个同学报告说:"老师,他在我的纸上画画,他打扰我。"

我在辅导学生的时候回头看了一下,不出所料是小杰。他露出了美术课的样子,坐不住十分钟就要开始找朋友说话。我想起"坐不住"同学好动的本性,练习书法是一个漫长的过程,良好的习惯也不是一日之功。应该因材施教吧,不如让他尝试站着书写吧。

于是我耐心地走到他旁边,教他站着书写毛笔字的姿势,站姿写书法,手执笔应该握毛笔的末端,高一点执笔。学习了新技巧的小杰能够站立书写,离开了他的板凳,他似乎很投入。"坐不住"同学一会站着写,一会坐着写,集中的时间更长了,写字也有了一定进步。

可是,过了半学期,有些"坐得住"同学开始想退团了,以作业多为借口想要退出书法社团。或者有的同学开始变得懒散,甚至我的社团班长向我提问:"老师,我们什么时候学习行书、草书呢?"

"老师,我出去上个厕所。"同学们三三两两消失半个小时。

书法课本来是培养耐心与毅力的。隶书、楷书是写行草的基础,还没有练习熟练就匆忙开始换字体,基础根本没有打牢。书法应该是越写心境越平和,怎么刚开始,大家就变得躁动了呢?

我反思也许是一成不变的教学模式出了问题。总是讲授型教学,教师指导、学生临摹字帖的方式不太适合小学生的天性,不能把"大学生"的艺考类型的上课模式照搬过来,小学生的注意力时间有限,自控能力不如成人。还是需要趣味课堂的引导,不同情境的教学才能更好地集中学习,单一的教学模式再加上黑白色大量书写,容易让小学生疲倦,从而注意力不集中,产生枯燥乏味的感受。

站着、坐着终究是在书写,怎么样让书写更有趣味性呢?

《上新了·故宫》节目一直很吸引我,讲的是故宫宝物背后的故事,获取文创设计元素和灵感,征集各院校设计专业学生的设计创意,赋予宝物年轻的生命力,让传统文化"活起来",创作一个能引领潮流的文创衍生品。

于是我想,何不开创一个"上新了·书法"活动?开启一个文创书法教学模式,用我们的书法技能制作一些文具和生活用品,装点我们的教室和生活,让传统文化散发新的生机,拉近书法文化与学生学习生活的距离。

寓学于乐,让书法走进生活,让学生动起来,离开座位,小组讨论合作完成一些文创作品。感受国潮书法的魅力,将中国风的书法元素融入现代创作设计,让大家过一过设计师的瘾。我通知了学生带一些废旧材料,所有人都很期待第二天的课程。

上课了,我在导入部分带大家看了一下《上新了·故宫》片段,视频感受什么是文创,同时欣赏故宫文创,比如化妆品收纳的组合套盒江南美什件、古为今用的日晷时钟、故宫图案闯关类益智游戏棋等。

"我们的教室似乎有点空,下周就来布置一下吧。"我提出要求。一周后,教室里热闹极了。

只见学生带来了纸杯、牙膏盒、纸箱、树叶、胶水等废旧物品。

我说:"同学们,今天就用你们带来的这些物品装点我们的教室,看看都可以怎么做呢?"

"坐不住"同学首先说:"老师,我们可以用树叶制作一个铃铛挂在墙上。"

树叶门帘、抽纸盒、灯笼、包装袋、书签、灯、柱子……教室里的一切都成了他们的创意作品。

上了一段时间书法课的同学都有了自己擅长的字体,已经可以小组合作或者单独完成一件文创作品。他们在平日自己积累的作品中挑出满意的纸张,再手工制作成文创工艺品,放在教室的文创展角落。看看谁的创意最好,做得最成功?只见大家一扫平时的懒散,都动了起来,上了一节别开生面的书法课。

新的作业形式打开了学生们的思路,调动了他们的积极性。在学生交流讨论制作的过程中,书法课活了,一改往日的平静,打破枯燥的黑白,用彩色笔书写,再手工制作成树;穿孔的树叶书签、复古的国潮手提灯、书法斗篷服装等,真是让人大开眼

界,一节课所有同学都忙活得不亦乐乎。这堂课不仅上新了书法作品,也上新了学生的思路,万物皆可书法,让中华传统文化在现实生活中焕发新的生机和活力,最终实现传承传统文化的目的,既锻炼了手脑,也增添了乐趣。

在之后的书法课程中,我定时给学生们开展"上新了"文创系列书法课。平时,学生们就积极练字积累好的作品,等着"上新了·书法"课,就可以拿出好的作品纸来制作文创用品。

越来越多的学生报名书法课,"坐得住"们写累了就会去上新一些文创作品,更新一些文创小物件。许多路过的同学都被这个充满国风的教室吸引,课间来参观。坐不住的小杰总是最后一个走,很有耐心地完成自己的作品,书法有了很大进步,美术课也能比以前坐得住了,我便鼓励他,让他在书法上找到了自信,看到他的进步,我很欣慰。

这是学生的文创作品展示:

树叶书签、礼品箱、扇子、花束包装袋、小挂件、抽纸盒……

"上新了·书法"布置的文创角落持续更新……

我发现定时上新很有必要,不仅仅是上新了书法,作为教师要定时上新思维,不能定势教学,才能让艺术课程焕发新的生机,与时俱进,更好地弘扬传统文化,激发学生持续的兴趣与动力,培养更多元的才能与技术,从而提高学生的综合素质。

【案例反思】

1. 好之者不如乐之者

我国古代教育家孔子说过"知之者不如好之者,好之者不如乐之者"。激发学生的学习兴趣,调动学生学习的积极性,要从改革课堂教学入手。小学书法课并不是要培养书法家,而是兴趣爱好、思维的养成。古人云:亲其师,才能信其道。可见,激发学生的学习持久兴趣,必须在教学中加入趣味课堂,改变单一的传授模式,与时俱进,增强师生亲切感,创造师生心理相容的良好环境。

2."书写+手工",寓教于乐

小学是书法教育启蒙阶段,重在打开思维。

建设小学新型书法课程体系,就要在研究中重视多样教学模式,时常更新思维。"上新了·书法"让单一的书法元素丰富起来,用它独特的艺术装饰性来制作文创产品,小学生既喜欢也能够参与其中,激发了产品本身的艺术魅力。通过设计实践教学,多种媒材的运用,黑白与彩色的碰撞,将书法艺术与文创产品相融合,把所学内容灵活运用,做出萌萌的手工作品,适合儿童心理,符合年龄特征,更容易让学生接受和喜欢。学生在动手的过程中体验书法艺术的魅力。

书法灯加入电子芯片做成小夜灯,电子 APP 机器制作自选笔画书法的游戏,新科技的运用让这个古老的文化新起来,新与旧的碰撞激起了学生的灵感,上活了书法课堂的无限可能。一切皆可书法,从而使学生爱上书法,产生持续的学习兴趣,让传统文化在现实生活中焕发新的生机和活力,最终实现传承传统文化的目的。

3. 教学内容生活化

陶行知先生曾说过"知行统一,学中做,做中学"。实现教学做合一,光有教是不够的,学生要真实地体验。生活即教育。每次单一的练习指导,学生容易疲倦,生出退团的想法。书法教学生活化,就是要联系学生的日常,了解他们的年龄特征,使书法理论知识融入生活中,使教学过程充满乐趣和活力,从而激发学生的学习动机。

"上新了"是我反思出的一种教育教学态度,以学生的状态为镜子,调整我的上课模式,在学生交流中找到方法,在日常学习中找到途径。终身学习,定时上新学习内容,更新自己的思维模式,像陈鹤琴先生说过的那样"活教育",把课堂上活,将知识衍生在生活里,传承和发扬我们的文化精粹书法,永远在"上新了"的路上。

案例

"长江潮",润泽美育"新国潮"

【案例背景】

长江文化作为我国区域文化的代表,在中华文明发展史上的地位举足轻重。2020年11月14日,在全面推动长江经济带发展座谈会上,习近平总书记指出,长江造就了从巴山蜀水到江南水乡的千年文脉,是中华民族的代表性符号和中华文明的标志性象征,是涵养社会主义核心价值观的重要源泉。

我们的学校,是长江流域南京段距离江水最近的学校。学校秉承"乐游、乐学、乐成长"的理念,基于学生个性化发展的需求,构筑多元化、开放式的"长江文化课程",引导学生"感受长江、认识长江、体验长江"。

那么如何让长江文化在与交往哲学、艺术感知、生态保护、未来发展融为一体的过程中,促进学科知识之间的交流和融合呢?我们的研究团队尝试实践创新范式。

寻一条学校文化创造源源不断的动力之河

1. 聚焦社会关注话题

学校中绝大多数的师生,祖祖辈辈生在长江边、长在长江边,面对"母亲河"面临的环境问题、面对习近平总书记提出的"共抓大保护"的要求,师生们主动担起了保护长江生态文明的责任,学校的特色课程——"长江从游"应运而生,同时牵手学校的强势美育特色——传统沥粉工艺。

2. 充分挖掘地方资源

我们扩大课程资源的外延,设计、开发、实施学生深入浦口码头、浦口火车站、扬子江会议中心、自来水厂等地进行沥粉写生活动;开展每月一次的"华彩长江,激越千年"长江沿线拉练系列活动,将长江风光、文化跃然于画纸上,涵养新时代接班人的精神世界和价值追求。

3. 有效促进学科融合

基于学生个性化发展的需求,构筑多元化、开放式的"长江文化"主题课程,学校打破学科壁垒,在多学科融合的过程中,充分展示长江文化的绚丽、富饶、深厚和广博,提升学生的道德素养、身体素养、审美素养、智力素养、劳动素养,进一步践行长江文化的儿童教育价值,着力把学校建成以"弘扬长江文化,提升交往素养"为品牌的文化特色学校。

【案例描述】

寻一条学校沥粉美育生生不息的创意之河

"老师,我们明天的社团活动可以去江边写生吗?"

"可以呀,带好画板哦!"

"这次我们想带沥粉素材!"

"沥粉……会不会不太方便呢?"

"我们分工携带器材就好啦!""对呀,我们想利用沥粉画的立体线条描绘长江水!"

……

彼时,孩子们稚嫩的话语,激发了我们团队的灵感,开启了浦口实验小学特色文化课程与美育融合的创新之路。

(一) 内化——深度溯源"长江潮"

要想以"长江文化"为依托,融入校本特色进行创新实践,我们意识到必须让儿童经历内化知识的过程。我们的团队,在美育之前,建构了凸显儿童化、推进校本化、强调学科化的"长江文化"学习机制,具体实践过程如下:

1. 构建"长江文化"基地

2022年5月20日,我校与某国企共建"长江文化"基地,在展厅建设、课程补充、专家派遣、师资培训、学生实践等方面深度合作。基地文化建设紧贴"长江文化"的实体展示,创建"一廊一厅一点一场一站",收获"1+1大于2"的无限可能。

2. 深化"长江文化"课程

学校依江而建,源远流长的思想脉搏与博大精深的交往文化互动,不断积淀、发展"快乐交往,共享成长"的办学理念。在该理念引领下,学校构建了链接"交往"的长江文化课程体系,但在美育方面尚未深耕。我们的团队借助学校已有的"长江文化"课程,构建了凸显长江文化的美育课程——让学生在艺术学习中也能了解长江诗词文化、自然文化、红色文化、经济文化。

3. 打造"娇娇乐乐巡游"活动

我们还充分利用地理优势和资源优势,带领学生在优美的滨江风光带旁感受自然环境的生机与美好,给予了学生更多"观赏""游览"的机会,结合学校"娇娇乐乐巡游"系列活动(主题班队会活动、大队部活动、社区活动、雏鹰假日等活动),将活动阵地从校内延伸至校外,多学科融合,让"长江文化"特色课程有的放矢。

(二) 外显——生动诠释"新国潮"

沥粉工艺源于西汉,是以凸出的线条为主要特点的建筑绘画艺术形式。学校的沥粉工艺工作坊曾获南京市艺术展演特等奖。我们在传承、创新、融合中,带领学生用沥粉工艺触摸长江文化、展示寻访收获。

课程具体分为六大实践板块,全面展示儿童眼中的长江的历史之久、人文之盛、革命之艰、生态之美、工程之巨。

1. 黄金水道通九州

> 我们在长江岸边研学时,留意脚边的一草一木、一花一石。这些石头经过江水的冲刷洗礼,每一块都有它独特的形状,我们在上面进行沥粉创作,同时保留石头自然的美,让江边的石头"鲜活"起来。
>
> ——四(13)班　晏贤殊

长江是中华民族的代表性符号和中华文明的标志性象征。千万年来,自然消融的万年冰雪由青藏高原格拉丹东雪山奔腾而下,经巴蜀,过荆楚,行赣皖,穿吴越,茫茫九脉,浩荡东流,千回百转之间形成了这条世界第三大河。

生态小学者们,在与自然的交往中,用沥粉工艺绘制出长江景色、长江鱼类、两岸动物等,表现出长江蜿蜒富饶的生态之美。

2. 千年文脉润古今

> 有着千年历史的长江彩陶,虽然艳丽的色彩已经褪去,但是背后蕴含的故事并没有消失,我们为它们重新穿上花衣的过程,就是一次次与历史交往的过程。
>
> ——四(7)班　余菡瑞

从神话传说,到文明起源,再到时代浮沉,长江从未缺席。滔滔江水以其不舍昼夜的丰厚滋养和兼收并蓄的广阔胸怀成就了中华文明的赓续与发展,也在长江两岸留下了星棋罗布的文化遗产。

考古小学者们,在与时空、与自我的交往中,用沥粉工艺制作出考古文物,表现出长江流域文明的历史之久。

3. 峥嵘岁月丰碑立

> 江北新区这片土地有着光荣的革命传统,保留了数量较多的红色文化资源,涌现了大量可歌可泣的革命人物。我们的长江革命文

化主题作品,让我们重温血与火的战争场景,聆听铭刻在灵魂深处的精神赞歌。

——五(3)班 陈言

南湖破土希望萌芽,抗日星火顺风燎原,长江沿岸回荡革命赞歌……回望百年风雨,红色长江见证苦难辉煌。

红色小学者们,在访学红色场馆、听革命前辈讲故事、寻访长江沿岸红色足迹等活动的多角度交往中,用沥粉工艺绘出红色故事,感悟先辈们的革命之艰。

4. 文明传承绵延长

葫芦素有"宝葫芦"的美誉,又和"福禄"同音,有着吉祥的寓意。作为南京娃、长江娃,我们探访民间艺人,向他们学习这项南京的非遗文化,为传承南京流段的长江文化贡献一份自己的力量。

——六(2)班 陈欣

我们的长江文化沥粉文创作品还有很多很多,你们瞧,这是金陵灯会主题作品,这是江南木雕,这是脸谱画,这是玻璃画……不胜枚举。

——六(7)班 曾欣欣

大江东去,风流人物争相涌现,文坛艺苑绚丽多姿,民生物用别具特色。长江以其独有的文化底蕴和文化认同,为五千年中华文明的生生不息提供了不竭的源头活水。

人文小学者们,在长江相关的古诗文学习中,在长江非遗手艺人的寻访中,在长江流域古镇民居的游览中,注重与社会、与信息的交往,用沥粉工艺绘出长江文明长卷,表现出长江流域的钟灵毓秀、人文之盛。

5. 大江安澜民生佑

从葛洲坝到三峡大坝,从南京长江大桥到和燕路过江隧道,给长江航运带来了一道道人工通途。那么轮船如何爬坡上坎,翻过大坝呢?盾构机如何工作呢?快让我们用融合科技、工程、沥粉知识的模型为大家揭秘!

——六(10)班 唐梓骞

几千年来,长江流域人民兴利除弊,建设了众多水利工程,尤其是中华人民共和国成立以来,数座史诗性的工程拔江而起,不仅使百姓安居乐业,更促进了社会经济的发展。

工程小学者们,在与信息、与伙伴的交往中,回溯历史、面向未来,感叹劳动人民智慧的同时用沥粉工艺制作出著名水利工程模型,表现出长江流域的水利工程之巨。

6. 横穿万古岁月流

> 翻开历史的长卷,商周时期已有人类繁衍生息于此;楚霸王项羽卸甲于此;达摩"一苇渡江"到达于此;中国现代化工业发祥于此;"中国第一块芯片"诞生于此……我们小学生在国家发展的浪潮中更应该肩负新时代少先队员的使命,一次次铮铮成绩、一面面节节成长,就是回报祖国的最好答卷。
>
> ——六(7)班 王欣然

未来的长江文化,将如星河璀璨,闪耀着无尽的诗意与魅力。它会在传承中创新,在融合中发展,与时代脉搏同频共振。

前瞻小学者们,强调交往的多元属性,尤其是与未来的交往。依托紧邻长江的地缘优势,深入研究长江文化内涵,担起把长江文化保护好、传承好、弘扬好的接班人责任,让更多人感悟长江故事、汲取精神力量,共同绘好中华民族伟大复兴的绚丽长卷。

【案例反思】

寻一条学校融合发展涓涓不塞的奋斗之河

经过一学年的尝试,以长江文化课程为载体的美育融合范式为学生的全面发展开启一扇窗,也为学校特色文化建设带来别样的精彩。

1. 从"小我"到"大我",培养富有活力的儿童

我们的团队通过一年的研究,引领儿童形成正确的交往能力,遵守现代公民所必须遵守的道德准则和行为规范,具备自我探索和思考的能力,以及健康全面的审美情趣,从"小我"走到"大我",并迸发"大我"的辉煌,促进个人价值实现,发展成为有理想信念、敢于担当的人。

2. 从封闭到开放,打造富有张力的校园

"长江文化"物态文化(校园文化、学生作品展览)的打造,通过创新组织架构,打破传统的学校文化,体现儿童的视角和需要,改变学校原有陈旧的文化氛围,为学校文化变革带来一股清新之风,通过视觉美育影响学校各项工作,如课堂教学、儿童管理、学生德育,等等。

3. 从理论到实践,提供富有潜力的经验

教育即交往,教育即生命,教育理应使人的生命更完美。学校作为培养儿童能力的重要场所,以长江文化课程为载体的美育融合范式将营造新时代和谐的师生、生生、亲子交往关系,培养社会公民、世界公民的基本素养。本范式将为其他学科的融合和其他同类学校提供先期探索样本,积累教育经验。

记得有学生不止一次地说:"我最期待沥粉创作课了!"听到这样的评价,教师们很欣慰。更为欣喜的是,我们能和儿童们有这样共同成长的一段时光。正因为有想让儿童爱上中国文化这样的初心,才有了我们对课程融合深入的思考与实践。唯愿通过这个范式的实例研究,能让历史和传统文化根植于儿童的心中,让传承千年的技艺在儿童的手中焕发勃勃生机!

第三节 儿童发展的信息港

我们需要这样一条线索,它能够贯穿起学校教育最本质的问题,连接我们最重视的东西、最真实的东西。在我们这所以"交往"为文化特色的学校中,也亟须随处串联起校园里面的人共同相处、共同分享、共同担当和共同成长的意愿。于是,我们将目光锁定学校空间建设,以"交往"作为线索,把"涌现"作为动点,让交往教育可以在更多领域发展,实现更为广泛的教育目的。

为了让文化、阳光与爱在校园里"涌现",我们构建涌现交往品格的儿童发展信息港。"儿童发展的信息港"指整个校园,强调以学校为场域,打造由交往文化润泽的空间环境,培养儿童的交往品格,引导儿童在其间过高品质的交往成长家园生活。"信息港"则是对学校的一种整体性隐喻,注重更加亲密的人与人的关系。

案例

触摸鎏光印记 寻踪千年之美
——以交往学院中传统文化传承课程为例

【案例背景】

党的十八大以来,我国自上而下提振了中华民族文化自信,对优秀的传统文化、传统思想有了更深的认同与尊崇,举国上下追寻传统足迹、发扬传统风俗的活动大兴,浦口实验小学的美术特色课程建构也打破原有以绘画为主的格局,尝试让拥有两千多年传承历史的沥粉画工艺走进学校,并在实践的过程中,寻觅创新小学阶段教育的范式。

教学者的领悟:校本美术特色课程的范式确立

走近被誉为"远东第一别墅"的南京美龄宫,首先映入眼帘的,是流光溢彩的建筑彩绘。这些彩绘精致唯美,为这条火遍网络的"最美项链"增添了动人心魄的熠熠光彩。

五年级三位学生在社会实践中不经意地发问:"老师,这些彩绘上的突起是什么呀?"于是,师生一同回溯历史,了解到我们不曾知晓的文化。上胶、和粉、挤绘、贴金,这些听上去陌生的工艺,竟在古老的中华大地传承了两千多年:早在西汉时期,富有想象力和创造力的先人就发明了沥粉贴金工艺,让建筑免遭风雨侵蚀。后又因其设色富丽、流光溢彩,在盛唐时被广泛运用于塑像、彩绘之上。元代则将沥粉工艺运用在瓷器之上,对日后的珐琅器工艺产生了深远的影响。不仅如此,在古家具、木雕、泥塑人物的装饰中也屡屡觅得它的踪影。

我们的家乡南京,是被建筑界称作"新民族形式"的民国建筑工艺的发源地(摄影:赵欣)

蹚过漫漫历史长河,沥粉贴金工艺成为中华民族独有的艺术形式。然而,现代文明的喧嚣渐渐掩盖其芳华,我们只能在古建修复中和仿古建筑的装饰上,感受它的华彩。

党的十八大以来,习近平总书记多次谈到"文化自信",举国上下掀起了坚定文化自信心、提振民族精气神的热潮,学校亦在追寻传统文化的足迹,思索美育的革新范式。此时,学生们稚气的发问回响在我们耳畔,是啊,在南京这片底蕴深厚的土地上,就有着被称为"新民族形式"的民国建筑,如美龄宫、总统府、大华戏院、第二历史档案馆等就是这种建筑类型的典型代表。钢筋混凝土结构上点缀着沥粉彩画等传统艺术,带领学生学习沥粉工艺的过程,不就是一同触摸金陵文化气韵、感知本土传统艺术之美的过程吗?基于此,怀着守护与传承的初心,我校沥粉工艺创新实践工作坊正式扬帆济海,开启了浦实师生对这门古老技艺的探索与创新之路。

【案例实践】

开发者的憬悟:沥粉特色课程的价值探寻

之所以称之为沥粉,沥,是指液体的点滴;粉,是指用粉调制的液体。它以凸出的线条为主要表现形式,具有浮雕效果,在几千年的历史长河中,历经积淀、整合、定型的过程,逐渐形成了工艺效果独特、装饰趣味浓厚的艺术风格,是我国传统工艺美术中的一个重要分支。为了让这门工艺绽放在儿童的笔下,我们走上了策略探寻以及研究价值实现的应然之路。

1. 寻"宝"——发现本土文化价值走向

金陵古都,山川灵秀、人物俊彦、文学昌盛,是国家首批历史文化名城。这片底蕴深厚的土地不但孕育出南京云锦、金陵绒花、金陵折扇、秦淮灯彩、金陵刻经等朵朵繁花，还有不少鲜为人知的传统工艺。比如被建筑界称作"新民族形式"的民国建筑工艺，虽然外部采用钢筋混凝土结构，但是内部装修仍以菱花门窗、天花藻井、沥粉彩画等传统工艺为主，比较有代表性的包括中央体育场、中央医院、紫金山天文台、大华戏院、国民政府外交部、国民大会堂和国立美术馆、总统府等，带领学生学习沥粉画的过程就是一同寻访家乡历史、感知传统艺术之美的过程。

镜头链接一：因为疫情防控，学生们无法组队亲临金陵古迹，感受穿越百年的沥粉彩画。于是，由社团学生将金陵古建沥粉的知识带到各个教室，带到校园的各个角落。小小宣讲员们将沥粉工艺的前世今生娓娓道来，一方面让学生们访古论今，另一方面以此来宣传推广沥粉特色课程。儿童们积极参与讨论，提出了很多奇妙的问题，小小宣讲员们也都一一解答。很多学生都表达了对这门古老工艺的浓厚兴趣，很想加入到沥粉画的创作中来，小小宣讲员的欣赏评述能力也得到了极大的锻炼，不仅提高了自信心，更加深了对沥粉工艺的喜爱。

在分享与讨论中，宣讲员与同学们不分彼此，乐于交流，既促进了传统沥粉工艺影响力的扩大，也为学校沥粉画课程的进一步推广打下了基础（摄影：岳征宇）

2. 知"宝"——探寻师生发展价值真谛

长期以来，学校的美术活动形式以平面造型最为常见。学生迫切希望了解各种材料，通过各种感官体验方式来塑造美术作品，沥粉画创作为学生实现了这一梦想。它是手绘与手工相结合的"有趣"画种，有趣的感官体验、丰富的工具材料，燃起了学生对绘画活动的热情，让学生感官的愉悦与情操的陶冶相互浸润，潜移默化地提高动手能力和审美能力。同时，沥粉画课程的开展也可以增强教师的课程意识和科研能力。

镜头链接二：疫情防控期间，课程开发小组开发了"沥粉画"系列线上课程。由于教学内容可操作性强、趣味性强，孩子们纷纷主动拿起工具材料，一起记录疫情背后的温暖。孩子们在家的"动静"还吸引了家长们的参与，家长们对于沥粉课程这种寓教于乐的习画形式感到十分新奇，同时更欣喜于孩子们的变化——学习的主动性

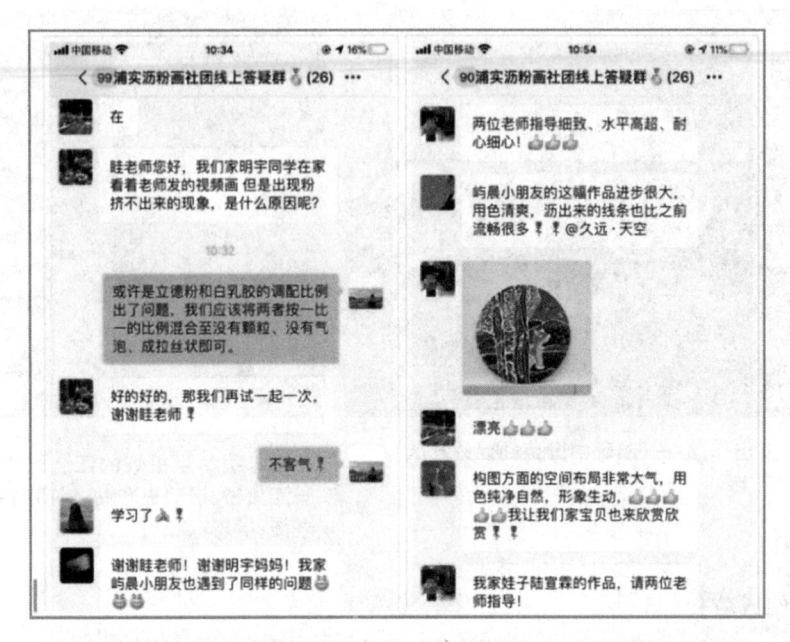

疫情防控期间家长们在答疑群中积极交流,笃学氛围浓厚(截图:眭艺馨)

和专注力显著增强。在与孩子共同创作的过程中,不知不觉促进了亲子关系,部分家长对艺术教育也有了更正面的认识。本学期,我们还策划了"国风·家风"系列亲子课程,让家长在与孩子共同创作的过程中,感受到沥粉画的美。

3. 惜"宝"——唤醒文化传承价值意识

在社会高速发展的今天,传统沥粉画艺术依然发挥着它的独特魅力,而挖掘文化精神内涵、延续传统工艺精髓,让优秀的中华民族传统文化深深根植于每个儿童的心里,正是每一位教育工作者肩上的责任。儿童在发展、创造中,注入匠心与热爱,让"中国工艺"发扬传承,正如习近平总书记所说,"不忘本来才能开辟未来,善于继承才能更好创新"。

镜头链接三:为了通过特色课程培养学生热爱祖国、热爱家乡的情怀,我们以"我们的南京"为主题,围绕南京城市建筑、自然风光、文化遗址、民间玩具等主题展开沥粉创作,其后让儿童以小小策展人的身份策划、创作、布置展览,将他心中最能代表金陵文化的沥粉作品展现出来。最后展览以"金陵玩具""秦淮花灯"和"孝陵瑞兽"三个板块呈现,大大超出了老师们的预期。沥粉画特色课程对家乡的深度链接,加深了儿童对六朝历史的理解,培养了他们的手眼协调能力与空间思维能力,更为他们搭建了一个快乐成长、展示自我的舞台。

学生展出作品——潮玩中国范(摄影:赵欣)

高年级学生策划的江北风华系列——长江大桥、浦口火车站、浦口码头、东门老街(摄影:赵欣)

【案例成效】

思考者的积悟:沥粉特色课程的时代新韵

1. 儿童在学践中从"创"到"新"

将传统艺术开发为校本特色课程,我们始终本着传承与创新"两条腿走路"。一方面,不忘本来,不做无本之木、无源之水;另一方面,积极创新,让艺术传承不僵化,更加适合儿童发展。首先在表现题材上突破传统沥粉画单纯描绘程式化、象征性图案纹样的模式,通过一段时间的基础学习,学生如今可以进行更贴近时代、更贴近生活的创作,目前学生分组设计并完成了梨园故事、二十四节气、国风面具等系列传统文化主题,还创作了红色基因、江北风华等现代文化主题,赋予了古老工艺新时代的审美趣味。

第一个创新就是描金工艺:虽然现代沥粉装饰画工艺中已经将传统的批腻子、磨板子环节简化,但是每次沥线完毕仍要等三日后线条全部干透才能进行描金,导致课程只能"关起门来"自行"修炼",一幅作品慢慢磨个三两周,学生们也因此失去了很多展示的机会。

儿童创新的舞台(摄影:赵欣)

学生使用创新"湿线洒金"及"新型立体颜料"工艺完成描金步骤(摄影:眭艺馨)

克服沥线摩擦力的"胶着"难题,尝试在玻璃板上作画,呈现出
第一批精美的艺术品。后续将在学生课程中体现(摄影:赵欣)

于是,学生们积极开动脑筋,创新了"湿线洒金""新型立体颜料替代"等方法,让沥粉画在40分钟的课堂中完成创作变成可能。同时,在日常的社团活动中,也没有放弃传统描金工艺,找到了传承与创新之间的平衡点。

第二个创新就是媒材的创新:我们结合学校的品牌内涵"交往文化",将盒子、花瓶、书签、夜灯等多种日常用品变作"炫技"舞台,学生创作的一批作品在江北新区中小学艺术展演活动中广受好评。目前,我们正在克服沥线摩擦力的"胶着"难题,尝试在玻璃板上作画,相信定会呈现出一批精美的艺术品。多变的绘画形式、丰富的工具材料,帮助学生彻底驱走了对单性绘画活动的倦意,他们坚持从实际出发,善于思考、细于研究,生动见证了传承与创新之间美妙的辩证关系。

2. 教师在试错中从"薄"到"厚"

从工作坊开设之初,教师们就开始不断"试错"、不断前行。首先,设计了科学严谨的观察记录表,从个案研究(纵向)和对比研究(横向)两个方面去观察记录研究,进行讨论反思并分享了自己的观察记录收获,也在分享学习中碰撞出智慧的火花,确定了学生最终使用的沥线工具。接着,反复调试胶与粉的比例,在失败了多次之后,终于配比出了湿时沥线不费力、干时饱满不塌扁的沥粉料。"工欲善其事,必先利其器",于是,成就了儿童一批批精美的作品。

在工作坊课程开发的过程中,上述"小研讨"比比皆是,成员教师们求知热情不减,秉持"空杯心态",静心学习,不辍探索。其中,眭老师撰写的与沥粉工作坊相关论文获得省教海探航论文二等奖,三位青年教师的相关论文、案例一举夺得5篇区级一等奖和2篇市级二等奖……在这样的正向激励之中,教师们的教研热情愈盛,课程意识和科研能力得到了质的提高。

学生情况	所用工具	画面效果	创作时间	总体评价	备注
陈可欣	硅胶铁嘴裱花袋	沥粉线条较粗且不连贯。	40分钟	画面立体感很强,但线条不连贯,手部力量较弱。	性价比不高,不适用于低年段学生。
张馨尹	硅胶铁嘴裱花袋	画面整体效果较好,但沥粉线条细软,不够立体,有压扁的痕迹。	32分钟	绘画效果较好,但在沥线过程中裱花袋口距离画面过近。应保持一定的垂直距离。	沥硅胶的质感比较厚重,学生挤压起来很费力气。
陈嘉宁	硅胶铁嘴裱花袋	沥粉线条断裂坍塌,粗细不均。	36分钟	挤压裱花袋时控制不好手部力量,没有保持均匀力度。	铁嘴上滞留的沥粉容易堆积且很难清理,影响下一次的使用。
靳雨婷	硅胶铁嘴裱花袋	整体效果不佳,线条扁平没有立体感,有很明显的刮痕。	43分钟	画面整体效果不佳,沥出来的线条不满意时可以等待沥粉干透后使用刮刀处理。但一定要处理平整,否则会影响到线条的质感。	学生在使用过程中,由于硅胶的质地较滑,沥粉经常从裱花袋口冒出,沥粉经常粘到手上。
黄彦溪	硅胶铁嘴裱花袋	线条粗细不均匀。部分沥粉线条断裂,有很多滴落在木板上的沥粉,十分影响画面效果。	29分钟	线条粗细受用力影响比较大。在沥线的过程中要防止液体滴落到别处。	铁嘴的孔极容易被沥粉堵住,这就导致挤出来的线条断断续续。在创作过程中十分耽误时间。

学生基本情况	张梦婷,9岁,自信开朗的小姑娘,喜欢画画、看书。			
所用工具	针管	一次性裱花袋	硅胶铁嘴裱花袋	塑料尖嘴瓶
画面效果	粗细不均匀,画面容易不稳定。	效果略好,容易上手,线条效果均匀。	稳定,使用方便。出线均匀,效果出彩。	线条流畅,粗细均匀。
创作时间	40分钟	30分钟	30分钟	45分钟
创作难点	挤压速度慢,影响效果。	需要匀速挤压,不能抖。	手的稳定性,不能抖。	不易挤压,瓶嘴大小难掌控。
材料价格	0.7元/个	0.7元/个	1.8元/个	1.2元/个
总体评价	小朋友稳定性不足,不宜使用。常出现歪歪扭扭效果。	效果稳定,难度适中。适合三年级学生使用。	绘画效果好,线条稳定。不用费力挤压,适合低年级学生。	效果一般,适合高年级学生使用。
备注	难掌控,不适合低年级学生。	实惠,简单易上手。适合初学者。	价格略高。	性价比一般。

成员们的研究内容实在、针对性强、可行度高,研究记录格外翔实(素材提供:姜璐)

3. 课程在研修中从"木"到"林"

《殿宇上的斑斓》《走四季知节气》《纵行千年，品味国韵》等系列课程（摄影：赵欣）

"千日学慧，不如一日学道"，沥粉画校本特色课程的成长离不开学校的大力支持和专家的倾力指导。自课程开发小组初次提出研究沥粉画特色课程并开设沥粉工艺工作坊的构想，就得到了市、区两级教研员的热忱鼓励，并获得了许多可采他山之石的学习平台的专业帮助。2019年，以沥粉画特色课程实践为研究主题的前瞻性教改项目获区级立项；2020年，该课题在南京市"十三五"规划课题汇报中成功开题，并获得区前瞻性教改项目中期汇报"优秀"的好成绩；2022年，沥粉工作坊荣获市、区两级艺术展演工作坊一等奖，得到了上级部门的认可和社会各界的关注。

课程开发小组不负期许、砥砺前行，在一次次的研修中带着问题来，又带着新的思考去，唤醒意识，不断拓宽研究宽度、拔节课程高度。本学期，特色课程逐渐从前一阶段的"重视基本技法"过渡为"重视课程体系"。我们的沥粉校本课程也正在如火如荼地编撰中，目前已形成"殿宇上的斑斓""走四季知节气""纵行千年，品味国韵"等系列课程，接下来，我们还计划邀请沥粉画工艺大师为课程开发小组成员做技术层面的辅导。后续，我们会继续在专家的指引中、集体的研修中向研究的深处延伸……

【案例反思】

传承者的思悟：沥粉特色课程的"探航"方向

一段时间的教与学下来，感触颇多，意犹未尽。在小学美术课堂传承沥粉画工艺的进程中，有些问题还需要深入研究。

1. 思悟如何让学生感触传统文化的生命力

我们意识到，沥粉画的教学不仅仅是一种技能的传授。所以，我们在今后的教学中要深拓课程，将一些技巧难点转换成能让儿童乐学、趣学的知识点和课程环节。例如我们思考：尝试将沥粉画工艺与京剧脸谱相结合；跟随沥粉传承人一起学习，了解沥粉工艺的前世今生;走出教室和家人一起写生古迹中的沥粉画,等等。希望通过精心创设情境,将多种教学元素组合,让儿童体验到传统工艺的新时代生命力。

2. 思悟如何赓续沥粉工艺文化的传承力

学习沥粉画,并不只是为了学习一门工艺,而是要通过它,对中华上下五千年的历史有更立体的了解。为了打破传统工艺的单一教学模式,我们也在思考在教学中加入历史和传统文化的学习,借由作品与历史对话。让儿童不仅仅只简单地欣赏一幅作品,要通过丰富课堂文化知识,让传统学习丰满起来,真正做到让历史趣学、让古法活学。只有不断拓宽儿童的文化视野,增强他们的文保意识,让民族自信在他们的心中扎根,我们的传统文化美育工作才不至于成为无源之水、无本之木。

3. 思悟如何加强"坊"与"组"互促发展的联结力

我们在实践中欣喜地发现,工作坊的建设与教研组的发展有着密不可分的关系。在沥粉工艺的实践过程中,教研组凝聚力更强了,青年教师也成长得更加迅速。同时,更具实力的教研组也在反哺着沥粉工作坊。目前,沥粉画特色课程是我校决定长期深度实施的课程,在今后的研究中,工作坊的老师们不仅要重视技法的提升,还需要科学的理论来引领。后续我们计划将工作坊研究与教研糅合起来,就沥粉工艺的学科建设、促进优秀传统文化传承体系的建立等一系列问题进行深入探索。同时,将邀请一些知名学者、传承专家等开展讲座,对我们的理论研究进行引领指导。在探究中让传承不但掷地有声,并且余味悠长。

第八章 管理:关怀,抵及心灵深处的情感

　　人文关怀是一所学校最可爱的地方,虽然无形,却充盈各处;既柔软,又无比坚韧。于细微处淌露的真情与责任背后,是学校所崇尚的价值观和所追求的精神气象。浦口实验小学一直以来秉持着"尊重人、理解人、关心人、完善人"的人文关怀理念,对每一位师生员工给以抵及心灵深处的关怀。

　　在学校抵及心灵深处的关怀下,浦实教职工拥有足足的职业幸福感。它是一种积极的心理体验,是满足感、快乐感和价值感的有机统一。学校为了满足教师多元化、个性化的需求,让教师在学校有"如沐春风"的感觉,不但坚持思想引领、制度保障,更重视人性化关怀,让教职工都能感受到来自学校的温暖。

　　在学校抵及心灵深处的关怀下,全员积极创造、不懈努力,在工作过程中充分挖掘幸福源,培养幸福感,创造幸福实现之条件,体验快乐的内涵。学校带给教职工的快乐和幸福,激发出他们的工作热情和内在潜能,他们关爱孩子,传递知识与温暖,用智慧与爱心点亮孩子的成长之路。这支阳光和谐的浦实团队,在潜能得到发挥、力量得到增长的过程中,获得了持续的成长幸福体验。

第一节 可盐可甜的校长们

是什么样的管理,让一所建校七十余载的老牌省级实验小学始终焕发勃勃生机?可以用十六个字加以概括:以盐为本,有据可依;以甜润之,尽显人文。"盐",是原则,是力量,是凛然不可侵犯的威严气概。"甜",是爱心,是激励,是让人感到温馨的人文关怀。

学校管理是一门学问,同时也是一门艺术,南京江北新区浦口实验小学的历任校长,以制度"塑形",以文化"塑心",在薪火相传中让管理这门"艺术"站在理论的高度上,坚持践行"交往教育",恪守尊重、理解、对话的核心内涵,努力实现教学相长的和谐共生。他们既遵章依规、严格管理,又盐甜圆融、以情动人,始终把教师能充满幸福感地工作作为学校最重要的事情之一。在这样的不懈努力下,充满活力的浦口实验小学"人心所向、无坚不摧"!

朱秀云,高级教师,1996—2009年任浦口实验小学校长。

曾荣获"全国优秀女职工、江苏省优秀教育工作者、江苏省教育科研先进个人、南京市名校长、南京市劳动模范、南京市十佳优秀职工、南京市学科教学带头人"等称号。她为南京江北新区浦口实验小学,为教育科研倾其所爱、尽其所能。其让"师生共同成长"的人本管理理念和以"交往教育"为特色创建品牌学校的办学思路,使学校升格为江苏省实验小学。

叶的事业,根的追求

一位诗人曾说:花的事业是甜蜜的,果的事业是珍贵的,叶的事业是谦逊地垂着绿荫的。教师一生默默无闻,从事的是叶的事业,而朱秀云校长,从事的则是根的事业,默默地、执着地、持之以恒地为花朵、果实和叶子输送着水和养分。

有一种爱好属于朱校长,那就是寻找师生共进的幸福课感。

在纷繁复杂、形态各异的生命历程中,赞许无疑应该多留一点给那些孜孜不倦的"引领者""陪跑者"。

朱校长爱上课,给实习生上思想课。每年进入浦口实验小学实习的师范生有很多。她缓缓地、和蔼地,又十分凝重地讲述了太阳底下最光辉的事业——教师对祖国花朵的深远影响。作为听众的实习生们深知责任重大,也体验到一种如沐春风的感觉,从她专注的眼神里,他们读到了更深的内涵……

朱校长爱上课,给新教师上示范课。出于对新教师的关心,工作异常繁忙的她仍然给三年内的新教师上示范课,进行细致的教学指导。她上口语交际课,课堂上,她创设情境和学生自然交流,让新教师看到和谐的师生关系,看到交往的魅力。她指导新教师进行交际作文教学实践,这种指导并不仅仅是上课、听课、提建议,而是实实在在地深入教学一线,用她精湛的教学艺术,更用她对教学谦虚严谨的态度熏陶、感染、征服新教师。朱校长告诉新教师们,交际作文教学实践不仅仅是一节写作指导课,更是对生命的尊重、对儿童的理解……

朱校长爱上课,给骨干教师磨课。她一直致力于提高学校的教育质量,她深知教师的素质对于学生的成长有着至关重要的影响。因此,她特别注重对教师的培养和选拔。

学校里,有一位备受学生和同事喜爱的语文老师,名叫徐志涛。徐老师教学严谨,富有创新精神,是学校的骨干教师。然而,徐老师也一直苦恼于自己的教学方式和理念,她想要找到一种更能激发学生兴趣、提高教学效果的方法。

一天,朱校长找到了徐老师,表示想帮助她磨课。磨课是教师为了提高教学质量,通过互相听课、评课的方式,不断改进和完善自己的教学方法、技巧的过程。徐老师欣然接受了朱校长的提议。于是,朱校长开始与徐老师一起磨课。在磨课的过程中,朱校长发现徐老师的教学方式虽然有优点,但也有一些可以改进的地方。她鼓励徐老师尝试新的教学方式,比如创设更加生动的情境、引入更多的生活实例,或者通过游戏的方式引导学生思考……

经过几次磨课,徐老师的教学水平有了明显的提高。她的课堂上,学生们更加活跃,对语文的兴趣也更浓了。徐老师在朱校长的指导下,发表了一系列论文,从骨干型教师向专家型教师转变,成长为区教科室主任。

在她的悉心指导下,一个个市学带、区骨干走了出去,成为市区学校的管理者……

有一种运动属于朱校长,那就是永不停息的科研思索。

今天是从昨天走来,今天又与明天相接。深夜,有人酣然入睡,有人彻夜难眠。

当社会还在以分数衡量一个学校好坏的时候，她就开始冷静分析教育现状，认真思考学校发展的计划了。历史的车轮飞快地转到科技高速发展的今天，事实证明朱校长的交往教育研究成功了。

然而，她仍然彻夜难眠，固然，对今天的成绩她应该感到自豪，应该寻找一片宁静的空间放松一下自己，但她却没有想这些，也没有时间想这些，她又在规划着学校未来的发展。此刻，我深刻地体会到一句朴素的真理：生命在于运动。运动，生命机体生生不息地搏动。组织工作、授课、科研……在任何领域都有她的声音，她乐此不疲。从事教育事业的人，一面教育别人，一面继续做学问，同时享受着两种乐趣。

在学校，朱校长每周都要及时向教师传达新思想、新观念，要求每位教师积极参加教科研工作。在全体教师的共同努力下，交往教育系列规划课题顺利结题。学校教师不仅完成了思想的转变，也完成了角色的转变。

办特色学校，需要一个具有现代意识的校长，勇于探索，锐意改革，坚定不移地向那些不良的传统习惯挑战，在教育改革中闯出一条自己的路。朱校长就是这样一位校长。她知道，教育的改革首先是教育思想的改革，提高学生的全面素质首先要提高教师的全面素质。

早在1985年，她已注重教育科研，探索的课题有"注音识字，提前读写""交际作文"等，几乎与市教科所同步启动。"九五"期间，她领导浦口实验小学参与了"小学生学习问题""交往训练""心理教育""人机互动"等省、市级课题研究，成果十分丰硕，使学校教学质量在市、区遥遥领先，考入重点学校的学生越来越多，由她主编的科研专辑及校本课程多达八本，形成了学校办学特色，也使学校迈上了一个个金色的台阶。

她坚持科研兴校、群众弄潮的方略，通过大胆改革和积极培养等举措，使学校形成了一支高效精干的管理队伍和素质过硬的骨干队伍，营造了一种富有生机与活力的探究型机制和文化氛围。

有一种成功属于朱校长，那就是学校发展的累累硕果。

一方水土润泽一片森林。众树丛中一棵树之所以引起我们欣喜的注目，是因为蓝天白云下，它舒展出属于自己的美丽的枝叶和花朵，还有那秋天沉甸甸的果实。

在朱校长的严格要求下，学校硕果累累，教师硕果累累，学生硕果累累，学生的素质自然也越来越高，一批批学生考入省重点中学，校足球队、民乐队、小发明小创造屡在省市比赛中获得佳绩……

朱秀云校长用自己对交往教育的执着，迎来了一个又一个的成功。她培育出了一个鲜花锦簇的世界，为明天播种希望。如今她和她的交往教育已经根深叶茂、花荣果硕。

任力，高级教师，2016年至今任浦口实验小学校长。南京市五一劳动奖章获得者、南京市师德标兵、南京市优秀共产党员、江北新区特级校长、江北新区首届名校长。

2016年8月，任校长回到工作过18年的浦口实验小学，以办好"家门口的好学校"为目标，大力推动"新优质学校"建设。他倾注心血抓管理，创新发展强教学，推动学校办学质量不断提升，在"交往教育"之路上愈行愈远。他还注重发挥学校的品牌效应及示范引领作用，积极推进集团化办学事业发展，带领三所成员学校，共同走好高质量发展道路。

半世坚守，凡而不凡

鲁迅先生曾言，世上本没有路，走的人多了，也便成了路。这是一群人的坚持。海尔集团总裁张瑞敏说："把每一件简单的事做好就是不简单，把每一件平凡的事做好就是不平凡。"这是一个人的坚守。

他，很平凡！一位小学校长，南京市江北新区五六十所中小学校长中的一位。个头不高，皮肤黝黑，忠厚耿直，爱笑，不易怒，这是他留给初识者的第一印象。

但在进一步了解之后，你却会发现：原来他，并不简单！

坚守一颗初心：争当学科好教师，力做品牌名校长

人生有信仰脚下才有力量！任校长的信仰很简单：始于教育，忠于教育！不做便罢，做了，就要做最好的！

20岁走上工作岗位的他，23岁即获得"南京市优秀青年教师"称号，在江北地区他是出了名的。

2016年任校长回到滋养他成长的浦口实验小学，他早已兑现自己的承诺——践行交往教育，让这所窗口学校成为江北教育的一张名片，成为老百姓口中首屈一指的"家门口的好学校"。现今的浦口实验小学正如一列教育快车：2018年，"南京江北新区浦口实验小学教育集团"成立，由任校长兼任两校校长；2020年，除大华校区外又建成迎江路校区，一校两址，浦口实验小学成为区内规模最大、设施最全的现代化小学；2021年5月，教育集团规模再扩大，形成了着力打造、全方位辐射的新局面。为此，业内人士笑谈："前一位老校长让浦口实验小学站起来，任校长让浦口实验小学强起来了！"

听闻此话，任校长内心虽觉担当不起，却又喜不自胜，因为付出后得到大家的认可，那就是一种幸福！

坚守一身职责：站好思政育人岗，打赢防疫攻坚战

"一个好校长就是一所好学校"，任校长深知肩负的责任与使命。

"快乐交往，共享成长"是学校的核心理念，作为教师的领头雁、党员的方向标，他在思政课上努力践行交往教育。他精心架构了浦口实验小学"朴实系列书记思政课"，定期为少先队员开课。每次课前，他都会亲切地与孩子们交流，尊重孩子们的想法，了解他们的内心所需，在课堂上才能自然地与他们对话。因为白天校务繁忙，他只能夜里伏案构思教学设计、一遍遍地磨合PPT，有时精细到一个措辞、一个字体。有人笑他过于"拘泥"，他却说："孩子们的思政课，容不得一丁点马虎！"或正因于此，他作为江北新区唯一一名校长代表在思政课专场活动中献课，由他执教的思政课《做堂堂正正的中国人》，以强大思想政治教育的感召力、感染力和感悟力，荣登"学习强国"平台，实现个人价值和社会价值的双赢。

对于有着5000多名师生的浦口实验小学，疫情防控工作更显重要与烦冗。如何确保"停课不停学"？怎样保证师生防疫措施的万无一失？如何确保开学前防疫物资的及时到位？一个个问题砸下来，任校长不畏难，带领全体教师员工迎难而上：放弃休假，带领骨干团队因校制宜研发创新线上教学方案，网络交往——"交往e课"系列线上课程得到各大媒体转载；带领学校疫情防控小组对5000多名师生信息开展五次全面摸排，力保数据无错误、无遗漏；带领行政人员线上线下议定疫情防控举措，多次开展校园实地演练；力倡学校与湖北黄石大冶市灵乡镇小学结为"手拉手联谊校"，积极传播正能量……为筹物资，在连水银体温计都变得十分紧俏的年初，他想尽一切办法解决问题，因为他肩上承载的是5000多个家庭的健康！

疫情之下的学校管理是艰难的，但有了如此身先士卒的校长，又何惧不能众志成城？那三年，教师们精业创新、敬业奉献，学校先后荣获"全国科创优秀单位、省实施素质教育先进学校、省文明校园、市教育系统先进基层党组织"等三百余项荣誉称号。2020年7月，学校以优异的表现荣获"南京市师德先进群体"称号，2021年5月，学校作为全市教育系统唯一代表获得"南京市五一劳动奖状"。

坚守一份抉择：舍弃小我为众人，赢得一方好口碑

成功是什么？任职校长以来，任校长快速发展了三所学校，培养了数十名市区斯霞奖获得者、师德标兵、学科骨干等优秀教师,在他手下提拔校级 10 人,输送至江北新区各校肩挑大梁,如此看来他堪称"名校长"!

但你可曾想到,这个"名校长"却是个"平头校长"!——13 年来,他把各种荣誉表彰都让给了学校教师,自己头上却没有一项市级综合荣誉。于是,有人赞他无私,也有人批评他太傻。

赞誉令他斗志昂扬,但对家人却充满亏欠。首先是父亲。任校长的父亲是位老教师、老党员,一直是他心中的榜样。那是 2011 年的 12 月 20 日,恰逢学校年底绩效评估,他父亲查出胃癌晚期。当时他正准备进行评估汇报,母亲声泪俱下的电话令他心急如焚。可是评估关系到学校教师的切身利益,此时作为一校之长怎能一走了之?因此直至评估结束他才匆忙赶去医院。在父亲弥留的日子里,因忙于学校工作,陪伴老人的时间也是微乎其微。

2020 年正值他女儿高考,疫情防控期间,作为南医大四附院医务人员的爱人必须坚守在"战疫"一线,任校长只能一边忙于学校防疫工作,一边承担起女儿的衣食起居及学习陪伴。然而时常是一个电话来了就得立即赶往学校,只能将在线上学习的女儿独自留在家中……孩子毕竟是孩子啊,没有家长陪伴的网络学习效果自是大打折扣。后来女儿的高考确实受到极大影响,未曾达到预期理想的成绩。孩子哭着埋怨:"爸爸,我知道这是我自己不够好!可是你明明在放假,却整天忙忙碌碌没有时间陪我,又有哪个父母像你们这样啊?"

说无所谓?怎么会呢?任校长一直对女儿的要求很高,此时他既心疼,更心痛!可是面对当时的情况,他该如何选择?他心知肚明答案是什么!他只能歉疚地对女儿说:"对不起,爸爸没有办法!"

人生的抉择很多,看你想要的是什么。2020 年 7 月,因疫情影响日夜兼程抢工的浦口实验小学迎江路校区工程建设又成了任校长的心头大事——迎江路校区建设如果不能如期完工,将严重影响秋季学生入学。为此,他每日奔波,不厌其烦地跑工地、看材料、催工期,衣服反复被汗水浸湿了又干了,结出层层盐霜,本就喜欢打趣自己肤色的他变得更加黝黑。皇天不负有心人,工程终于在 8 月底高标准通过验收并投入使用。

任校长是不是"傻"我们不做定论,但俗语常言:"金杯银杯,不如老百姓的口碑!"他既追求卓越又作风扎实,他让学校的"交往教育"品牌向深、向新、向广发力。一位哲人曾警示我们:通往成功的路并不拥挤,因为坚持的人不多!"茶香自醉无须酒,书香自溢何须花。"或许,这就是一种境界吧,当你拥有一份执着于教育的情怀,你自会懂得什么是坚守!

第二节　老师的魔法棒

培根说:"欣赏者心中有朝霞、露珠和常年盛开的花朵,漠视者冰洁心城,四海枯竭,丛山荒芜。"

欣赏是一支魔法棒,是一种沟通与理解。当他人感受到你的欣赏时,会使他具有价值感,更具成功感。"成功"可以作为一种"自我奖励"来强化他的自信,使他逐渐步入"成功——自励——自信"的美好循环。

每一个孩子都是一颗种子,每一位老师都拥有一支魔法棒,对着独一无二的种子,念出"你能行""你真棒"……

来吧,我们一起见证奇迹的发生——

◆ 案例

神奇的"摸头杀"[1]

"老师,我不想和小然坐了……"

"老师,她上课总是说话……"

"老师,小然总是乱动……"

"老师……"

"老师……"

这一声声告状像一把把重锤砸在我的脑袋上,顿时让我感觉有点窒息,"又是她!"

我本只是想利用课间进班改几本作业,然而计划再一次被"小然"的名字淹没了。我转过头去寻找她的身影,她正在和同学谈笑风生,那此起彼伏的笑声让她简直和课堂上的她判若两人。我径直朝她走去,她似乎也察觉到气氛的不对,立刻收起了笑容,做严肃状。"我要提醒你多少次?每天说每天说,我都说腻了,你什么时候能改?"我提高了声音,每到这时,她就像一朵霜打的花儿,低着头什么也不说。

---

[1] 秦玥:《神奇的摸头杀》,《新班主任》2022年第6期。

这样的情景在我和小然的相处中可以说是司空见惯了,她总是不改,我虽恼火却也无可奈何。

"摸头杀"初探

为了更好地关注小然,避免她对其他同学造成影响,我把她调到了第一排,离讲台最近的地方。

"同学们,今天我们来学习一篇新的课文——《四季之美》!"坐在第一排的她听得挺认真,课堂的前15分钟进行得十分顺利,这招果然好使,我心中窃喜,以为终于找对了方法,可好景不长,"春天最美是黎明,那么夏天最美是什么呢?""吃冰激凌!"顿时,全班哄堂大笑,先前营造出来的唯美意境瞬间灰飞烟灭。

我火冒三丈,但是根据以往经验,这样下去,下半节课大家都要一起看她"耍宝"了。我缓缓地走到她身边,示意她站起来,用手轻轻抚摸着她的后脑勺,问:"这是你心中最美的夏天,是吗?"突如其来的"摸头杀"让小然愣住了,她慢慢抬起头,不好意思地笑了笑,眼睛眯成了一条缝,微微点了点头。"真棒!你敢于表达自己的看法,老师喜欢这样勇敢的你!"我一边表扬,一边温柔地抚摸着小然的小脑瓜,这是我第一次表扬她,她有点受宠若惊,微张着小嘴,眼神里充满不可思议,我微笑着轻轻拍了两下示意她坐下,没有多言。奇怪的是,接下来的时间,她目不转睛地盯着黑板,平时懒得记笔记的她也开始奋笔疾书起来。

我想,这"摸头杀"大概有什么魔力吧……

"摸头杀"再探

有一天放学时,小然的妈妈来与我沟通,也顺便询问小然最近的学习情况。

"她看上去非常佛系,给我的感受就是无欲无求,你问她喜欢什么,想要什么,她都说没有……"我疑惑不解地说道。

"是的,在家也是这样,她什么都不要的原因其实是害怕失败,她特别害怕失败。"

小然妈妈的话让我恍然大悟:原来小然无欲无求的背后是因为害怕失败,所以选择了一切都不敢去尝试,没有勇气去开始。

我回想起小然每天走路的姿态——驼着背,步伐拖沓,喜欢把脸埋进衣领里,看不出一点少年的朝气,俨然一副没有自信的样子。我不禁有一丝心疼,她还只是个孩子,还处在人生的初始阶段,却对自己失去信心,即使是最想要的东西也因为害怕失败而选择了放弃或逃避,如果一直在自卑的阴霾下成长该有多难过啊!

从那天起,我更加关注小然的状态。弯下腰,俯下身,我摸摸她的脑袋告诉她:"你完成得真棒!"又或者是在她做得不对时,我摸摸她的脑袋提醒她:"下次不可以

这样,记住你答应过我哦!"就是这样一次又一次的"摸头杀",我发现,课堂上小然爱举手发言了,小组讨论时也不再沉默不语,走路时能抬头挺胸了,就连平时她不敢去争取的"每日一星",现在也榜上有名了!

犹记那个晴朗的周二下午,我照例走进班级准备上劳技课,环顾一周发现值日生忘记擦黑板,正准备开口,小然一个箭步冲到我面前:"老师我来擦吧!"看着她仰起的稚嫩的脸,清澈的眸子里满是渴望,我顺手摸了摸她的脑袋,说:"你能读懂老师的心思啦,真厉害,这个任务就交给你啦!"阳光透过窗户洒在她的脸上,她笑得更灿烂了,可以将我融化。我第一次感受到她小小的身躯内所蕴含的蓬勃能量。

由于时间短暂,我在课堂上设计的创意时钟最后的组装部分要留到课后完成。"没有完成的同学,课后把你们的钟表继续完善,明天我们一起来看看谁的钟表最有创意!"我的话音刚落,小然一溜烟冲出了教室。我想,按照惯例,这个小家伙肯定是没有耐心回去完成的。

第二天中午吃完饭,钟表创意大赛开始了,大家争先恐后把自己设计的宝贝拿到我面前。五花八门的钟表让我眼花缭乱,孩子们推销的推销,展示的展示,场面十分热闹。我把"艺术星"奖励给他们,他们迫不及待地把"艺术星"贴在班级星星榜上。

就在这时,我听见很小的声音:"老师,这是我做的。"我循声抬起头,是小然!她竟然自己回去完成了创意作品!太不可思议了!我一时激动得不知道该说什么,拿着她的创意钟端详起来:小狗有着灵活的耳朵,炯炯有神的眼睛,更惊喜的是,全班只有她一个人的钟表是安装了电池可以走动的。我连忙站起来向全班展示,大家都投来羡慕的目光,啧啧赞叹。我俯下身,摸着小然的马尾辫,兴奋地说:"你太棒了!就把你的钟挂在我们班的黑板上方吧!"她羞涩地笑了起来,那是她从未有过的笑容,明亮的眸子里闪着异样的光芒。接过我手中的"艺术星",她连蹦带跳地跑到星星榜前,自信地贴上了那一颗闪亮的五角星,站在星星榜前看了许久,此时的那颗星比任何一颗都更加耀眼。

我想,这"摸头杀"果真有一种魔力……

"摸头杀"三探

每个星期五,是我们班"悄悄话信箱"的开箱日,既是孩子们最期待的日子,也是我最温暖的日子。

这天,我和往常一样在放学以后去打开"悄悄话信箱",在众多精致的小卡片中,我一眼就瞅见了一张皱皱巴巴的小纸条,纸条背面还列着数学算式的草稿,没有署名,但辨字识人是每一位老师的必备技能,我一下子就认出来那是小然写的,稚嫩的笔触,歪歪扭扭地写着:

老师,谢谢您!谢谢您对我的包容和鼓励,我很喜欢您,您不用担心,我会好好努力的。老师,您辛苦了,希望您多休息!

我愣在那儿久久不能平静,眼泪一下子夺眶而出……

周一早晨,我把小然叫到走廊,温柔地问:"那张纸条是不是你写给我的呀?"她的秘密被发现了,一下子红了脸,害羞地笑着点了点头,我又一次抚摸着她的小脑瓜,也笑着说:"我收到了,谢谢你!"她的嘴角微微上翘,温暖得令人心醉。

我想,这"摸头杀"的确有一种魔力……

案例

做"冷"星的光

【案例背景】

"星星的孩子"——美丽的名字,但在医学上,他们的疾病被称为自闭症,或者孤独症。这群孩子孤独地守望着自己的天空。孤独症孩子的家庭,有着无数父母的辛酸与挣扎……

科学家说,少数星星是不发光的,因为这些星星是"冷"的,没有多余的能量产生光和热,它们只能靠反射太阳光而"发"出光。

我们班上的小罗同学也许就是来自这样的"冷"星,他有一个好听的小名——灿灿,饱含全家人的期待。

世间一切,都是遇见,就像冷遇见暖,就有了雨;春遇到冬,有了岁月;天遇见地,有了永恒;人遇见了人,有了生命……那么,我们遇见了来自"冷"星的灿灿,又会怎样呢?以下是我们和这位"星星的孩子"的情感故事。

【案例描述】

9月,我接手新的班级,级部主任告诉我,班上有个特殊学生灿灿——轻微孤独症,总是不及格。

当我看到灿灿的语文试卷时,蒙了,一张白卷上赫然登记着2分,珍贵的2分还是选择题圈对的,怪不得总是不及格,及格对于他来说太难了。

什么情况?

一声祈求,亲生妈妈的绝望

面对这样的孩子,父母对学校的诉求是怎样的呢?

我电话联系了灿灿的妈妈,电话那头传来"咿咿呀呀"的"婴语",灿灿妈妈一边哄着小婴儿,一边和我说他的情况:"灿灿小时候不说话,在幼儿园的时候就是手脚跟不上大家的节奏——不会做操。我们也没有放在心上,以为他长大了就会好,但是一直都没有跟得上。一年级学习也跟不上大家,什么也学不会。老师们也很负责,天天给他补习,可是效果非常小,孩子有时还会崩溃,大哭大闹……"

"那……你们有没有看过医生?"我还是心存希望。

"我们去过脑科医院看过专家门诊,说是轻微孤独症……各种康复治疗我们都试过,不行啊!所以我们为他生了妹妹,妹妹各方面都是正常的。最起码,我们不在了,有个亲人会照顾他……"妈妈的语气里透着辛酸,已经为灿灿想好了后路。

"你们对延时服务有什么要求呢?"我只能这样安抚她,渴望通过延时服务来帮助他,也希望得到家庭的支持。

然而,电话那边突然安静了,她似乎下定了决心:"老师,我求您不要管我的孩子!让他健康地在学校里生活,开心就好!"

我准备了一肚子家庭、学校、医院合作的话语,此刻已经苍白无力,竟然无法安慰一个近乎绝望的妈妈。

挂了电话,我脑海里全是灿灿妈妈的声音,该是多么绝望的妈妈,才能对老师说出那样的话"老师,我求您不要管我的孩子",无异于家属对医生说"放弃治疗"。

这一声祈求,让我心碎不已,到底什么样的孩子让亲生妈妈如此决绝?

一颗星星,现任老师的欣赏

第一节语文课,我看着每一个新面孔,个个两眼发光,真可爱。我在座位表中锁定灿灿,一个白白净净的男孩子,眼睛又大又亮,多么帅气的孩子啊!他已经被亲生妈妈"放弃",我的心隐隐作痛……

很快,我就发现他的不对劲,他的眼睛不会集中看黑板。我播放动物奇趣视频,同学们边看边乐,教室里热闹极了。然而,他的目光总是游移不定,双手时而捂住嘴巴,时而随意比画,要么口中念念有词,要么情不自禁发笑。身边的一切与他无关,他似乎被封印在一个陌生的世界里,冷冰冰的,他只能自己与自己对话,乐此不疲……身边的同学已经习以为常,不会因为他的夸张行为而哄堂大笑。

我还是决定试试他的识字能力,便请他读词语,猛然听到自己的名字,他一激灵,马上抱臂坐直,漠然地望着我。坐在他前面的小 H 同学对我说:"老师,你不用管他,他不识字。"我示意小 H 同学不要说话,走到灿灿身边,他惶恐地低下头,我俯下身与他耳语:"我带你读一遍,你带大家读一遍,好吗?"他听懂了,冷白的皮肤泛起红晕,轻轻点头同意。

我指着屏幕读起来:"白鹭——"他咽了咽口水,睁大眼睛,认真地跟读起来:"白鹭——"教室里安静极了,只有他的声音,有些颤抖,有些跑调,同学们一起跟他读起来:"白鹭——"

我们这样合作读完一组词语,教室里响起热烈的掌声,他的眼眶红红的,我知道,他并不是不识字,而是缺少展示的机会。我可以帮助他,他也可以帮自己。

下课以后,我奖励他一枚小星星,与他约定:"每一节语文课,你的任务就是读词语,读得对,就可以得一枚小星星,可以吗?"他一遍遍抚摸着小星星,仰头看着我,咧开嘴,夸张一笑:"可以啊!谢谢老师!"他懂得说"谢谢",会交流,不像那么糟糕,我的信心更足了。

从此,每一节语文课,他不再是看客,而是参与其中,不但会读词语,还会读课文,甚至读自己的造句……

随着注意力的集中,他随意舞动、自言自语的次数慢慢减少。我知道,他一直在克制自己内心的不安,眸子里的光芒熠熠生辉,越来越自信。"七彩童星"榜上他的小星星越积越多,"每周之星"榜上也有他的大名。

现任老师的欣赏,对于他来说,就是光!

一个 100 分,重生妈妈的喜悦

经过我们的不懈努力,读,对于灿灿已经不再是难事了。写,对于他来说是最大挑战。

怎么办?脑科医学专家告诉家长,孤独症需要反复训练。

于是,我把词语打印成手写体,提出描红要求:"一笔一画,笔笔到位!"他欣然答应。

同时,我坚持每天与灿灿妈妈沟通,先告知今天他的出色表现,再布置当天的家庭作业:"朗读词语很棒,听写完成过关,今天作业:(1) 抄写;(2) 朗读……"看着灿灿一天天进步,我隔着屏幕都能感受到他妈妈的喜悦,那个曾经无比绝望的妈妈重生了。

有了家人的支持与陪伴,他每天能交来一份质量上乘的描红作业,汉字的巩固率也不断上升。

那天听写完毕,灿灿错了3个,订正以后,他找我:"张老师,我要再听写一次!"我被这满满的诚意感动了,再次报听写,他这一次写得格外小心,竟然得了满分。我在全班同学面前表扬了他,他不好意思地趴在桌上,时不时抬头看我,兴奋得涨红了脸,眼睛里全是激动。

下课以后,他举着本子找到我:"张老师,给我拍照,发给妈妈看!"我细心地给他整理好衣服,拿出手机拍下照片,发给妈妈。

很快,他妈妈的信息到了,幸福溢于言表:"进步太大了,之前都默不起来……"她还告诉我,灿灿每天晚上都让她报听写,渴望第二天得100分,渴望把照片发在群里,渴望让妈妈高兴。

重生妈妈的喜悦,对于他来说,就是光!

一封信,热心伙伴的力量

随着灿灿的不断进步,班上的小伙伴也渐渐发现了他的闪光点,愿意走近他。

无论是课间还是自习课上,总有几个小伙伴向我申请帮助灿灿,就连小H也加入联盟:"张老师,我可以帮助灿灿听写吗?"

"那要看看灿灿是否愿意接受。"我看向灿灿,他害羞地看着身边举手的小伙伴,挑选性格温和的学习委员作为自己的小老师。

于是,灿灿成了班里的"红人",我也会额外多奖励几颗星星给他,他总会分给自己的小老师。那份分享的真诚,让我无比动容。

然而,灿灿并不是每天都充满学习激情,一学到古诗词,他就蒙了。那天,我带他到办公室默写古诗《乞巧》,"今宵""碧霄"他怎么也分不清:"老师,太难了,我不想默……"我播放动画视频《乞巧》,把诗意一遍遍讲给他听,他还是一脸茫然……看来古诗词对于他来说,实在是有困难。

"你先看一会视频,待会讲给我听听就行了。你不用默写了!"我终于松口,他的神情一下子就放松下来,开始看视频。

我则在一边批改作业,改着改着,作业本里滑出一封信,是小G写的。她是个极为伶俐的小姑娘,秀外慧中,也是同学们眼里的"学霸"。她在信里除了表达对我的喜爱和敬意之外,还提到我对灿灿的"偏爱"让她忐忑不安,生怕比不过灿灿。

我看了看身边的灿灿,指着信对他说:"灿灿,这是小G写给我的信,她在信里提到了你。"

灿灿先是满脸羞涩,接着又充满期待:"她说什么了?"我读给他听,他似懂非懂,我又笑着告诉他:"学霸小G怕你超过她呢!"

他简直难以置信,连忙把信要过去,仔仔细细又读了那一段关于自己的内容,害羞的笑容再次浮现,无处安放的小手舞动起来……

过了一会儿,灿灿把语文书递给我:"张老师,我想试试!"在我的提醒下,他竟然全部默对了。我想,这一定是那封信的力量,伙伴的认同感让他对自己再次有了信心。

热心伙伴的力量,对于他来说,就是光!

【案例反思】

灿灿被确诊轻微孤独症,定期到医院做康复训练,学校、家庭配合医院做干预治疗。

我由起初的同情,转为协助治疗:我查阅相关文献,关注孤独症公众号、特殊教育抖音账号,对孤独症的了解逐步加深:儿童孤独症是一种严重的发育障碍性疾病,是由于脑部神经系统发育障碍,进而直接造成了孤独症儿童的心理发展迟缓,并由此表现出的自信心严重缺乏,自制力、自我表现能力极差,沟通能力、社会水平能力低下的疾病。虽然已从遗传因素、神经生物学因素、社会心理因素方面针对该病作了大量研究,但迄今为止,仍未能阐明儿童孤独症的病因和发病机制。因此,如何有效地对孤独症儿童进行教育康复成为当前最值得深思的课题。孤独症儿童教育康复的根本目的在于改善他们社会性差的状况,使他们能够运用正确的表达方式与周围的人进行沟通,能适应环境的变化,有效地控制自己的情绪和行为,提高生活质量。

1. 和老师一起阅读

灿灿爱看书,但是识字少,一直在读图。针对他的求知欲,我鼓励他爱读书的优点,先攻破他的阅读障碍。

课堂上,我们每天进行一次一对一的阅读交流,我读词,他跟读词,再邀请他领读词语,提高朗读的自信心。

课后个别辅导时,我读一个句子,他读一句,掌握正确的读音之后,加大难度,我读一段,他读一段,反复纠正读音,直至孩子能够完整读一篇。阅读辅导结束,赠送星星贴纸、小玩具、小零食等奖励,激发他的阅读兴趣,收效显著。

2. 记得每个伙伴的名字

医生说,孤独症的孩子在一对一的情境中能够适应,学会了基本的语言交流,就可以考虑进入团体中,尝试在团体情境中学习和多人互动技巧。

然而,灿灿对于情境理解上有困难,不善辨识重要的社会线索,所以在陌生或多变化的情境中常会有躁动不安或注意力不足的情况发生。同窗5年,他叫不出小伙伴的名字。于是,我让他每周认读一组作业本(6—8人)的名字,并将小伙伴与名字对应起来,请他发作业本,认识小伙伴。经过两个月的反复认读,他基本上能记住小伙伴的名字,并且看到小伙伴能准确叫出名字,出错率渐渐降低。

下课后,我邀请有耐心的小伙伴带他玩简单的运动小游戏,辅导他朗读故事、描红写字等,在课间活动中继续认识小伙伴,逐渐教导他顺利参与团体活动。

3. 请妈妈来训练

"好记性不如烂笔头",遗忘是在所难免的,对于灿灿这样的孤独症患者来说,他们更是记得慢、忘得快,很可能是上一分钟才认识的字,下一分钟就不记得了,所以,识记汉字除了朗读训练以外,还要强化训练书写。

孤独症儿童的书写量依据教学内容逐渐递增,他们在学校反复听说读写,家长仍要辅助巩固书写,每天静心描红写字10分钟,读字词、读故事、发语音,经过不断强化训练,他的识字写字能力逐渐提升。

孤独症儿童的教育就是爱的教育,家长、医生、教育者、同伴能接纳孤独症儿童,更需要全社会的关爱。教育工作者需要与家长密切联系,制订康复计划,循序渐进,小步循环,积极干预,努力实现对孤独症儿童的康复任务。

教育家说,师爱很重要。马卡连柯说,爱是教育的基础,没有爱就没有教育。鲁迅先生说,教育是缘于爱的。是的,师爱是尊重,师爱是理解,师爱是鼓励,然而仅仅有师爱是不够的,孤独症儿童需要全方位的干预治疗。在学校、家庭、医院的多方协同下,灿灿的刻板行为逐渐减少,社会适应能力在不断增强。

他会听:他能听懂亲人、老师、伙伴的合理指令,并按照指令操作执行;他会说:乐于和伙伴交流,游戏中能主动表述需求,回家会和父母分享在学校的快乐;他会读:能够认读常用汉字,大声朗读课文,读绘本故事给小妹妹听;他会写:在老师的帮助下,他能口述小作文,在作文中表达对亲人、老师、伙伴的感激,反复读写之后,能独立默写作文,甚至能够独立创作想象作文,把自己喜欢的小伙伴写进作文里……

语文成绩由2分升到29分,再到42分,最后期末考试到了60分,为了这及格分,我们和他付出了好几倍的努力,灿灿这颗"冷"星正在闪闪发光。

灿灿马上就要小学毕业了,小学阶段他一直被爱包裹:有爱他的家人,有爱他的老师,有爱他的伙伴。他进入中学之后,期待新的老师、伙伴继续做他的"光",让他靠近光,温暖他这样的"冷"星,直至他散发出自己的光!

第三节　保洁阿姨的小幸福

一年级的张小宝天真地说:"阿姨很矮小,但阿姨又很高大。"

她的故事

太阳尚未苏醒,橘黄色的路灯恰好被两旁的行道树挡住,昏暗的石梯上却已有奔波的人儿,她就是勤劳的保洁阿姨。

校园中的保洁队伍不小,我唯独记住了那位阿姨。一米五出头的身高,无论与谁走在一起都显得那么娇小。年纪稍大,从口音听来不是本地人,这样一位保洁阿姨,每天在校园里默默劳动着。

冬日里的太阳那么慵懒,风却总是亢奋。早晨七点左右,我裹着羽绒服,从停车场奔向食堂。我为自己是第一个到校的而窃喜,可无奈,人外有人,还有比我更早起的。路过博学楼前的石梯,耳边传来一阵微弱的"沙沙"声,是扫地的声音,是那位保洁阿姨!与扫帚比起来,她显得有些矮小,可她只想在学生们都到校前,扫去满地落叶,让新的一天安全、清爽、整洁。但她究竟是什么时候开始扫的、扫了多久了,也许,只有天上的星星和月亮知道吧。

我喜欢站在走廊上,一边备课,一边赏景。这景,有远方的树,有近处的鸟,更有正在洗刷鱼池的保洁阿姨。博学楼前有一个女孩捧书的雕像,对面是"莲心不染池",里面养着许多金鱼,这里的鱼不愁吃喝,每天有来自饲养员的投喂,当然,鱼群也不乏排泄物。鱼池浊得很快,但每次浑浊后,需先把浊水排出,再爬进鱼池,把每个角落都刷得干干净净。这个"技术活"是这位保洁阿姨的"特殊技能"。受限于身高,阿姨需要两张塑料凳,一张放在池外,一张放在池中,踩住池外那张凳子,翻入鱼池,再踩住池中那张,方能成功进入。阿姨总能把池壁刷得干干净净,没有一条砖缝会被放过。多亏了她细致认真的清洁,我们才有机会认清每一条鱼的模样。

阿姨对每个人都很热情。她的口音很重,但我喜欢与她聊天。每一次,阿姨都会叮嘱我一些生活上的事,她还会讲很多,虽然有时不能完全听懂,但能感受到都是她的肺腑之言。她遇到老师、学生,都热情地打招呼,与大家沟通的内容也都差不多,对每个人都讲这些内容,但没有人会听腻,因为我们知道,都是保洁阿姨的殷殷嘱托。

阿姨总对生活充满热爱。谁说伞只能用手撑着?阿姨将伞改造成斗笠状,戴在头上,即便在雨天,也能双手干活。穿行于人群中,吸引大家的眼球,看到这,没有谁会再去抱怨雨天。操场上,我们班学生独自在树下画画,阿姨走过来,递给他一块橡皮,"给你画画用的。"阿姨随即指向操场,"把跳长绳的同学画下来!"循她所指,我看到阳光照耀下,洒在同学们额边的汗水,是激情与欢乐。遇到儿童节等节日,学校组织活动时,阿姨也不想错过美景,她也会举起手机,留住美好。这么些年,她已然成为实小的一分子。

我不知道阿姨的名字,每当我与同事、学生聊起她,我们总会说"那个小小的阿姨"。但在我们看来,她一点儿也不矮小。

我们爱她

那天,一年级的张小宝跑过来,天真地说:"阿姨很矮小,但阿姨又很高大。殷老师,我觉得学校的栀子花开得好美好香,我可以捡起一朵落下的栀子花,送给保洁阿姨吗?"

"当然啦,孩子。"我摸摸他的头。

栀子花的叶子是翠绿色的,开放的过程中绿叶一直相伴左右,不离不弃。花朵为白色,干净洁白,高贵纯粹。栀子叶经过雨打风吹也不凋谢,不变色,这何尝不是一种难得的守候和坚持? 栀子花香能让人心情舒适,这不正是保洁阿姨的品质吗?

我不禁想起《学记》中"三年视敬业乐群",《论语》中"敬事而信""言忠信,行笃敬"。敬业的精神品格,已深深熔铸在中华传统文化的血脉里。中华优秀传统文化视敬业为人生道德修养,主张业广惟勤、爱业乐业的敬业态度。为了让学生对敬业爱岗的保洁阿姨的精神有更深刻的体会,我开展了一节"特殊的班会"。

我讲了一个故事:在一个空旷的山谷里,一个小男孩对着四周大声地喊"我不喜欢你——",结果山谷里传来了回声:"我不喜欢你——"。小男孩生气了,就对着山谷大叫"你是坏蛋——",山谷又传来了回声:"你是坏蛋——"。小男孩气哭了,回到家里告诉妈妈说山谷里有人骂他。他妈妈问明白了情况,就让他再去对着山谷喊:"我们做朋友吧!"小男孩将信将疑地大声喊了一句:"我们做朋友吧——"。果然山谷里传来了回声:"我们做朋友吧——"。小男孩又接着喊了一声:"我爱你——"。结果山谷里又传来了回声:"我爱你——爱你——爱你"。这个简单的故事说明了人们相互的尊重是多么的重要。

尊重他人的劳动,尊重他人的付出。在学校,我们常常能见到保洁阿姨的身影,我们要充分尊重她们的劳动成果,自觉养成文明卫生习惯,从不乱扔垃圾、不乱涂乱画这样的小事做起,以实际行动关爱保洁阿姨、尊重劳动成果。今天,我们一起用自己的实际行动,对阿姨表达我们的爱意吧!

【学生心声1】

我为阿姨画幅画

三(6)班　徐佳怡

还记得一年级的一天清晨,吃完早饭,背上书包,一到学校,我便看到了一位穿着保洁服的清洁工阿姨,她主动跟我打招呼:"小朋友,你来得可真早啊!"我朝阿姨笑了笑,原来每天早上那有节奏的"沙沙"声是我们校园的"美容师"在打扮我们的校园,迎接新一天的到来。

以后,我基本上每天都见到她,慢慢地,我跟她熟了,我也会主动跟她打招呼。

那天,我还像往常一样和阿姨打招呼,她擦擦头上的汗,挥挥手,朝我笑了笑。

今天她没戴手套，我看得一清二楚，她的手上长满老茧，这是辛勤的印记。打完招呼后，她开始扫垃圾堆了，那里发出一股难闻的气味，许多同学都捂着鼻子跑开了，可保洁阿姨不怕脏，迎着灰尘、垃圾，认真地继续清扫着。

保洁阿姨每天都按时按点打扫校园，不知疲倦，从无怨言，他们那种不怕脏、不怕累的精神深深感动了我。有人看不起清洁工，但是人们的生活中少不了他们，如果没有他们的奉献，也不会有我们美丽的校园，更不会有美丽的城市，我们的环境将变得非常糟糕。正是有了这些"美容师"，我们的城市才变得更加干净、更加美丽。

所以，我画了一束郁金香与一个美丽家园，送给学校亲爱的保洁阿姨，谢谢她给了我们一个良好的学习生活环境，给了我们一个洁净清爽的童年。

【学生心声2】

我为阿姨送清凉

四(8)班　王雨菲

那是一个火热的夏日，火红的太阳晒着大地，小狗趴在地上直喘气，知了无力地鸣着。我手上拿着手持电风扇，但仍是很热。

这时，保洁阿姨在国旗台下卖力地扫地，我愣了，因为阿姨穿戴长袖子的衣服，该多热啊！我走近她，问："您为什么还在打扫卫生不回家呢？天多热啊。""小姑娘，这是我的工作呀，我应该勤勤恳恳地工作，把自己的本职工作做好。"她说话时头也不抬，忙着拾垃圾。听阿姨一说，我明白了，不管干什么事，都要负责任，这样才能做好。

阿姨指着远处的小纸团，说："小姑娘，你看那是什么？"我走过去一看，原来是一百元钱，我拿给阿姨。她说："请你把这钱交给警察叔叔，行吗？"我爽快应允。立刻对阿姨刮目相看，她还有一种拾金不昧的精神！也许她一天能挣的工资并不多，但她遇到一百元都不动心，这样的精神值得我们学习。

我该走了，但我把手持电风扇留给了保洁阿姨，向她招招手，说了声："阿姨，您辛苦了!"礼物虽然不贵重,但希望这小风扇能在炎热的夏天给阿姨带来一丝凉意。

孩子为她遮风雨

那天,我找到保洁阿姨,回忆起6月份下雨天学生为她撑伞一事,她仍然记忆犹新。

保洁阿姨告诉我,当天下午放学时,她把尚学楼、笃学楼的垃圾清理完后,从一楼拖出两个装满垃圾的桶,准备送到百米外的垃圾车上倒掉。"走出教学楼后,我才知道下雨了。"阿姨说,其实她是带伞的,但在拖垃圾桶时,她却腾不出手来撑伞,就直接冒雨走向垃圾车,当时雨下得很大,没走几步,她的头发和衣服就有些湿了。突然,她听到一个稚嫩的声音:"阿姨,我来帮您打伞。"

阿姨循声一看,发现前面站着一个戴着红领巾的男生。孩子说完就走到她旁边,把自己的伞移了过来,她连声道谢。

阿姨说自己身高1.51米,小男孩还没有她高,但为了不让她被雨淋,在撑伞过程中,他伸直手臂,使出全力,努力把伞把举得高过她的头顶。"他一路打着伞,把我送到垃圾车处,陪我倒完垃圾。"阿姨深情地说。之后,小男孩看到她倒掉垃圾后可以撑伞了,才走出校门回家。

"做保洁这行,因为每天都会跟垃圾打交道,有时会被人嫌弃。在学校里做了这么多年,第一次遇到有人给我打伞。"阿姨说着,露出幸福的微笑,心里觉得暖暖的。

通过班主任张老师,我找到了这名小男孩。他回忆道,当时雨下得很大,保洁阿姨的头发和脸上满是雨水,因为双手拖着垃圾桶,阿姨根本无法自己打伞,他的伞比较大,可以同时遮两个人,他就往回走,走到阿姨身边,提出和她一路走,好给她遮雨。后来,他发现阿姨比他高,为了不让阿姨淋雨,一路上,自己只能将拿伞的左手尽量举高些,送到垃圾车那里后,就离开了。其实,第二天他的左手有些酸痛,但他觉得值得。虽然不知道保洁阿姨的姓名,但经常看到她在学校做清洁,觉得她平时很辛苦,看到她在淋雨,自己不能什么都不做。

小男孩谦虚地说:"打伞只是一件小事,是我该做的。"

【学生心声3】

写给阿姨的一封信

亲爱的保洁阿姨：

您好！

六年的时光转瞬即逝，现在我已经是一名六年级的小学生了。还记得一年级时，在楼道转角的厕所门口的走廊通道上总能见到您的身影。您十分忙碌，我们笑盈盈地跟您打招呼，您只是对我们笑了笑，就继续忙起来了。

一眨眼到了二年级，学校教我们如何洗手：洗完手要在水池旁把手甩干，不要洒得满地是水。那天，您在每个同学洗完手后都顺带一句："同学，请在洗手台把手甩干了再走。"我洗好手，可当时我正在思考其他的事情，就没有注意听您的叮嘱，像往常一样把水甩到了地上。可不巧的是，我一不小心刚好迈到了刚刚甩下的水上，"滋溜——"一声，我整个身体向后倒去，只有两只脚不听使唤地继续往前滑动着。"啊！"我吓得急忙尖叫了起来，这时，一双大手撑在了我的肩膀上，那就是您。您叮嘱了我一句："下次一定要注意，要是我不在，可要摔倒了！"我赶忙回了一句："知道了，谢谢您。""丁零零——"上课了，我站起来回班了，您重新拿起拖把，继续进行保洁工作。

就这样，您每天无怨无悔地清理着校园里的每一个角落，承受着他人难以忍受的辛劳，帮助着一名又一名稚嫩的小学生。

六年过去了，我甚至不知道您姓什么，但我知道您是这校园里最美丽的人，是我值得学习与铭记的人！

我离毕业也越来越近了。今后，即使离开了温馨的母校，我依然会记住您的关爱与叮咛，努力成为祖国的栋梁之材。

祝您越来越美丽！

六(5)班　李佳芮
6月10日

【学生心声4】

保洁阿姨，我们为您点赞

五(13)班　李冬辰

学校有块砖

洁白无瑕、洁净发光

学校有条廊

砖红瓦绿、凸显光芒

学校有空地

一尘不染、清洁仔细

保洁阿姨

无论严寒酷暑

你们都坚持在自己的岗位上

你们是校园的美容师

是创造校园美丽环境的使者

感谢有你们

高温下

风雨里

随处可见您身影

你们用双手辛勤劳作

用脚步丈量校园

只为让我们校园更美丽

平凡之处见真情

细微之处暖人心

在我们的身边有千千万万的普通人

在平凡的岗位上

书写着不平凡的感动

保洁阿姨

我们为您点赞

第四节 管爷爷的红马甲

初识他是三年前,那天他穿了一件红色马甲来到学校,胸前端正佩戴着党员徽章,红马甲的左胸上赫然印有"平安志愿者"字样。而以后的每一次相遇,他都在洁白的衬衫外郑重地套上这件象征身份的红色马甲。

"我叫管金泉,是阳沟街派出所关爱站的一名退休民警,也是平安志愿者,今年72岁。"这是我们的初对话。在三年的交往中,他的一举一动也印证了"民警"与"平安志愿者"的身份,学校的孩子们都亲切地喊他"管爷爷"。

"管爷爷,有您在我们很安心。"

"殷老师,咱们学校这学期哪一天开学?"每逢寒暑假尾声,管爷爷都会给我发消息,询问我开学当天学生到校的具体时间。在开学当天,他总是在学生到校前一个小时便来到学校,围着校舍转一圈,与我聊聊近况,分享他最近又参加了哪些工作。每到这时,他的脸上总是漾出满满的骄傲,这种骄傲,是一名民警在退休后仍然能发光发热,被群众需要、被群众认可所独具的。

"管爷爷,学生准备进校了!"随着门卫的一声吆喝,我们往大门口走去。

一到门口,他便一改与我闲谈时放松的状态,立刻站得笔直,目光警惕,用他多年的职业敏锐度帮学生把好进校门的第一关。人行道上的红马甲与路旁绿色的行道树相得益彰,共同守护着学生的安全。

"管爷爷,您好!""管爷爷,您又来啦!""管爷爷好!"接受过管爷爷教导的学生发现管爷爷又穿着红马甲出现在大门口,都亲切地与他打招呼。管爷爷呢?遇见每个打招呼的孩子,都会用一个标准的敬礼回应。

路上的行人越来越少,学生陆陆续续都进校了,正当我们打算收尾入校工作时,突然有个胖胖的男孩跑过来,气喘吁吁地说:"管爷爷,这张纸条给您!谢谢您!"管爷爷也有点惊愕,接过纸条,那孩子便跑回教室。打开纸条,上面写着:"管爷爷,有您在我们很安心。二(6)班张鸣""哦!原来是他。上次去这个班级做主题宣讲,结束以后他就凑到我身边,问我:'管爷爷,我不敢自己过马路,同学们总是笑我,怎么办呀?'我问他:'你觉得过马路最可怕的是什么呢?''我感觉周围的车子都好高好高,开过来开过去都好快好快,我担心我过马路的时候他们看不见我。'男孩急切地叙述着,又羞愧地低下了头。'来,孩子,管爷爷教你过马路。'"管爷爷笑着回忆当时的情景。

"当时,我用手中的铅笔在纸上画了人行横道,又画了两个方向的来车,再添了信号灯,用手中的橡皮做行人,带着小张同学模拟过马路。一停二看三通过,记住了吗?"

"而后,我带他出了校门,来到门口的斑马线前,我示意他自己过马路,并用眼神鼓励他。小张同学回头看看跟在他身后的我,向我微微点点头,也给自己加了把劲。我看见他站在斑马线前停下,先向左看了看,确保左边没有来车,再往右瞧了瞧,有一辆车快要行驶过来了,他继续等待,等这辆车从我们面前行驶过去,又确保了左侧没有来车,便安心地通过了马路。他站在马路那头,我站在马路这头,我向他竖起了大拇指。"

"一晃都一年了,没想到这孩子还记得我。"管爷爷怪不好意思地说。

其实,日复一日,管爷爷对我们的呵护早已浸润到校园生活中。学校的保安培训、班级的安全教育、大型活动的秩序维持……有他在,我们很安心。

"你们是祖国的花朵,春天的树苗正茁壮成长,你们是祖国的未来,民族的希望。每当我走进校园,看到你们,深感我们伟大的祖国后继有人,兴旺发达。'少年智则国智''少年强则国强',作为一名老党员,今天给你们写信,想对你们说说心里话。"管爷爷在信中真挚地写道。

"我骄傲,我是中国人。"

去年,在交谈中我发现管爷爷是一个认真且节俭的人。他在每一次发言前,都会手写好自己的讲话稿,字迹一丝不苟,态度毫不含糊。说他节俭,是因为他总喜欢用废旧烟壳里一面金色、一面白色的纸张,将它展平后用白色的那面书写。一笔一画书写得遒劲有力,从金色那面看更是"力透纸背"。这一次,我代表学校拜托管爷爷给小学生写一封信,在小学生心中种下"爱国"的种子。

很快,管爷爷完成了我的"拜托"。第二天就拿来一个牛皮纸信封,封面写着"浦口实验小学同学们收,南京市公安局江北新区分局阳沟街派出所关爱站管金泉",我打开信封,内有两张红色条纹信纸,从格式、字迹至内容,没有一丝懈怠,能看出是打过草稿后精心誊抄,此举让我们对这位老人产生发自内心的敬意。

给南京江北新区浦口实验小学同学们的一封信

南京江北新区浦口实验小学的同学们:

你们好!

我是阳沟街派出所关爱站的一名退休民警,也是一名平安志愿者,今年72岁。

你们是祖国的花朵,春天的树苗正茁壮成长,你们是祖国的未来,民族的希望。每当我走进校园,看到你们,深感我们伟大的祖国后继有人,兴旺发达。"少年智则国智""少年强则国强",作为一名老党员,今天给你们写信,想对你们说说心里话。

同学们,我们不能忘记,今天的幸福生活来之不易。你们去过南京的雨花台吗?你们看过电影《长津湖》吗?无数革命先烈用鲜血和生命换来了新中国。"吃水不忘挖井人,幸福不忘共产党",没有共产党,就没有新中国,没有共产党就没有社会主义。今天我们生活在幸福安宁的中国,但是这个世界并不太平,有的国家正燃起战争的硝烟,有的国家正承受着疫情带来的痛苦,甚至有的孩子还在死亡线上挣扎。而我们国家在中国共产党的领导下,胜利完成第一个百年奋斗目标,正开启第二个百年奋斗目标的新征程。春节后我国还成功举办了北京冬奥会,我们的祖国越来越强大,越来越美丽。但是世界上的反华势力,不断进行破坏捣乱,妄图分裂我们的国家,遏制我们的发展……所以你们现在要学好本领,夯实根基。继承革命先辈的光荣传统,传承红色基因,树立共产主义的远大理想,时刻准备着做社会主义建设事业的接班人。

同学们,我对你们的希望是:在家做个好孩子,在学校做个好学生,在社会上做个好公民。长大后,做一个有志气、有骨气、有底气的中国人,为建设祖国、保卫祖国贡献力量。

同学们,今年是虎年,愿你们更加生龙活虎、健康快乐,"好好学习,天天向上",一起向未来!

此致

敬礼!

阳沟街派出所关爱站:管金泉
2022年3月

管爷爷为人谦逊,在周一早上的"国旗下讲话"发言前,他一定要先把这封信给我看看,帮忙"把把关"。读完信后,我沉浸在这封红色"爱国信"带给我这个成年人的触动中。我们常言"爱国",但对于小学生而言,"在家做个好孩子,在学校做个好学生,在社会上做个好公民",这不就是最起码的爱国吗?

周一,升旗毕,管爷爷在国旗下进行了此番演讲。全校学生整齐、响亮的掌声响彻校园。后来,四(3)班徐铎瑄找到我们,说:"管爷爷,听了您的演讲,我知道了我们的国家非常繁荣,我们作为中国公民十分幸福,长大后,我们会为祖国的建设贡献自己的一份力。我骄傲,我是中国人!"看着这孩子坚定的眼神,管爷爷向他立正敬礼,孩子也回敬了一个标准的少先队员队礼。

这些年,管爷爷总是穿着他的红马甲,陪伴我们共同对下一代进行爱国主义教育,一起去过"红色场馆",一起学过"先进精神",一起分享阅读心得。通过管爷爷的一次次分享,学校师生的心中都有一件"红马甲",因为,我们骄傲,我们是中国人。

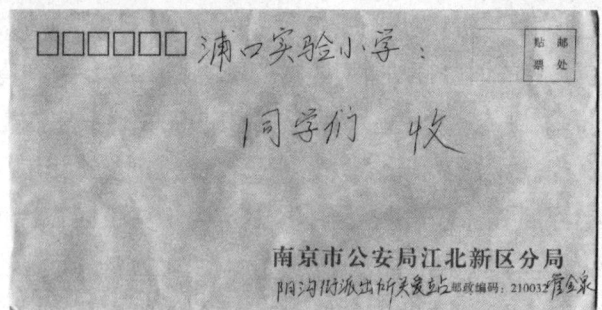

"我长大也想做一名人民警察!"

我们班有一个学生是警察的女儿,体型很瘦,收发作业时动作很敏捷,运动会上也是主力队员,相较于其他学生对于自己父母职业的钦佩与向往,她,对警察这个职业毫无兴趣。

"小妍,你爸爸是一名警察,你长大想和爸爸一样,成为一名人民警察吗?"我不经意问道。

"殷老师,我做什么职业都行,但绝对不做警察!"平日里温顺的她突然目光坚定。

"为什么呢?上次学校组织的'家长课堂',你爸爸带来了许多警察故事、警用工具,我们班那么多同学都很向往,立志要做警察呢!"

"那……那是因为他们不知道,不知道警察这个职业有多危险。疫情防控期间,人家都是一家人在家,我们家只有我和妈妈、妹妹在家,我们担心自己不说,更要牵挂在抗疫一线的警察爸爸!这种提心吊胆真的让我们三个人好害怕。"说着她眼眶有些湿润,"还有上次,爸爸为了组织一场活动,被封闭了20天,我和妹妹都特别特别想他。"

我把小妍搂进怀里,抱着她,没说话。这时候,我第一个想到的便是管爷爷。

那一周,我邀请管爷爷到我们班级给同学们上了一节"面对面的思政课",还面向全体六年级的学生开设主题讲座。

分享中,管爷爷诉说了自己警察生涯的心得:"警察的工作并不容易,每天都面对着城市暗淡的一面,但我知道只要还有人像我一样保护着这个城市,它就不会失去希望。我会在自己的工作岗位上一直坚守,为理想奉献热血与生命,这份信念将伴随我走过人生最美好的时光。现在,管爷爷我已经是退休民警,不再需要出警,有更强大的新一代警察接替了我们的岗位。但是,我骄傲、我无悔我选择的人民警察这一行。我觉得这一生,我无愧于身上这身警服,无愧于头上的国徽。因为,我刚刚踏入警察行业时,一位老警察就对我说过,穿上警服,就扛起了使命。"

许多学生被这真挚的话语打动,泪目了。我见到小妍,在哭到肩膀抽搐后,擦干了眼泪。其实她是理解爸爸的,但作为警察的女儿,对爸爸的担心远大于这份骄傲。可管爷爷的这番职业的表白让她动容,让她更加理解爸爸心底的信念。

在最后的互动环节,管爷爷问有没有小朋友要分享感受。只见小妍断然举手,伴随着坚毅的目光,铿锵有力地说:"我长大也想做一名人民警察!"

/第八章 管理：关怀，抵及心灵深处的情感/

六年级 13 班的孩子们集体为管爷爷献上一首《红马甲赞》，表达心中敬意。

红马甲赞

我们不知道你是谁

却知道你为了谁

阳光下

风雨里

课堂中

生活时

红马甲最耀眼

红马甲最暖心

红马甲有担当

红马甲育希望

第九章 展望:讲述交往的美好陪伴

国学大师季羡林曾说过,最好的教育是陪伴。要想真正陪伴学生快乐成长,就得做一个与时俱进的研究者,要不断学习、不断反思。我们要积极投身教育科研,研究教材、研究学生,学习不辍、研究不止,尊重学生成长规律,关注学生心理健康;增进师生交流,构建亲密无间的师生关系;给予学生学习和生活中具体的帮助和指导,培养学生的独立性,让学生能够从老师的陪伴中获取足够的信心和爱,有足够的力量扬起风帆走向灿烂的人生旅途。陪伴,不是陪着,是看见孩子的内心,倾听孩子世界里的喜怒哀乐、悲苦愁困。深入孩子内心,用心陪伴孩子成长,与孩子建立长久亲密感,孩子才愿意向你敞开心扉。

只有"热爱"才是最好的老师。没有爱的教育不能称之为教育,陪伴和守护,是种在学生心间的希望之花,是引领学生前行的护航灯塔。任何职业都需要有责任感,责任感可以时刻提醒自己的职责所在,履行好自己的承诺和义务。教师要坚定不移地相信学生最终都会成为他们自己的模样,绽放属于他们自己的光彩。每一个孩子,都是坠入凡间的天使,教师的"精心"陪伴,才会使孩子如虎添翼,展翅高飞!

第一节 陪伴儿童勇敢前行

教育是一场幸福的遇见,教育是幸福的起点,师者是幸福原点上的守护天使。有了老师的陪伴,他们的学习生活中才能吹过股股清风,穿透缕缕阳光,留下片片花香,回荡阵阵欢笑,他们的身上才会绽放出更绚丽夺目的光芒!

【教师心语1】

关注,聆听,分享

秦 玥

爱一朵花,最好的方式是陪它经历风雨,等着它盛开。教育是高质量的陪伴,而不是简简单单地陪着。陪伴,对儿童来说是重视,更是爱。人们总说来日方长,殊不知最让我们毫无察觉的就是儿童时期逝去的光阴。认真地陪伴,是去关注、去聆听、去交流,是喜悦时的分享,是失落时的鼓励,是生活方式的影响,是为人处世的榜样力量,是一个生命对另一个生命的守护。

为了让陪伴真正落到实处、掷地有声,每一次文艺活动,我都发挥孩子的特长,让他们在自己所擅长的领域闪闪发光,树立自信;每一次运动会,我都尽可能安排更多的孩子参与其中,胜利时同他们一起分享喜悦并鼓励他们更上一层楼;失败时同他们一起分析原因,积累经验,争取下次拔得头筹。

课堂上,我喜欢用新鲜有趣的故事激发孩子对文学的热爱,用贴近生活的事例帮助他们更好地理解知识,开展"飞花令"让他们领略古代文人的情怀与智慧,举办辩论赛让他们各抒己见,在思辨中学会交往沟通。

课余时间,我热衷于同孩子们一起分享生活中的点滴发现:石榴树上探出了嫩嫩的细芽,桃树上结出了毛茸茸的小桃子,听一听夏天正午后暴雨的声音变化,闻一闻草丛中簇簇栀子花的芬芳,数一数书柜里闯入的瓢虫是几星……同儿童一起亲近自然,教他们学会热爱生活。

最美好的陪伴就是"看见":看见儿童的"存在",让他们在关注中感受被爱;看见儿童的"快乐",让他们在享受中收获成长;看见儿童的"需要",让他们在引领中获得力量。因为陪伴很温暖,所以经不起敷衍,唯有用真心去换,才能鲜活饱满!

【教师心语2】

与你一起成长

魏兰兰

陪伴是一种无私的关怀和支持,是教师与学生之间真诚而持久的连接。陪伴不仅仅是传授知识,它意味着教师愿意投入时间、精力和情感,与学生一同成长、探索和面对挑战。在开放和包容的学习环境中,教师和学生互为合作伙伴,共同创造美好的回忆和经历,这就是最美好的陪伴。

为了实现这种最美好的陪伴,我在信息科技教育中采取了一系列的实践方法。

首先,我致力于创造积极、开放的学习环境。作为一名教师,我一直认为学生是有智慧的,正所谓"弟子不必不如师,师不必贤于弟子"。因此,我致力于为学生提供一个自由表达和尝试的空间,实现教学相长。

在课堂上,我注重多媒体教学,以生动有趣的方式展示信息科技的魅力。我鼓励学生积极参与讨论和合作,培养他们的沟通技巧和合作能力,时刻关注学生的学习进展,为他们提供个性化的辅导和支持。

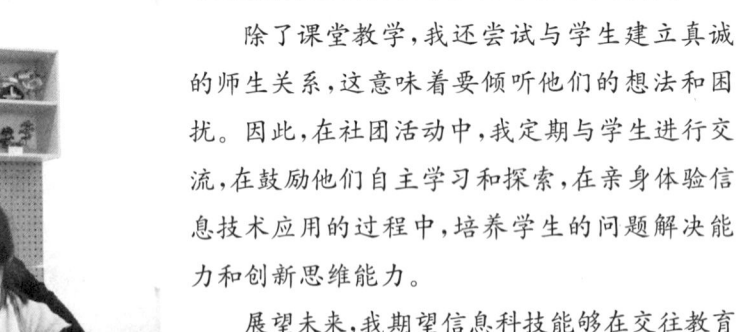

除了课堂教学,我还尝试与学生建立真诚的师生关系,这意味着要倾听他们的想法和困扰。因此,在社团活动中,我定期与学生进行交流,在鼓励他们自主学习和探索,在亲身体验信息技术应用的过程中,培养学生的问题解决能力和创新思维能力。

展望未来,我期望信息科技能够在交往教育中发挥更大的作用。作为一名青年教师,我将不断学习和成长,以提供更好的陪伴。我希望能够培养出一批具有创造力和责任感的科技创新人才,为社会的发展和进步作出贡献。与学生一起

慢慢走,我相信我们能共同追求生命的意义,为未来的美丽而努力奋斗。

【教师心语3】

做孩子的引路人

都曦薇

有个孩子在做题的时候问我:"老师,'引路人'和'指路人'这两个词有什么不同?"我说:"'指路人'给别人指引道路,不一定要陪伴跟随,而'引路人'是指给别人带路,并且还要跟随着一道走一段。"

孩子是自己人生道路上的赶路人,山一程、水一程的成长路上,师生间的这一段情谊之中,老师之于学生就像是这个"引路人",不仅是个有经验有智慧的高人可以指路,更是具有正确引领作用的陪伴者。在与学生相伴的岁月里,引路人作为学生的重要他人,为成长指明方向、给予力量。

有一年教师节前,已经毕业了许多年的两个女生回到母校来看我。她们出落成了我认不出的模样,与我印象中的两个名字出入甚多。当她们雀跃着告诉我:"老师,我们俩都考上了师范大学,明天就要去大学报到!因为我们也想像您一样,做一名老师!"那一刻,我在热泪盈眶的一瞬间感悟到:教师的职业是多么的伟大。没有哪一节课能决定学生的专业选择与职业方向,能影响他们的是陪伴中的细节:与学生交朋友,听他们讲心事,给他们讲解电影,一起读书、背诗……

六年的小学时光里,学生从未开蒙的儿童成长为少男少女,带着引路人的指引,他们继续前行、继续长大、继续如种子般勃发。毕业的那一天,我们挥手说再见,之后的路上,引路人也从未缺席——那位重要他人还在学生心中引着路,每一个脚步、每一次泥泞、每一个路口,指引无处不在、无时不在。

【教师心语4】

结伴同行,温暖岁月

白 丽

陪伴,多么温暖的字眼。它是喜悦时的分享,是失落时的鼓励,是为人处世的榜

样力量,是一个灵魂对另一个灵魂的唤醒,是一个生命对另一个生命的守护。于教师而言,与孩子相互支持,教学相长,彼此都努力成为一个更完善的"人",这便是最美好的陪伴。

最美好的陪伴,印刻在生活处处。清早广播操时间,我和孩子们一起舒展双臂,用有力的动作、灿烂的微笑迎接明媚的朝阳,自由呼吸每一寸绿色的芬芳;课上,我和孩子们亲切互动,思维于有声与无声之中碰撞,每一个孩子都成为课堂的主人;课下,孩子们盛情地邀请,我欢快地回应,开始了一段属于我和他们的休闲时光:跳绳、踢毽、跳房子、老鹰捉小鸡……欢声笑语,回荡在校园之中、阳光之下。

最美好的陪伴,根植在细微之中。孩子伤心时的一次哭鼻子,我给予的一个大大拥抱。孩子羞怯时闪烁的眼神,我敏锐地捕捉到了。我说:"加油!试试看,你可以的!"孩子进步时微微攥紧小手给自己打气,我悄悄地发现了。我说:"很厉害哟!再接再厉!"

作为一名教师,陪伴,是我们这份职业最温暖的体现,是我们能给予孩子最美好的礼物。那结伴同行的岁月,我们永生难忘;那温暖的时光,也给了我和孩子们勇敢前行的力量。

【教师心语5】

研究儿童,"看见"儿童

马志芳

交往教育是教师和学生相依相伴走过的一段生命旅程,在这段生命旅程里,教师是促进学生"生命自觉"的最美陪伴者,在默默陪伴中关注、尊重和支持学生生命的自由个性与自主创新能力的发展,注重学生作为人的多方面发展需要的关注与养成。在陪伴中,教师始终以"儿童的成长"为出发点和归宿,关注学生的心灵世界,用无私的爱温润每一个鲜活的生命,蹲下来与儿童对话,当学生"疑惑"时,"导"于行;当学生"思考"时,"侍"于旁;当学生"活动"时,"勉"于中。

每一朵花的绽放周期不尽相同,每一个生命成长的绽放周期亦不相同,交往教育理念下的教师具有放眼未来的情怀,在陪伴中尊重每一个独特生命的个体差异性,并充分挖掘其生长性资源,在陪伴中研究儿童、"看见"儿童的真实需要,在教育中运用适时、适量、适度、适性去帮助儿童强大内心,体验成功,使每一个儿童获得灵动生长。教师的陪伴引领儿童在交往教育的沃土上,组成一个个独特的生命场,促进其主动发展、主动完善,激励他们向阳成长,打好生命底色,为终身发展奠定基础。

交往教育在实践和探索中一路走来,我始终与教育规律相融相生、同频共振,给学生注入温暖和前进的动力,让其得到灵动生长,成就幸福的人生。

【教师心语6】

看着你成长

周 丕

好的教育不仅仅是教会知识,更要注重情感教育,而情感教育最重要的方式就是交往和陪伴。"随风潜入夜,润物细无声。"教师应满怀温情,立德树人,和孩子们共同成长。

最美好的陪伴是站在孩子们身后,它在我们的教育信仰里。孩子是"有意思"的个体,独一无二,又多姿多彩。你不能跑到孩子的前面去"带路",要让他们自己去发现"路",把"引路"演绎成"探路",默默在背后提供支持与帮助。

最美好的陪伴是静候花开,它在我们的日常生活里。教师要用发展的眼光看待动态中的每个学生,用不急不躁的心态来激发学生对"昨天——今天——明天"动态提升的期许,凸显学生"过去——现在——将来"发展变化的期盼,让每个学生都能获得良好的归属感,丰富自我成长的心理需求。

最美好的陪伴是指向心灵,它

在我们的言传身教里。陪伴不仅是一起学习和相处,更要走进孩子们的心里,尽量在沟通和相处中走进彼此,激发他们学习的兴趣,促使他们习惯养成,要求他们态度端正,以"爱为圆心,严为半径",拉近师生距离,同时严格规范行为。

陪伴孩子们成长,是一种姿态,更是一种情怀和境界。我们要学会倾听,包容过错,积极引导,用爱心温暖学生。三尺讲台,迎来送往。遇见,只是一个开始;珍惜,才能相伴一生。请珍惜和孩子们相处的每一天,用"童心",唤起童趣;以"贴心",指向心灵。做一名优秀的师者,就一定要把与学生相处视为美好的相遇,将学业的扶持和心灵的问候进行到底!

【教师心语7】

眼中有你

郑素华

陪伴就是随同作伴,陪伴就是爱。花开,有火红的太阳陪伴才最美丽鲜艳;花香,有吹动的风儿陪伴才散发飘荡。儿童跨进了校园,走入课堂,我们在这里相遇,最美好的就是你我他。我的眼中有你,你的心中有我,他的眼中有我们,我们的眼中有他们。我们相伴,一起快乐,一起难过,一起跳跃,一同学习,一同前行,一起成长,这就是最美好的陪伴。

清晨,第一缕阳光照进教室,映红了我们的脸,一天的陪伴从晨读开始,我和你们从《弟子规》开始诵读经典,通晓人生智慧,提升文化和道德素养。作为中国人,我们倍感自豪,如今我们相伴,一起阅读了《三字经》《百家姓》《声律启蒙》《笠翁对韵》《幼学琼林》《小古文》……课堂上,我们一起学习交流,共同走入文本,点燃思维,开启一段美好的阅读旅程,分享阅读的快乐。又一缕墨香飘来,我和孩子们一起挥毫泼墨,书写属于我们的一片快乐,孩子们走上讲台,展示自己的书写作品,尽情展现自己的才华,享受自我的喜悦,感受成功的快乐。那一刻,浓浓的墨香便是最美的陪伴。阅读课,我们在图书馆里,一起安静地阅读,徜徉书海。课间,听你们说悄悄话,看你们观察走廊的植物园,欣赏你们活泼的身影,童年的快乐时光多么让人难忘。

中国传统文化养生法:澄心静坐;读义理书;登高观山;益友清谈……人类的文化是靠不断地传承继续下去的,如果能把自己的经验、人生感悟不断地教给后人,这应该是最美好的陪伴吧!

第二节　感谢你们,让我振翅高飞

孩童时代是天真烂漫的,更是勇于攀登的,那些用汗水描绘的蓝图,那些与未落的月亮争取来的几寸月色,那些晚风中细数收获的美好享受,让人永难忘怀。岁月流逝,回首师生共生共长的时光,任谁都会感慨万千。

优秀校友

【学生心语1】

奔跑在金色年华

赵彦哲

孩童时代是单纯的、无忧无虑的,所有人都将这段美好时光寄托于小学时光。如今,身居大江之南求学的我,对在江畔北侧的浦口实验小学的生活仍旧历历在目。成长的道路,在此开始,于金色童年之中,迈向充满无限可能的未来。

自2010年起,我在浦口实验小学邂逅了一批又一批的老师。低年级阶段,班主任徐洁老师为我启蒙,从字词方面为语文乃至其他学科奠定了一定基础。数学李颖老师循循善诱,引导着我向上攀登,不骄不躁,不自喜,亦不自卑。升入高年级后,班主任姚晓科老师带着我"轻松学习",兼顾风趣的教学风格以及高质量的教学水平,同

时不忽视我们的综合发展,在体活课上与我们打成一片,共同运动。数学邱婷老师以严格的要求以及训练为我之后的数学学习埋下了基石,邱老师将课内教学与课外补充相结合,同时重视基础与拓展。此阶段,我接触了"工程问题""牛吃草"等经典奥数题,拓宽了思维角度,也加深了思维深度。

除了学习生活,浦口实验小学的课余活动也为我的小学生活添了一抹色彩。自二年级起我便加入了学校的合唱团,同成员们、老师们共同参加了许多大大小小的比赛,共同体验了获奖时的喜悦与自豪。我的书橱内至今摆放着朗读大赛的"实小好声音"奖杯,其背后是老师的悉心指导和对自我无数的挑战。当然,学校每年举办的儿童节活动、春秋游、元旦活动等,也都是同学之间、学生与老师之间的交流、靠近与共乐,一步步地拉近距离,加深感情,让我们在爽朗、天真的笑声之中生活、成长。

回顾我的小学生活,可以说是在玩中学、在学中玩。记忆中没有繁重课业,更多的是掌握知识的欣慰,以及活动中忘我的欢笑。如今,浦口实验小学仍旧坚持着"交往教育",倡导"尊重、理解、对话、共生",培养团队精神,师生各展己长,相互学习,提升自我。学校也提倡学生全面发展,提升学生综合素养,可以说是在培养真正的人才。

又是一年春来到,祝福我的母校在这春日之中欣欣向荣,也希望学弟学妹们珍惜小学这段时光,享受金色童年,在心底埋下梦想,同时也整装待发,在新的人生路上奔跑前行!

(赵彦哲同学是浦口实验小学2016届毕业生,初中就读于育英第二外国语学校,高中就读于南京市第二十九中学,2022年高考被南京大学录取。曾多次获得"三好学生""二外之星""清北之星"等校级荣誉,获高中英语竞赛全国二等奖、江苏省一等奖……)

【学生心语2】

梦想的起航
——忆实小岁月

徐静宜

孩提时代无忧无虑的欢快时光最是珍贵的回忆。我至今仍记得浦园路校区操场旁的林荫——我和小伙伴们在树下练习跳长绳,唱着歌,也在不知不觉间,像歌谣里唱的那样"记忆美好时光,长成参天大树"。我在浦口实验小学栽种下梦想的小树苗,在这里寻梦起航。

2005年,我初次来到浦口实验小学。低年级阶段,我的班主任是陈琛老师,数学老师是李颖老师。老师们循循善诱且对我的成长倾注关爱,我很快就在一班的大家庭中收获到知识的喜悦和进步的骄傲。中年级阶段,我和我的小伙伴曹同学一起代表浦口实验小学,备战小学生科学实验比赛并很幸运地拿到了一等奖:裁剪大钳的形状,降低卡片龙虾重心;滤纸和活性炭配合,实现污水净化——实践化的科学教育启发着我的好奇。四年级转学的曹同学,在后来又一次成为我在南师附中的同班同学,这也是一个有趣的巧合。

升入高年级,我有幸遇到了优秀的邱婷老师和梁公立老师。邱老师并重课内和课外的数学教育,将有趣的"鸡兔同笼""牛吃草"等数学问题,引荐到我的知识体系中来。坚实的数学基础为我在升入树人学校后拿下"初中数学联赛"一等奖打下了基石。犹记六年级的圣诞节时,邱老师扮作圣诞老人为我们分发礼物,班上同学也在老师生日时自发地为她庆生——"稚嫩面庞"的师生情谊最是真挚。教授语文的梁老师推崇人文知识的积累,我现在仍能全文背诵"屈原至于江滨,被发行吟泽畔……"——这是梁老师朗诵比赛的参赛作品。梁老师对我一贯的认可与褒赞更令我深为感动,毕竟对于当时的我,一名小学生而言,没有什么是比"老师一直挺你"更为幸福的事情了。当然,在美丽的浦口实验小学,我也收获了珍贵的友谊:我与远在美国读研的吴易真同学和已经光荣成为人民警察的沐童同学至今仍有联系。

撰文之际,正是草木丰茂的四月春,衷心祝愿母校浦口实验小学迎春晖而向繁荣,为明日之祖国储备优秀人才!祝福在实小耕耘奉献的老师们生活幸福,青春永驻!更愿我的学弟学妹们,在实小播种下童年的快乐与梦想,扬帆起航,行远自迩,臻于至善!

(徐静宜同学是浦口实验小学2011届校友,2021年本科毕业于南京师范大学,随后进入清华大学化学系直接攻读博士学位,现从事能源光催化材料研究。曾获清华大学"未来学者奖"、南京师范大学"校长特别奖"、江苏省"省级三好学生"等荣誉。)

在读学生

【学生心语3】

那一抹温暖的红色

四(10)班　祁琳

回首往事,我的班主任——李老师,是我多彩校园生活中那一抹最温暖的红色。

记得有一次因为时间匆忙,我中饭没有认真吃,胡乱扒拉两口便跑去参加活动。本来早饭就吃得少,只坚持了一节课,我就已经饥肠辘辘了。肚子里好像有一团烈火在燃烧,让我直不起身子来。那种感觉渐渐地蔓延到了全身。就在我快要饿趴在桌上时,一个熟悉的声音从背后传来:"别光想着参加活动,饭一定要认真吃的。待会下了课,记得吃哦。"李老师说着,递给我一小包面包。我到现在都还清晰地记得那面包的味道——那么甘甜,那么温润。

还有一次,因为生病,我没有考好。那一刻,我感觉整个世界都变得很灰暗,没有一丝颜色。下课的时候,李老师走到我面前,笑眯眯地拍拍我的肩膀,轻声说道:"失败是成功之母,只要目标坚定,坚持努力,一定会成功的!"就在那一瞬间,我眼前的一切又恢复了色彩。我感觉如沐春风。天又变蓝了,树又变绿了,鸟儿的歌声也比以前更悦耳了!

在我心中,李老师是最美丽的人,最可爱的人,最温暖的人。

【学生心语4】

我爱我的母校

五(4)班　梁宜宁

清晨的朝阳从南京长江大桥的东方升起,金色的阳光洒在江面,也给母校披上了一层金色的轻纱。几只江豚跃出江面,溅出白色的浪花,一缕一缕的暖阳织出了一幕一幕的回忆,时间竟又回到了从前……

刚进校园就能听到远处的绿茵场上人声鼎沸。体育课上,听见我们班的体育老师说:"今天我们测试八百米。"人群中窃窃私语,我更是心情坠落谷底,体育本就不是我的强项,更何况是八百米跑。

哨声响起,同学们像离弦的箭般一个一个从我身旁飞过,我鼓励着自己加油,可腿却像灌了铅般沉重,呼吸更是上气不接下气。就在我快要坚持不住的时候,她出现在我的身旁。运动健将的她,名列前茅的她,今天怎么也快垫底了?不等我开口,她就说道:"看你跑得慢,我过来陪你到终点,加油!"在她的鼓励和陪伴下,我又重新燃起了斗志,奋力朝终点跑去。老师和同学们也在终点为我加油,大家相互鼓励、一起成长!这段充满爱与温暖的美好回忆令我铭记于心。

这里有清晨琅琅的读书声,有操场上飞扬的欢呼与呐喊声,更有伙伴和园丁的鼓励声。菁菁校园,朝气蓬勃,这就是我位于长江边的母校。

【学生心语5】

情编书册　回忆永长

五(6)班　孙若语

"流光容易把人抛,红了樱桃,绿了芭蕉。"时光如白驹过隙,匆匆而去,我们留不住时光的脚步,却将往事沉淀,让美好回忆永远留存心间。

长江边的我很庆幸能有一群值得深交的小伙伴和师长,我们经历喜乐成长,经历岁月人生,分享欢乐,共克难关;我们惺惺相惜,我们志同道合,我们彼此珍重。在校内,我们在一起排练演出语文课本剧、英语剧、心理剧,一起去祭扫英烈,一起探访红色基地……我们学会合作与理解。在校外,我们一起去塘里挖藕、做青团、撸狗、割稻子、采棉花、砍甘蔗……我们学会了承担责任与共享喜悦。班主任郭老师用心呵护我们,用爱浇灌我们,用行动支持我们。心情低落时,有她温

299

柔的安慰;比赛排练时,有她贴心的陪伴……我们也学会了爱护他人。纯粹而浪漫的情谊在岁月中沉淀,变得越来越厚重,越来越充满故事,越来越让人流连忘返。

以岁月为笔,将关于友情与师生情的故事编成一本书。往后余生,我们可以就着人生的味道,一字一句慢慢阅读与品味这本书的意蕴……

【学生心语6】

体育课上的"雷阵雨"

五(10)班 黄睿渊

"稍息!立正!向前看——齐!手放下!"体育陈老师一声令下,响遏行云。同学们快速听令,站好队伍。

老师满意地看着大家,这时一团阴云悄然袭来。老师突然严肃起来:"孙同学呢?"大家纷纷环顾四周,看到那个熟悉的身影像充满弹力的球,在操场上跳来跳去。说起孙同学,一到下课,他便如一道旋风,"驰骋"在走廊上每个角落。

老师敏锐的目光捕捉到了孙同学的身影,他的神情更加严肃,眉头紧锁。我心中暗想:"不好,老师生气了!"孙同学仿佛也感受到气氛的异样,停下来,紧张地望着老师。一场"雷阵雨"在慢慢酝酿。

果然,一声霹雳响起:"你,给我过来!别人都在整队,你在这玩是吧?"孙同学低头,大气也不敢出。"上课也不知道规矩,是吧?"孙同学心中想必阴云密布,风雨大作。我们都在等待一场更大的"风雨"。不料,老师态度突然来个180度大转弯,他带着淡淡的微笑,说:"那么今天,就让我用爱心感化你。"突然转晴,孙同学有些诧异,但也松了口气。

"既然你想跑,那我就让你过下瘾!上跑道!2圈!"老师突然又来一个反转。这是平时训练的正常圈数,原来老师没有生气,又是计谋!孙同学故意叹了一口气,说:"我是真的被感'化'了!"同学们哈哈大笑。老师也笑起来,他摸了摸孙同学的头,说:"感受到我的'爱心'了吧!"

笑声回荡在操场的上空,这一场"雷阵雨"过去了,"彩虹"出现在每个人心中。

第三节　致我的孩子

家庭是人生的第一个课堂,家长是孩子们的第一任老师。真正的教育,从来不单单是学校的事情,而是家庭、学校和社会共同的责任。一个温馨的家犹如一束温暖的阳光,永远是孩子们最坚实的后盾。

【家长心语1】

我陪你长大,你陪我变老
一(1)班　李梓涵、李一涵家长

当孩子们背上书包开启了求学之路,父母和孩子彼此相处的时间越来越少。第一次当孩子,第一次当母亲,我们都是第一次。可我深知的是,孩子们一生中我能参与的比例在不断地减少。求知的旅程充满着困难、机遇和挑战,如何高质量地陪伴,如何陪伴她们成为拥有积极乐观、辨别是非、独立完整的性格品质的女孩子成为我作为母亲最重要的人生课题。

这个学期,学校开展了丰富多彩的校园活动。在低年级亲子运动会开场舞筹备过程中,有幸参与了班级节目的编排、演出。紧锣密鼓十天的排练,虽然占用了我一些时间,但我看到了学校中不一样的"小萝卜头"们。当我们台上、台下面对面站着,她们目光中的自信和坚定、满足和骄傲,或许是因有了妈妈的陪伴,更加有了底气。5月的太阳是热烈的,排练时的汗水已浸湿了衣衫,可是这个有妈妈陪伴着排练的5月,会像颗明星一样挂在心中,累并快乐着。

作为母亲,我们要做的不仅仅是把孩子养育大,而是陪伴着孩子一起成长,陪着作业、游戏、看书、运动……孩子失败时不吝惜自己的拥抱,进步时发自内心地赞美,陪着答疑解惑,陪着畅谈人生……彼此都在紧张、忙碌的生活节奏中多一份值得珍藏的回忆和一辈子的底气。

期待学校能在教育教学活动之余,继续开展各项比赛、活动,让孩子习得更多的交往方式,锻炼自己的各项能力,培养孩子尊重、信任、理解、合作的优秀品质,以及正面的竞争意识。家长也愿意积极参与到学校教育中,与学校、老师保持紧密的沟通,做到家校合一,共同陪伴、参与孩子的成长。

【家长心语2】

为孩子插上翅膀

二(1)班　郑登泰家长

孩子从呱呱落地那天起,就承载着我们无限的希望,作为父母,我们渴望孩子过上幸福的生活,渴望孩子展开理想的翅膀自由翱翔。学校,就是为孩子们插上翅膀的平台,承载着我们家长的梦想和期待。

陪伴是最好的家庭教育,对于这一点我深以为然。对于有两个娃的我来说,我很关注孩子们之间的交往。首先,家长要以身作则、以身示范,陪孩子一起"修炼",提升陪伴的质量。比如放低身份,消除沟通等级屏障,跟孩子一起探讨话题,跟孩子一起来一场小比赛,定一个"学期"目标,等等。其实,在这个过程中,自己也会乐在其中。其次,家长积极地融入孩子的日常学习圈中,成为其中的一分子,给予孩子鼓励与支持,增强孩子对班级的责任感和荣誉感。

行文至此,脑海中回想起不久前的一个下午,终于教会孩子骑自行车。夕阳下,看着他一路骑远的背影,作为父母,就是在这场爱的教育中,陪伴着孩子不断地成长……

【家长心语3】

最美好的陪伴

五(3)班　罗煜然家长

浦口实验小学开展"交往教育"30多年,秉承"快乐交往,共享成长"的理念。作为一名学生家长,同时也是一名教育工作者,深感认同。

我的孩子现在五年级了,已经步入小学高年级阶段。我希望通过老师和家长的共同努力,让孩子能够在交往中学会感受生活的丰富与深刻,思考生命的意义和内涵,从而让孩子具有健全的人格和积极向上的人生观。

从班级内的教学活动来说,学校开展了丰富多彩的教学活动和多情境、多维度、多内容、多形式的互动性学习,同时尊重和理解每个孩子的差异性,在教学的过程中采用多元对话,提高孩子的主动参与意识,把单纯的知识传授与知识堆积变成丰富多彩的教育教学活动,把知识引向学生当前的生活世界,化为他们对生活世界的认识与思考。

从实践活动方面来说,学校是孩子走向社会的成长基地,也是孩子成长的一个小社会。孩子们每天朝夕相处,只有在交往中,才能学会合作,实现共生。目前学校已经有了多元化的社团活动和社会实践活动,只有通过不断的学习实践,孩子才能在交往中学习社会生活技能,并在交往中实现自我,促进全方位的成长。

总之,作为一名家长,非常愿意与学校一起共同陪孩子走过他们人生中最重要的一段,同时也期望学校能更进一步地拓展交往教育的内涵和形式,家校联手,给孩子最温暖最美好的陪伴,让每一个孩子在爱的沐浴下健康成长。

【家长心语4】

尊重理解齐发展,快乐交往享未来

五(6)班　孙若语家长

陪伴是最好的爱,可以抵挡所有的坚硬,可以温暖所有的岁月。对孩子而言,更是如此,陪伴的力量是强大的。而我们的孩子,不仅仅需要家长的陪伴,在学校的日子里,更多的是老师和同学的陪伴。因此,孩子与老师和同学们的交往也就变得尤为重要,身为一名家长,我们也对学校的交往教育有着深深的期许。

老师是教育中的重要他人,我们所期望的交往方式应是老师用"撒遍阳光"带来和睦春雨润泽学子心灵的方式传道。希望老师会注重教学的过程温暖化,教育的理念多元化,教育的方法、手段多样化,最重要的是教育的态度真诚化。希望老师能够给予孩子多一点的理解,理解孩子的幼稚与小心翼翼;希望老师能够给予孩子多一

点的赞美,让孩子在肯定中找到自身的价值。良好的师生关系需要双向努力,作为家长,我也会教育我的孩子尊重老师、理解老师。教导孩子听老师的话,让孩子不仅要成为教育的受益者,更要让孩子在师生交往中传递人与人的热情。

在学校,与同行伙伴间的交往也是尤为重要的。若干年后,同学间相互陪伴的岁月会是一段非常宝贵的回忆。所以同学之间的交往应该是美好又和谐的,相互鼓励、相互分享、相互帮助、共同进步……这才应该是同学之间的交往模式。不管是孩子与老师之间还是孩子与同学之间,交往过程中双方都应该相互尊重、相互理解,这样才能共同奔赴可期的远方。

【家长心语5】

一起学习成长

五(16)班　朱明丞家长

不知不觉中,儿子在浦口实验小学学习已经有5年。从一名和我手牵手的幼儿到肩并肩的大孩子,从羞涩到成熟仿佛一瞬间。回想起来,在这5年里,他的成长是显著的。

我是一名医务工作者,在15年的工作生涯里,见过太多的欢声笑语与生离死别。丈夫陪着妻子产检、子女陪着父母看病、父母陪着孩子检查、朋友在手术室外的等待……因为工作的原因,很少能陪伴家人,所以在我有时间的时候最重要的事情就是陪在家人身边,陪着孩子长大,尽可能地参加学校组织的活动。

在"家长课堂"上,我结合实际给孩子们讲解了超声波的产生、特性、传播、应用。在"国旗下讲话"中,我给孩子们普及传染病防护的相关知识。在假

期里,我会带着他去有文化底蕴的景区,在游览的过程中给他讲解我所了解的文化和历史。空闲时,我会陪他看书,一起交流中华文明里的经典文化和璀璨的"明星",如李白、辛弃疾、岳飞等。

孩子在成长,我们在爱他们的道路上也需要学习、进步。从他呱呱坠地到蹒跚学步,从第一次进入幼儿园到小学快要毕业,从捧在手心到抱在怀里,从手拉手到肩并肩,仿佛一瞬间他就长大了。平等、理解、尊重、爱护的陪伴才是真的陪伴。最深沉的爱是陪伴,陪他开心、陪他前进、陪他慢慢长大!

【家长心语6】

一起迎接美好

六(5)班　谢语瑶家长

众所周知,家庭环境对于孩子的健康成长有着非常大的影响。初为人父,如何做一个合格的家长,是一门很深的学问。陪伴孩子是美好家庭环境的前提。我们在陪伴孩子的同时,可以倾听她的声音、感受她的喜悦、见证她的成长,使她从一棵小树苗长成一棵参天大树,这也许就是陪伴的意义。

为了实现这最美好的陪伴,在每天的日常生活中,我会营造舒适轻松的家庭氛围。每日放学接到孩子后,我都会问她,今天心情怎么样。此时,她会分享学校一些开心的事情,我会和她一起开心。偶尔也会有烦恼和困惑,我就会给她开导与解惑。陪伴的过程,情绪也非常重要,一定不能把负面情绪带给孩子,告诉孩子要积极、主动和阳光。只要有机会,我就会带孩子参加单位组织的义工活动,让孩子学会感恩,学会奉献。寒暑假的时候,会带孩子回农村老家,陪伴她一起劳动,让她在劳动中锻炼自己。我还经常带孩子参加集体活动,我会教育女儿,如何和陌生的孩子交往并成为好朋友。

未来的路还很长,想做一名合格的家长,还有很多需要学习。而孩子还需要经历很多很多,包括升学、毕业和工作。希望孩子在家长的陪伴下,每一步都能稳扎稳打。在遇到挫折时,我为你遮风挡雨。在成功的时候,我陪你一起开心。我陪孩子慢慢长大,孩子也陪我慢慢变老。我们一起迎接明天的美好生活。

参考文献

[1] 蔡迎春,周琼,严丹,等.面向教育4.0的未来学习中心场景化构建[J].图书馆杂志,2023(9).
[2] 曹灵芝,郎洪笃.信息技术赋能劳动教育融合课程的开发与实践[J].教育科学论坛,2020(32).
[3] 陈蕾,徐静.感受秩序之美:《建立良好的公共秩序》第一课时教学实录及点评[J].福建教育,2022(52).
[4] 程慧智,王业仁,李梁,等.交往教学与学生思维能力的培养[J].教书育人(高教论坛),2009(6).
[5] 戴维·W.约翰逊,罗杰·T.约翰逊.领导合作型学校[M].唐宗清,等译.上海:上海教育出版社,2003.
[6] 方明.陶行知教育名篇[M].北京:教育科学出版社,2013.
[7] 费春燕."我的社团我做主":关于儿童参与校本课程开发与实施的研究[J].当代家庭教育,2019(9).
[8] 韩丽瑶.哲学解释学视角下新型师生关系的建构[J].文教资料,2022(10).
[9] 蒋来.英语单元教学的课时观照:以Birthdays第二课时为例[J].教育研究与评论(小学教育教学版),2022(6).
[10] 卡尔·雅斯贝尔斯.大哲学家[M].李雪涛,主译.北京:社会科学文献出版社,2005.
[11] 康雅琼,高腾飞.数字交往的发展阶段、隐忧及其未来实践[J].青年记者,2023(4).
[12] 李迪.科学是玩出来的:读《贪玩的人类》[N].中国青年报,2010-07-20.
[13] 李金辉.回归教育本质:论"尊重教育"的旨归[J].教学与管理,2017(18).
[14] 李其龙.德国教学论流派[M].西安:陕西人民教育出版社,1993.
[15] 李晓军.共同塑造完美人格:论教师与学生的交往互动[J].基础教育研究,2001(12).
[16] 李莹.动手操作在小学数学教学中的应用[J].新课程,2020(40).
[17] 李镇西.爱心与教育[M].修订本.北京:文化艺术出版社,2010.
[18] 刘道义.论英语学科核心素养中的文化意识[J].中小学课堂教学研究,2018(6).
[19] 刘莎.英语教学中跨文化意识培养的策略研究[J].新课程学习(上旬),2010(5).
[20] 刘献君.论尊重及其教育意蕴[J].江苏高教,2017(8).
[21] 柳夕浪.交往教育的内涵与特征[J].天津市教科院学报,1995(5).
[22] 柳夕浪.知识生成的交往中介原理与知识创新教育[J].教育研究与实验,2000(4).
[23] 罗阿辉,王小根.信息技术支持下交往促进协作学习的教学活动设计[J].汉字文化,2023(10).
[24] 穆桂红.活跃语文课堂气氛的方法分析[J].考试周刊,2021(14).
[25] 尼尔·波兹曼.童年的消逝[M].吴燕莛,译.桂林:广西师范大学出版社,2011.
[26] 尼采.悲剧的诞生[M].周国平,译.北京:生活·读书·新知三联书店,1986.

[27] 马丁·布伯.我与你[M].徐胤,译.天津人民出版社,2018.
[28] 马佳.基于行动学习法的中小学校长培训模式研究[D].北京:首都师范大学,2014.
[29] 沛西·能.教育原理[M].王承绪,赵瑞瑛,译.北京:人民教育出版社,1992.
[30] 秦玥.神奇的摸头杀[J].新班主任,2022(6).
[31] 任力.交往教育,让学生"活"起来[J].中小学校长,2022(8).
[32] 沈嘉玲.交往教育模式探析[J].中学政治教学参考(下旬),2014(33).
[33] 万琰.结构化视角下的小学英语语篇教学实践:以译林版《英语》五(上)Unit 3 Our animal friends Story time 为例[J].小学教学设计(英语),2022(24).
[34] 王晨曦.阅读圈对中学生阅读素养提升的教学实践探究:以《典范英语》七级 Book 18 My Friend:Mandela 为教学案例[J].教育实践与研究(中学课程版),2022(26).
[35] 王澍,柳海民.论尊重与"尊重的教育"[J].东北师大学报(哲学社会科学版),2009(3).
[36] 吴迪.哲学解释学视角下师生关系的建构[J].职教研究,2012(1).
[37] 武和平.因文而雅,由文而化:学科核心素养视角下的文化教学[J].英语学习(教师版),2017(6).
[38] 许锋华,吴璇.教师读书会建设:学习共同体的视角[J].教师教育论坛(普教版),2018(3).
[39] 姚炎昕.教育即交往:一种教育基本理论范式的解读[J].教育导刊(上半月),2013(12).
[40] 叶澜.教育学原理[M].北京:人民教育出版社,2007.
[41] 叶秀山.美的哲学[M].北京:人民出版社,1991.
[42] 俞晓婷,高德胜.在生活世界中构筑儿童与自然的道德关系:统编小学《道德与法治》教材中的人与自然教育[J].中国教育学刊,2023(1).
[43] 约翰·杜威.民主主义与教育[M].王承绪,译.北京:人民教育出版社,2001.
[44] 约翰·霍兰.涌现:从混沌到有序[M].陈禹,等译.上海:上海科学技术出版社,2006.
[45] 尤尔根·哈贝马斯.交往行动理论(第一卷):行动的合理性和社会合理化[M].洪佩郁,蔺青,译.重庆:重庆出版社,1994.
[46] 翟艳芳.交往德育:美好而真诚地生活[J].高教发展与评估,2006(2).
[47] 赵继红,周劼.北京十一学校:依托教育家书院促进教师育人能力进阶[J].中小学管理,2022(9).
[48] 赵秀花.积极探索务实的校本教研之路[J].青海教育,2008(6).
[49] 郑隆炘,巴英.论齐民友的数学观与数学教育观[J].数学教育学报,2014(4).
[50] 郑葳.学习共同体:文化生态学习环境的理想架构[M].北京:教育科学出版社,2007.
[51] 中共中央马克思恩格斯列宁斯大林著作编译局.马克思恩格斯全集:第四十六卷(上)[M].北京:人民出版社,1979.
[52] 钟启泉,编译.现代教学论发展[M].北京:教育科学出版社,1988.
[53] 朱小培."言意共生",打造小学语文阅读教学理想境界[J].作文成功之路(上旬刊),2019(2).
[54] 佐藤学.静悄悄的革命:课堂改变,学校就会改变[M].李季湄,译.教育科学出版社,2014.
[55] Linda Campbell, Bruce Campbell, Dee Dickinson.多元智能教与学的策略[M].王成全,译.北京:中国轻工业出版社,2001.

后记　感谢这个"大家"

"古之教者,家有塾,党有庠,术有序,国有学",纵观我国的教育历史,学校从"家有塾"到"国有学",是一套自下而上的教育体系,严苛有序。

现如今,我认为,学校可以称之为"家",是个"大家",是彼此真诚相待,更是能够共筑美好的地方。

33年前,我成为浦口实验小学的一员,看着朱秀云校长带领着一批语文老师进行交际作文训练,培养学生良好人际交往品格。我也加入其中,在自然学科中,指导儿童在观察体验、合作探究中养成良好的交往习惯。因为独特的教学风格,我被评为"南京市优秀青年教师"。

8年前,我挑起传承交往教育的重担,我知道这一份责任沉甸甸。我带领大家深耕交往教育:改进课堂师生交往方式,实现网络环境下的交往学习,打造涌现交往品格的成长家园……实现了教与学的共生共长,丰富而又多元的交往教育成为江北新区的教育品牌。

学校是个"大的家"

我的学校变大了。在江北新区教育和社会保障局的关心下,浦口实验小学一校两址——大华校区和迎江路校区,5000多名师生员工,他们共同协作,确实是个"大的家"。

我的这个"大的家"风景独好,人、时、空、物相互作用,体现对学校办学理念"快乐交往,共享成长"的倡导、支持、呼唤,形成具有全新属性、规律、模式的交往文化。大华校区古朴雅致:水榭楼台、假山活水的巧妙布局,形成了一处处别致的景观,还有雅致的名字——致和园、和韵园、和雅园……漫步其间,我们仿佛置身于美丽的园林之中,尽享人与自然和谐交往之美。迎江路校区现代时尚:"welcome"接待厅,是舒心的"微笑港湾";大厅里明亮现代的平台,是为展演活动搭建的"我型我秀"小舞台;干净宽敞的烘焙室,是满足味蕾的温馨会所;"天沐农场"位于五楼的楼顶,是生命成长的绿色世界;宽敞明亮的图书馆,书香遇上咖啡香,打开阅读慢生活……

高颜值的"大家"环境,高品位的"大家"文化,高品质的交往空间,让师生更爱这个"大的家"。

学校属于"大家"

我的学校属于"大家"。儿童和教师拥有更多的选择权,能够自然而然地学习、成长和发展。

"大的家"当然属于"大家"。首先,这个"家"属于儿童。儿童是自由的,他们可以采取游戏式、主题式、项目式的活动方式,进行"空间项目化学习"。儿童自由根据学校空间进行探究学习,自选学习身份,如钢琴演奏员、校史讲解员、学校测绘员等等。这些自由促进儿童的思维发展和能力提升,进而实现教学的提质增效。其次,这个"家"属于教师。教师是自由的,他们可以自主选择研修方式——师生可以同台献艺:童谣、儿歌、经典诗文,篇篇声情并茂,唱响教学相长的和谐乐章;可以参加同课异构的激烈辩课:情境创设,是老师创设情境?还是学生创设情境?还是师生共同创设情境?可以参加主题研讨沙龙,围绕一个观点观察一节课,演绎"真问题"在教学实践中的"真探索"……

"给我一片阳光,还你整个草场",还有数不尽的看似平常的自由选择,让儿童和教师感受到尊重和需要,他们的学习和工作的热情被激发活化,变"要我做"为"我要做"。

学校要有"大专家"

教育是大事,高屋建瓴的理论引领不可缺,我们需要"大专家"。学校邀请校外的"大专家",是借大脑、借智慧的明智之举。他们不仅具备扎实的知识基础和学术背景,还有丰富的实践经验和行业认知。

"大专家"们从交往教育的顶层设计、学习空间的整体规划与设计、支持交往学习的课程与教学变革、富有特色的交往活动开发、教师育人能力的培育等五方面,进一步挖掘、凝练学校交往文化育人传统,将尊重、理解、对话、共生的精神深度融入学校内涵发展的全过程:江苏省教育科学研究院研究员、原国家督学成尚荣先生让我们把学校办成"一所学会交往的成长家园",让师生走向"交往性成长";江苏省教育科学研究院副院长张晓东博士提出"教师是长大的儿童",创建"儿童交往学院",推动学校内涵发展;南京大学教育研究院吕林海教授为我们规划交往教育的"三重境脉"——一院，一地，一港；原《江苏教育》副主编蒋保华指出交往教育要立足课堂，打造"一起努力学"的学科样态；南京市教学研究室教研员杨健用"涌现"一词，设计浸润文化品格的交往研习基地，提升学校交往空间的品位；江北新区教育发展中心科研部黄海旻部长提出培养学生的学科核心素养，促进学生与国家课程的高品质交往……

"遇到好老师是学生一生的幸运，一个学校拥有好老师是学校的光荣"，一个学校源源不断涌现出好老师则是教育之福。学校进行本土化"大专家"的培养与任用则更加关键，因为他们来自一线，熟悉学科教学与班级管理，这样的内部"大专家"们在校本研修中意义更加显著。我们也需要有自己的"专家型"教师，学校给他们提供发展平台，做"领军教师""课题导师""文化名师"……一批又一批"四有好教师"挑起了学校发展的大梁。

"大专家"们给予学校发展更高质量的指导，帮助教师深入了解所学专业领域的知识和技能，提供更多的学习和发展机会；"大专家"们在儿童发展领域发挥着引领和推动的作用，通过他们的专业知识和影响力，促进儿童在身体、心理、社会和情感方面的全面健康发展。

是的，学校是个"大家"，有家的风景，家的温暖，家的担当……

感谢这个"大家"。

任　力
2023 年 12 月

图书在版编目(CIP)数据

走向理解与共生：交往教育的理论意蕴与实践境脉/任力主编.—南京：南京大学出版社，2023.12
ISBN 978-7-305-27623-1

Ⅰ.①走… Ⅱ.①任… Ⅲ.①中小学－教学研究 Ⅳ.①G632.0

中国国家版本馆 CIP 数据核字(2023)第 246116 号

出版发行	南京大学出版社		
社　　址	南京市汉口路 22 号	邮　　编	210093

书　　名　**走向理解与共生：交往教育的理论意蕴与实践境脉**
　　　　　ZOUXIANG LIJIE YU GONGSHENG：JIAOWANG JIAOYU DE LILUN YIYUN YU SHIJIAN JINGMAI
主　　编　任　力
责任编辑　荣卫红　　　　　　　　　编辑热线　025-83685720
照　　排　南京开卷文化传媒有限公司
印　　刷　徐州绪权印刷有限公司
开　　本　787 mm×1092 mm　1/16 开　印张 20　字数 381 千
版　　次　2023 年 12 月第 1 版
印　　次　2023 年 12 月第 1 次印刷
ISBN 978-7-305-27623-1
定　　价　78.00 元

网　　址：http://www.njupco.com
官方微博：http://weibo.com/njupco
微信服务号：njutumu
销售咨询热线：(025)83594756

＊版权所有，侵权必究
＊凡购买南大版图书，如有印装质量问题，请与所购
　图书销售部门联系调换